W0073725

Ármin Langer
Ein Jude in Neukölln

 aufbau

Ármin Langer

EIN JUDE IN NEUKÖLLN

Mein Weg zum Miteinander der Religionen

 aufbau

MIX
Papier aus verantwor-
tungsvollen Quellen
FSC® C083411

ISBN 978-3-351-03659-1

Aufbau ist eine Marke der Aufbau Verlag GmbH & Co. KG

1. Auflage 2016
© Aufbau Verlag GmbH & Co. KG, Berlin 2016
Einbandgestaltung ZERO Werbeagentur, München
Satz LVD GmbH, Berlin
Druck und Binden CPI books GmbH, Leck, Germany
Printed in Germany

www.aufbau-verlag.de

Inhaltsverzeichnis

Muslime sind nicht die neuen Juden
Prolog

Über Nacht wurde ich zum Mittelpunkt einer sehr kontroversen Auseinandersetzung. Und ich trug dafür die volle Verantwortung. Tags zuvor war mein erster deutschsprachiger Artikel *Muslime sind die neuen Juden* im *Tagesspiegel* erschienen. Ich behaupte darin, dass wir Juden, nach 2000 Jahren der Unterdrückung in Europa endlich Teil des Mainstreams sind und gerade durch unsere historischen Erfahrungen mit Mechanismen der Diskriminierung auf diesem Kontinent nun selbst aufgefordert sind, denjenigen bei der Emanzipation eine Hand zu reichen, die heute institutionell unterdrückt werden. Den Muslimen zum Beispiel. Und den Geflüchteten. In wenigen Tagen wurde der Artikel hunderttausendfach angeklickt, ich erhielt viele positive Rückmeldungen, aber auch Dutzende Hass- und Drohbriefe.

Keine Verantwortung trug ich hingegen für die Situation, die der Auslöser für den Artikel war. Im Zuge der Anschläge von Paris und der sogenannten Flüchtlingskrise steuerte die Debatte um die Integrationsfähigkeit von Muslimen in die völlig falsche Richtung, und ich fühlte mich verpflichtet, einen Denkanstoß zu geben, um diesen Kurs zu korrigieren. Notfalls auch mit etwas Polemik. Ich wollte den Leuten die Augen öffnen, meinem Ärger Luft machen. Denn ich hatte das untrügliche Gefühl, all die Ausgrenzungs- und Propagandaargumente, die den Muslimen von allen Seiten entgegenschlugen, schon einmal gehört zu haben. Als Antisemitismus.

»Ármin, können wir kurz reden?«, sprach mich Rabbiner Edward am Ende des Homiletik-Unterrichtes an. Meine Kommilitonen, die schon daran gewöhnt waren, dass Ármin immer Privatgespräche mit Mitarbeitern des Rabbinerseminars führt, verließen schnell den Raum. Es war Zeit für die Mittagspause, und Studenten sind immer hungrig. Besonders nach drei Stunden Predigtanalysen. Ich ebenso. Was diese Gespräche immer etwas erschwerte.

»Es geht um deinen Artikel.« Mit seinem starken niederländischen Akzent erklärte er, dass das Abraham-Geiger-Kolleg – an dem ich meine Rabbinerausbildung absolvierte – Anrufe aus jüdischen Gemeinden bekommen hätte. Mir wurde vorgeworfen, dass ich Antisemitismus verharmlosen und den Holocaust leugnen würde. Ich merkte ihm an, dass ihm das Gespräch unangenehm war, er die Vorwürfe nicht teilte.

Während meiner drei Jahre am Rabbinerseminar habe ich von Edward viel gelernt, ich schätze ihn bis heute sehr. »Bitte, drücke dich in Zukunft vorsichtiger aus!«, sagte er abschließend und schaute mir lang und ernst in die Augen. Ich hätte seinem Rat folgen sollen. Obwohl ich nach diesem Fall in meinen Artikeln nie als Rabbinerstudent Ármin Langer firmierte, sondern als Ármin Langer, Koordinator der Salaam-Schalom-Initiative, wurde ich ungefähr anderthalb Jahre später vom Abraham-Geiger-Kolleg rausgeworfen. Als Grund wurde meine unangemessene Sprache in einem späteren Artikel genannt. Wie mir Edward bei unserem Krisengespräch erklärte, sei es letztlich zweitrangig, was in dem Artikel tatsächlich stünde, wichtig sei vor allem, wie er wahrgenommen werde.

Eine Woche nach dem ominösen Gedankenaustausch

mit Edward saß ich mit einem jungen, elegant gekleideten Mann in einem Café in Neukölln. Da ahnte ich noch nicht, dass er einer meiner engsten Freunde werden würde.

»*Muslime sind die neuen Juden?*«, begann er, »tut mir leid, *Achi* (mein Bruder), aber das ist einfach zu plakativ«, erklärte er und strich sich über seinen kurzen Bart. »Muslime sind natürlich nicht die neuen Juden. Antisemitismus gibt es auch heute und antimuslimischer Rassismus ist nicht neu. Die Sache ist komplizierter.«

Ich ließ ihn ausreden, seine perfekt gescheitelten Haare übten eine hypnotische Wirkung auf mich aus, bei meinem Lockenkopf kenne ich mich mit Haaren, die man kämmen kann, selbst nicht aus. Er lehnte sich auf den Tisch in der Neuköllner Kneipe, nippte an seinem frisch gepressten Orangensaft und nahm meinen Artikel Stück für Stück in seiner Akademikersprache auseinander. Und das, obwohl wir uns erst seit einer Stunde kannten. Er hieß Ozan, war 25 Jahre alt und muslimischen Glaubens. Eigentlich hatten wir über die Salaam-Schalom-Initiative reden wollen, waren aber gleich bei G'tt und der Welt, beim Unterschied zwischen Juden und Muslimen gelandet.

Unsere Salaam-Schalom-Initiative hatte im September 2014 eine Online-Kampagne mit dem Namen *Du hast das Sagen!* ins Leben gerufen. Wir baten unsere Unterstützer in den sozialen Medien, an unserer Lobbyarbeit mitzuwirken. Je mehr Stimmen öffentlich, egal ob im Netz, in der Zeitung, auf der Straße oder in den Kneipen, davon erzählten, dass Juden und Muslime im Alltag ziemlich gut miteinander auskommen, desto besser. Die Journalisten interessierten sich sehr für unsere Arbeit, wir brauchten also dringend Verstärkung für die Interviews, aber auch für die Organisation weiterer Aktionen, damit wir in den Interviews überhaupt etwas zu erzählen hatten.

Die dritte Person, die sich nach unserem Aufruf bei uns meldete, war Ozan Keskinkılıç. Ich las mit Begeisterung seinen Bewerbungsbrief: Ein junger Akademiker, Muslim arabisch-türkischer Herkunft, der angab, sich gesellschaftlich einbringen zu wollen, und zwar am liebsten in einem jüdisch-muslimischen Projekt. Ich stalkte ihn ein bisschen – gesegnet sei die jüdische Suchmaschine Google! –, und es stellte sich heraus, dass er mehrmals in Israel gewesen war, Hebräisch lernte und zur Schoa-Aufarbeitung in Deutschland forschte. Mein Enthusiasmus wich für einen Moment der Angst, dass er so ein philosemitischer Vorzeigemuslim ist. Die nerven nur – weil sie alle Fehler und Probleme der Welt bei den Muslimen sehen. Leute wie Ahmad Mansour, der pauschal allen Muslimen Terrorismuspotential unterstellt und dessen Äußerungen nicht zufällig auf großen Anklang bei den Lesern von *PI-News* stoßen. Ich lud Ozan auf einen Orangensaft in meine damalige Lieblingskneipe in Neukölln ein, um herauszufinden, ob er ein Ahmad Mansour ist oder nicht.

»Ich denke nicht, dass man Antisemitismus und antimuslimischen Rassismus gegeneinander aufrechnen sollte«, argumentierte Ozan. Da kannten wir uns gerade mal ein paar Minuten. »Beide Rassismen sind in unserer Gesellschaft durchaus präsent, beide müssen bekämpft werden«, sagte er.

Zuerst spürte ich den starken Impuls, meine Argumentation zu verteidigen, es war ja keineswegs meine Absicht gewesen, antimuslimischen Rassismus auf Kosten von Antisemitismus zu thematisieren, aber Ozan hatte recht. Ich hatte *Muslime sind die neuen Juden* als Titel gewählt, also musste ich mit solcher Kritik leben.

Natürlich wurde der Titel von vielen, die den dazugehörigen Artikel gar nicht gelesen hatten, missverstanden, in Teilen auch absichtlich fehlinterpretiert. Viele assoziierten damit automatisch eine Relativierung des Holocaust. »Dieser Typ ist ein Spinner!«, »Ármin Langer ist ein gefährlicher Antisemit«, »Warum veröffentlicht der *Tagesspiegel* diesen holocaustleugnenden Artikel?« – solche und ähnliche Kommentare kursierten im Netz, flatterten in mein Postfach. Jemand schrieb: »Soll doch Ármin Langer nach Gaza gehen und dort gefickt werden, wenn er Muslime so sehr mag.«

Mein Lieblingskommentar stammte aber von einem User namens Kara ben Nemsi, der schrieb: »Philosemitismus in Deutschland nervt? Alles klar. Dann hören wir doch einfach damit auf; geht auch. Vielleicht stoppt dann endlich mal dieses nicht nur nervende, sondern überaus demütigende Spielchen: ›Egal was der Deutsche macht, er ist sowieso immer der ARXXX, und man kann es ihm flatsch ins Gesicht sagen.‹«

In dem Artikel mache ich deutlich, dass es mir nicht um die Lage der Juden während der Schoa geht, sondern lediglich um die Parallele der heutigen antimuslimisch-rassistischen Argumente und der antisemitischen Parolen des 19. Jahrhundert, aber viele nahmen sich nicht die Zeit, den ganzen Artikel zu lesen. Ozan hingegen schon.

»Du schreibst sehr gut, aber ich kann ehrlich nicht mehr als 80 Prozent deiner Aussagen unterstützen, weil der Text einfach nicht genug differenziert«, sagte er, während er das Glas Orangensaft prüfend in seiner Hand drehte wie alte Herren den Whisky.

»Warum genau 80 Prozent?«, fragte ich provokativ. Ich machte mir einen Spaß aus dem philosophischen Streit zwischen dem Wissenschaftler und dem Aktivisten, zwischen dem Rassismusforscher und dem angehenden Rabbiner, zwischen dem Muslim und dem Juden. »Warum nicht 85 Prozent?« Nach langen Verhandlungen verständigten wir uns darauf, dass er ungefähr 85 Prozent meiner Statements unterstützen könne.

Inzwischen ist Ozan ein enger Freund und aktives Mitglied der Salaam-Schalom-Initiative. Ich schätze ihn sehr. Und oft folge ich seinem Rat, weshalb dieses Buch – mit gutem Grund – nicht den Titel *Muslime sind die neuen Juden* trägt. In Deutschland habe ich gelernt, etwas tiefer zu stapeln. In meinem Herkunftsland Ungarn, wo alle sowieso schon zerstritten sind, würde dieses Buch vielleicht in der provokanteren Variante erscheinen. Aber auch ich habe gelernt, mich hier in Deutschland den Gepflogenheiten anzupassen.

Wie ich entdeckte, wer ich bin

Wenn alle Juden hassen,
dann liegt das Problem an den Juden, oder nicht?
Ármin (12 Jahre alt)

16 Jahre lang war ich ein Jugendlicher, der nie so richtig dazugehörte und nie so richtig wusste, warum. Bis zu jenem Sommer in Ungarn.

Mir war übel, wie immer. Bis heute kann ich den Geruch in einem Auto nicht lange aushalten. Irgendwo zwischen zwei bedeutungslosen Dörfern, die während des Staatskommunismus an die Autobahn und damit an den Kreislauf Ungarns angeschlossen wurden, drehte sich mein Vater, der hinter dem Lenkrad saß, zu mir um: »Übrigens, Ármin, du weißt, dass du Jude bist, oder? Also, mindestens väterlicherseits.« Ich erinnerte mich an die zahlreichen Bücher über den Holocaust bei uns zu Hause, trotzdem klang meine Antwort ziemlich unsicher: »Joa.«

Mein Vater und ich fuhren seit drei Stunden auf der endlosen Autobahn M7 durch Südungarn. Links und rechts vor allem Steppe. Auf meiner Haut sammelte sich Schweiß. Vereinzelt sah ich draußen Fabriken und Dörfer an uns vorbeirauschen. Ungefähr jede zehnte Minute entdeckte ich einen Menschen. Einen Opa, der in der Hitze sein Fahrrad schob. Eine ältere Dame, die mit vor der Brust gekreuzten Händen auf einer Holzbank saß, hinter ihr ein weiß gekalktes Haus. Misstrauisch verfolgte sie unseren vorbeigleitenden Wagen mit dem österreichischen Kennzeichen. Mein Vater arbeitete da schon als Informatiker in Wien.

Wir waren auf dem Weg nach Kaposvár. In der Kleinstadt sind meine Eltern geboren: Mein Vater reiste jeden Sommer dorthin. Als Kind war ich auch ein paar Mal dabei, hatte aber nie ganz verstanden, was der eigentliche Grund der Reise war. Mit sechzehn und als »Erwachsener«, der sogar seine Herkunft kannte, wusste ich: Wir fahren wegen des Holocaust nach Kaposvár. An dem Tag, als ich erfuhr, dass ich jüdisch bin, erfuhr ich auch, dass die Eltern meines Vaters, die ich nie gekannt habe, nach Dachau deportiert worden waren. Sie überlebten die Judenvernichtung.

Für alle anderen kam die Rettung zu spät. Zu Hause im westungarischen Sopron ging ich in mein ehemaliges Kinderzimmer und schaltete meinen alten Computer ein. Ich suchte in der Online-Datenbank des Jerusalemer Yad-Vaschem-Zentrums nach meiner Identität. Bald stellte sich heraus, warum ich nie Verwandte väterlicherseits kennenlernen oder gar in den Arm nehmen konnte: In Auschwitz wurden bis auf meine Großeltern alle getötet: meine Urgroßeltern, Großtanten, Großonkel und ihre ganzen Familien. Meinen Namen, Ármin, erhielt ich wegen meines Urgroßvaters, Ármin Rosenthal, der in Auschwitz vergast wurde.

Für einen 16-Jährigen ist das eine erschütternde Entdeckung. Besonders wenn er erst seit kurzem damit klar kommen musste, dass er schwul ist und zu dieser Zeit wegen seiner epileptischen Anfälle regelmäßig in der sterilen Neurologie-Abteilung des Stadtkrankenhauses liegen musste. Das Leben kann sehr anstrengend sein als Teenager.

Es vergingen drei Jahre, in denen ich das erst einmal so hinnahm. Erst als ich Sopron verließ und zum Philosophie-Studium nach Budapest zog, kam eine Frage auf, die mich schlecht schlafen ließ: Wer bin ich?

Ich schlief ein paar Nächte am Rande von Elisabethstadt, einem heruntergekommenen Viertel in Budapest – auch unter dem Namen *Chicago* bekannt –, und als ich aufwachte, war ich aktives Mitglied der größten liberalen jüdischen Gemeinde des Landes, hielt Vorträge zur jüdischen Religion und Kultur auf Tagungen und Konferenzen, leitete Gottesdienste in einer Synagoge. Nur ein Jahr später, im Alter von 21, lag ich auf einem Bett im Krankenhaus, um von einem jüdischen Urologen beschnitten zu werden. Kurz darauf traf ich die Entscheidung, die schon seit einer Weile in mir reifte: Ich möchte Rabbiner werden.

Den Beschluss kündigte ich meinen Eltern per E-Mail an. Mein Vater meinte: »Nicht dass das jetzt vom Himmel fallen würde, ich habe damit gerechnet, du machst ja so viele jüdische Sachen in Budapest.« Meine Mutter war auch nicht überrascht, ich sei schon immer so »priesterlich« gewesen. »Das erste Buch, das du von deinem Taschengeld gekauft hast, war eine Bibel«, erinnerte sie mich. Tatsächlich hatten wir in unserem strikt atheistischen Haushalt nie eine Bibel besessen. Das wollte ich ändern.

Obwohl sie sich beide wahrscheinlich bis heute Gedanken machen, ob sie bei meiner Erziehung versagt haben, bekomme ich von ihnen die Unterstützung, die ich brauche: Auch wenn Theologie nicht so nützlich ist wie Chemie, das Studienfach meiner Schwester, zog ich immerhin aus der »Gefahrenzone Ungarn« weg. Das Jüdisch-Sein hat sich gelohnt. Für meine Eltern war mein Umzug nach Berlin eine Erleichterung.

Nach einer Statuskonfirmation vor dem deutschen Rabbinatsgericht – Vaterjuden werden in Deutschland im Gegensatz zu Ungarn nicht als Juden anerkannt, sie müssen daher ihren Status von einem Rabbinatsgericht bestätigen lassen –, mehreren Studienaufenthalten in Jerusalem und einigen Bewerbungsgesprächen mit Dozenten und Mitarbeitern des Abraham-Geiger-Kollegs in Berlin erhielt ich im März 2013 die lang erwartete Nachricht:

Sehr geehrter Herr Langer, wir freuen uns, Ihnen mitteilen zu können, dass das Direktorium (...) beschlossen hat, Sie für das Ausbildungsprogramm zum Rabbiner anzunehmen.

Zwei Jahre später stand ich auf der Treppe des Neuköllner Rathauses mit einer schwarzen Kippa auf meinem Haupt – neben Emine, einer kopftuchtragenden Muslima. Es nieselte. Die Kinder fanden es lustig und rutschten auf dem nassen Asphalt hin und her. Wir blickten auf 150 Menschen.

»Kopftücher sind ebenso wie Hochsteckfrisuren, Kippot oder Hüte ein Teil von Neukölln, ein Teil Deutschlands«, fing ich meine Rede an.

Die Salaam-Schalom-Initiative, die ich erst anderthalb Jahre zuvor mit drei Freunden gegründet hatte, war erwachsen geworden und lud alle Neuköllner, Berliner und Bundesrepublikaner zu der ersten Demonstration ihrer Geschichte ein: Wir forderten, dass Frauen jeder Herkunft, jeder religösen Zugehörigkeit gleichermaßen Zugang zu öffentlichen Ämtern gewährt werden müsse. Eigentlich etwas Selbstverständliches, in Deutschland im 21. Jahrhundert.

Wie bei meinem Umzug nach Budapest dauerte es auch in Berlin nicht lange, bis ich anfing, die Welt um mich herum umzukrempeln. Ich tat das, was ich schon immer tun wollte. Mich für Menschen und unser Miteinander zu engagieren. Dass es nicht leicht sein würde, hatte ich erwartet. Es war nie leicht gewesen für mich. Und wenn man das Gefühl hat, das Richtige zu tun, ist es auch gleich viel einfacher, den Gegenwind auszuhalten. Die Tatsache, dass es heute keine andere Gruppe in Berlin gibt, in der sich so viele junge Juden engagieren wie in der Salaam-Schalom-Initiative, bestätigt unsere Botschaft: Muslime und Juden sind keine Feinde. Kaum eine andere Bürgerinitiative schafft es, so oft muslimische Stimmen in der Öffentlichkeit hörbar zu machen wie wir. Dank unserer zahlreichen engagierten Mitglieder sind wir eine der aktivsten Organisationen Deutschlands. Unsere Veranstaltungen werden gut besucht, an den Diskussionsabenden tauschen sich Angehörige aller Minderheiten und der Mehrheitsbevölkerung, also von den 65 Millionen Deutschen ohne Migrationshintergrund, aus. Das Projekt beschränkt sich inzwischen nicht mehr nur auf Berlin, Ableger wurden 2015 und 2016 in mehreren Städten, unter anderem in Kopenhagen, Hamburg und Essen, aufgebaut, und weitere Gruppen werden im Laufe der Zeit folgen, mit G'ttes Hilfe.

Im Zuge meiner Arbeit mit der Initiative und als Publizist stiegen mein Erfolg und der Widerstand dagegen proportional. Einige ältere Charlottenburger Herrschaften der jüdischen Gemeinde zu Berlin reden darüber, dass mir und den jüdischen Mitgliedern unserer Initiative der Eintritt in die Berliner Synagogen nicht gestattet werden sollte. »Sonst sprengt der *El-Ármin* sich noch in die Luft«, heißt es. Eine deutschlandweit bekannte rechts-zionistische Aktivistin ruft bei Vereinen und Parteien an und bittet sie, nicht mehr mit mir und »meiner« Initiative zusammenzuarbeiten. »Das sind doch alles Juden voller Selbsthass«, heißt es. Ich weiß, dass auch unsere muslimischen Mitglieder und Kooperationspartner in ihren eigenen Gemeinden für ihr Engagement stark kritisiert werden. »Freund der Juden«, musste sich Deniz zum Beispiel nicht nur einmal anhören. Autoren zahlreicher rassistischer und antisemitischer Blogs verlieren jedes Maß, Islamisten, Sesselnazis und rechtsextreme Zionisten schicken uns gleichzeitig Hassmails: »Linksdummnaive Islamkuschelgruppe!«, »Diese Zionisten machen nur Muslimwashing mit euch!«, »Ihr seid Puppen von Islamisten und türkischen Rechtsradikalen.« Das Rabbinerseminar und Sprecher jüdischer Institutionen üben Druck aus, um mich davon abzuhalten, weiter Interviews zu geben. Eine bekannte SPD-Politikerin drohte einer Zeitung mit Klage, wenn mein Artikel nicht aus der Online-Mediathek gelöscht würde. Mit meiner Solidarität mit den Muslimen Deutschlands und mit meiner Auffassung eines sozial engagierten Judentums lege ich den Finger in eine Wunde, die schon lange in der Bundesrepublik klafft. Und das ist auch gut so.

Ich bin Jude. Ich heiße Ármin. So wie mein Urgroßvater, Ármin Rózsa (geborener Rosenthal). Ich lernte ihn als Märtyrer der Schoa kennen, leider nicht persönlich, sondern am PC viele Jahrzehnte nach seinem Tod. Man kann vieles mit so einem schwierigen Erbe anfangen. »Du bist ein Opfer« ist eine Bedeutung meines Namens. Ein Opfer des Holocaust, des Antisemitismus, der schon immer Europa prägte. Mein Urgroßvater bekam diesen Namen, weil sich seine Familie in Ungarn assimilieren musste. Sie wollten so werden wie die aufgeklärten Westeuropäer, deswegen gaben sie ihren Kindern deutsche Namen. Meine Verwandten, zwei Generationen vor mir, hießen nicht mehr Schlomo und Rachel, sondern Leopold und Helena. Gegen die antisemitischen Gesetze und die Deportationen halfen aber auch die deutschen Namen nicht: Ármin könnte also auch ein Beweis dafür sein, dass Juden in Europa trotz aller Neuanfänge nicht willkommen sind.

Für mich aber hat mein Vorname eine andere Bedeutung. Er bietet mir die Möglichkeit, mich kritisch mit dessen Geschichte auseinanderzusetzen. Die jüdischen Ármins von heute müssen das nämlich machen. Wenn wir unsere

Umwelt genauer betrachten, sehen wir eine andere Welt als die von Urgroßvater Ármin. Wir sehen eine Welt, in der Juden trotz des noch immer allgegenwärtigen Antisemitismus nicht mehr zu der unterdrückten Minderheit gezählt werden können. Wir sind, im Gegenteil, eine emanzipierte Minorität geworden, die so sehr mit dem Mainstream fusioniert ist, dass heute sogar die Rechtsextremen bei Pegida und Co. von einem »christlich-jüdischen Abendland« sprechen.

Heute gibt es in Deutschland eine staatlich finanzierte jüdische Begabtenförderung, Hunderte von Nicht-Juden belegen neben ihren jüdischen Kommilitonen an staatlichen Universitäten das Fach Jüdische Studien, 80 Jahre nach der Schoa werden in deutschen Stadtzentren wieder Synagogen eingeweiht. Zur selben Zeit gibt es aber noch immer viele Minderheiten, die auf europäischem Boden institutionell diskriminiert werden. So wie einst die Juden.

Der Name Ármin stammt aus derselben Wurzel wie das Wort Armee und heißt eigentlich Kämpfer.

Ich will beweisen: Juden und jüdisches Leben definieren sich heute nicht mehr allein durch die Beschäftigung mit der Schoa, die Bedrohung durch Antisemitismus. Es reicht nicht, den Blick nur in die Vergangenheit zu richten, unseren Status als Opfer immer wieder zu betonen. Die Ármins von heute können sich aktiv an den gesellschaftlichen Prozessen beteiligen. Das jüdische Leben und die jüdische Religion haben der Welt etwas anzubieten. Unser Auftrag ist das Miteinander, unsere schrecklichen Erfahrungen mit den Ausgrenzungen in der europäischen Gesellschaft sind unser Auftrag, andere vor Ähnlichem zu schützen. Den Weg, den wir schon zurückgelegt haben, und den Weg, der noch vor uns liegt, zu beschreiben, das ist das Ziel dieses Buches.

Wie ich den Holocaust besiegte

Es ist den Juden verboten, Hitler nachträglich siegen zu lassen. Es ist ihnen geboten, als Juden zu überleben, damit das jüdische Volk nicht untergehe. Es ist ihnen geboten, der Opfer von Auschwitz zu gedenken, damit das Andenken an sie nicht verlorengehe. Es ist ihnen verboten, am Menschen und seiner Welt zu verzweifeln und Zuflucht entweder im Zynismus oder der Jenseitigkeit zu suchen, damit sie nicht dazu beitragen, die Welt den Mächten von Auschwitz auszuliefern.[1]

Emil Fackenheim (1916–2003), Rabbiner und Philosoph

Die Glocken läuteten, und der Gottesdienst begann. Berlin-Spandau, ich saß in der ersten Reihe zwischen dem Vorsitzenden der evangelischen Weinbergkirchgemeinde und meinem Freund, dem jüdischen Kantor Amnon Selig. Die Organistin rief die Gemeinde auf, gemeinsam den Psalm 23 zu singen. All erhoben sich: *Der Herr ist mein Hirte, mir wird nichts mangeln. / Er weidet mich auf einer grünen Aue und führt mich zum frischen Wasser.* Nach dem Psalm setzten wir uns wieder. Wegen all diesem Hinsetzen und Aufstehen hatte ich das Gefühl, Sport zu treiben.

Es war ein Gedenkgottesdienst für die Opfer der Schoa, der erste Sonntag im Februar 2015. Der Terroranschlag auf die französische Satirezeitschrift *Charlie Hebdo* und die blutige Geiselnahme im jüdischen Supermarkt *Hyper Cacher* waren vor nicht einmal einem Monat passiert. Es waren Tage, in denen sich viele Sorgen um die Sicherheit des jüdischen Lebens in Europa machten. Gutes Timing also für einen Holocaust-Gedenkgottesdienst. Nach einer Stunde, Amnon hatte gerade zusammen mit der Gemeinde das bekannte hebräische Lied *Hevenu Schalom aleichem* gesungen, war ich, der 24-jährige Rabbinerstudent, dran: Ich stand auf, knöpfte mein Sakko zu und schritt langsam zum Altar. Als ich das große Kreuz mit dem Leib Jesu an der Wand erblickte, spukte ein unangenehmer Gedanke durch meinen Kopf. Die Gendarmen, die meine Großeltern festgenom-

men, mit ihren Glaubensgenossen in Viehwaggons gesto-
ßen und nach Dachau deportiert hatten, trugen auf ihrer
Uniform auch ein Kreuz. Die Nachbarn, die meine Familie
verrieten, waren gläubige Christen. Und überhaupt: Wie
kann es sein, dass ich mit einer Kippa auf dem Kopf vor
einem Kruzifix spreche?

Ich tat es, denn es ging um ein heikles Thema: Antisemitismus. Obwohl ich in der Regel frei predige, hatte ich
diesmal die Rede vorgeschrieben und las vom Blatt ab.

Meine Großmutter, Klára Rózsa, war eine sehr starke Frau. Sie
stammte aus einer reichen, religiösen Familie mit vielen Gelehrten:
Trotzdem betete sie nie in einer Synagoge, sondern in ihrem Garten. 1942, als sie schon im Ghetto in Kaposvár lebte, heiratete sie
einen jungen, armen Bäcker aus dem heutigen Kroatien, meinen
Großvater, Károly Langer. Im Sommer 1944 wurden beide von
ungarischen Behörden nach Dachau deportiert, am 27. Januar
1945 wurden beide befreit. Sie haben die Wahl gehabt, nach
Palästina auszuwandern, wie so viele andere Familien, oder in Ungarn zu bleiben. Sie entschieden sich für einen Wiederaufbau des
Kontinents, der sie verraten hatte. Den Rest ihres Lebens haben sie
dem Kampf gegen Antisemitismus und Rassismus in Ungarn gewid-
met.

Vor einem Monat wurden vier Juden in Paris von Terroristen getötet. Sie wurden für die Palästinapolitik des Staates Israel verantwortlich gemacht, obwohl sie an diesem Freitagmittag im koshe-
ren Supermarkt nur ihr Brot für den Schabbat einkaufen wollten.
Die Frage, ob die Juden Europas den Kontinent verlassen sollten,
liegt wieder in der Luft.

Als der israelische Ministerpräsident, Benjamin Netanjahu, nach
dem antisemitischen Terrorangriff in einer Rede in der Großen
Synagoge von Paris die Juden Frankreichs aufrief, nach Israel zu
emigrieren, fingen die französischen Juden an, die Marseillaise zu
singen.

Wir bleiben in Europa. Wir bleiben *dafke* als Juden in Europa, wie es trotzig auf Jiddisch heißt. Trotz aller Gewalt. Wir lassen Hitlers Traum von einem judenfreien Europa nicht Wirklichkeit werden. Trotz aller Bedrohung geben wir die jüdische Tradition an unsere Kinder weiter.

Die Reaktion der französischen Juden auf den Terror in ihrem Land hatte mich sehr beeindruckt. Von diesem starken Selbstbewusstsein, dem Selbstverständnis, gleichermaßen Juden, Franzosen und Europäer zu sein, war ich in meiner Jugend lange Zeit weit entfernt.

Am Anfang bestand das Ausleben meines Glaubens vor allem in der Beschäftigung mit der Schoa. Diese Fixierung erschien mir absolut richtig und notwendig, sie erwuchs aus der ständigen Angst um die Zukunft des Judentums in Europa, und weil dieses Thema im gesamten jüdischen Leben die zentrale Rolle einnahm, betrachtete ich das lange völlig unkritisch.

In Kaposvár, das wir jeden Sommer besuchten, war der größte jüdische Feiertag immer der letzte Sonntag im Juni. Ein Tag, an dem alle Sitzplätze in der Synagoge besetzt sind. Es ist der meistbesuchte Gottesdienst des Jahres. *Rosch Haschana* (Neujahrstag)? *Jom Kippur* (Versöhnungstag)? *Pessach* (Fest des Auszuges aus Ägypten)? Nein. Am letzten Sonntag im Juni wird hier der Opfern des Holocaust gedacht, und es war fast jedes Jahr Anlass für meine Familie, sich auf die endlose Autobahn M7 nach Kaposvár zu begeben.

In der kleinen Synagoge am Rande des Friedhofs spürte ich immer schnell, wie wichtig, wie ernst dieses Gedenken ist. Eltern und Großeltern, Kinder und Enkelkinder tragen ihre schönsten Anzüge und feinsten Kleider. Die erste, zweite und dritte Generation der Holocaust-Überlebenden sitzt auf den Holzbänken. Zwischendurch werden am Märtyrer-Denkmal und an den Grabmalen Blumensträuße und Trauerkränze niedergelegt, was ein nicht-jüdischer Brauch ist. Nur manche legen kleine Steine auf die Gräber, wie es aus der Wüstenwanderung überliefert ist, denn in der Wüste gibt es keine Blumen. Es folgen Reden von Bürgermeister, Vizebürgermeister, Parlamentsabgeordneten.

Im Anschluss ziehen sich die Familien in Restaurants neben dem Friedhof zurück. Tanten und Onkel, Enkel, Großeltern, die sich das ganze Jahr lang nicht sehen, kommen hier zusammen. Der Tag der Märtyrer ist ein Familienfest.

Wir treffen dort immer László und Tamara wieder. Lászlós Eltern und die Eltern meines Vaters waren in Dachau. Die Amerikaner retteten sie am Ende des Krieges. Nach ihrer Rückkehr in die »Heimat« zogen sie ihre Kinder im sozialistischen Ungarn praktisch gemeinsam auf. Wir treffen sie nur in Kaposvár, beim Gedenken an die Opfer des Holocaust, und gehen dann miteinander essen. Es ist so paradox wie menschlich: Die Katastrophe, die so viele von uns vernichtet hat, dient als Fundament für das Wiedersehen von Familien, für unsere Gemeinschaft. Die ersten Male überwog bei diesen Ausflügen für mich die Freude. Ich mochte das Zusammensein, den festen Ablauf, das Plaudern darüber, wer was im letzten Jahr erlebt hatte. Dazu war das Essen immer sehr üppig und lecker.

Mit jedem neuen Jahr aber wunderte es mich mehr, dass es stets dieser traurige Anlass sein musste, um sich zu treffen.

Irgendwann fing ich an, über den Tellerrand von Kaposvár hinauszublicken, und stellte fest, dass auch in den großen Gemeinden von Budapest und Berlin die positive Seite der jüdischen Zivilisation – die jüdischen Sprachen, die jüdische Philosophie, die Volksmusik, die Glaubenspraxis oder der jüdische Kalender – nur selten die Hauptrolle spielte. Überall stattdessen: Holocaust und Antisemitismus. Die Schrecken von früher und die Ängste von heute. An keiner anderen von jüdischen Gruppen organisierten Veranstaltung in Ungarn nehmen so viele Nicht-Juden teil wie am *Marsch der Lebenden*, Zehntausende sind es jedes Jahr. Die Verantwortung dafür, dass die meisten hauptsächlich gegen das Vergessen marschieren, aber die fröhlichen Anlässe kaum berücksichtigen, liegt vor allem bei der offiziellen Vertretung der Juden. Der Dachverband der jüdischen Gemeinden in Ungarn beschäftigt sich fast nur mit Themen rund um Antisemitismus und Holocaust, da verwundert es wenig, wenn sich auch die breite Bevölkerung fast nur mit dem Beinahetod meiner Zivilisation befasst. Aber zu beklagen ist es allemal, und es zu ändern bedarf keiner Wunder.

Damals in Kaposvár nahm ich das europäische Judentum immer mehr als eine Gemeinschaft wahr, die versucht, unsichtbar zu sein, und nur dann hervortritt, wenn sie ihre Existenz gefährdet sieht. Ich sah etwas, das mich nicht überzeugte. Es musste auch anders gehen. Ich musste es anders machen. Zunächst einmal für mich selbst. So viel war klar. Aber es dauerte länger, als ich dachte, und war von mehr Rückschlägen begleitet, als mir lieb gewesen wäre.

Mein erster Schritt in die neue Richtung bestand darin, öffentlich eine Kippa zu tragen. Raus aus der Unsichtbarkeit. Das war mein Credo. Auch wenn es eher zufällig dazu kam. Eine Familie feierte mit Freunden Chanukka in ihrer Wohnung in Elisabethstadt, im siebten und »jüdischsten« Bezirk von Budapest. Als die Gäste nachts ihre Wohnung verließen, rief ein Polizist, der draußen auf der Straße patrouillierte, sie sollten sich besser nicht mit den Kippot draußen sehen lassen. Diese falsche Vorsicht in Bezug auf die Kippot und die Gefahr, dadurch antisemitischen Übergriffen ausgesetzt zu sein, ist fester Bestandteil des Repertoires. Es gehört zur No-go-Area-Rhetorik. Irgendwo auf der Welt gibt es immer einen Ort, den jemand als für Juden besonders gefährlich ausmacht, woraus dann die Gefährdung der Existenz des gesamten Judentums abgeleitet wird.

Josef Schuster, der Präsident des Zentralrats der Juden in Deutschland, hat, wie Daniel Alter vor ein paar Jahren, kürzlich Neukölln erneut zur No-go-Area für Juden erklärt, mit Verweis auf die hohe Anzahl von Muslimen in diesem Berliner Bezirk. Aber das ist eine lange Geschichte, und sie soll später genauer erzählt werden. Nur so viel: Ich wohne seit drei Jahren in Neukölln und kann sagen, es lebt sich gut hier. Und ich habe den Verdacht: Wer von No-go-Areas spricht, will nicht die einen schützen, sondern vor allem die anderen brandmarken.

Jedenfalls: Einer der Juden, an die sich der ungarische Polizist gewandt hatte, war ein politischer Aktivist und machte die Sache publik. Eine kleine liberale Partei organisierte daraufhin die Demonstration *Kippot ohne Angst,* und ich, 19 Jahre alt, gerade zum Studieren nach Budapest gezogen, trug dort zum ersten Mal öffentlich eine Kippa.

Die Kippa ist seit der späten Antike ein Symbol für jüdische Religiosität. Es war eigentlich den Gelehrten vorbehalten, ihren Kopf zu bedecken, irgendwann ging die Praxis auf das jüdische Fußvolk über.

An diesem kalten Abend liefen Hunderte von kippottragende Juden und Menschenrechtsaktivisten ungestört durch die Pester Innenstadt. Die Atmosphäre war wie auf der Pester Donau-Promenade. Wir alle wussten, dass 99 Prozent der Anwesenden den Kopf nur zu diesem Anlass bedeckten. Dennoch fühlte es sich richtig an. Mit Kippa waren wir sichtbar, mit Kippa bekannten wir uns und sorgten dafür, dass andere uns erkannten. Und das, so mein Fazit des Abends, war doch notwendig, wenn man beginnen möchte, sich seinem Gegenüber anzunähern.

Wir hielten bis 20 Uhr aus, dann ging ich zufrieden nach Hause, denn ich hatte die Welt gerettet. Ich warf meine Kippa zurück in das oberste Fach des Kleiderschranks, wo sie lange Zeit gelegen hatte. Ursprünglich war sie ein Geschenk meines Vaters. Er hatte sie mir gekauft, noch bevor ich mit meiner Religiosität Ernst gemacht hatte. Sie war blau-weiß gehäkelt und ohne Stern. Eine sogenannte *Kippa sruga*, die heute vor allem von rechtsextremistischen Israelis und Siedlern im Westjordanland getragen wird – das wusste ich aber damals noch nicht.

Hätte mir jemand an jenem Abend gesagt, dass ich ein paar Jahre später praktisch jeden Tag zu bestimmten Anlässen meinen Kopf bedecken würde, hätte ich ihn ausgelacht. Erst mal kehrte ich in die Unsichtbarkeit zurück.

Schon vor dem Holocaust haben sehr viele jüdische Familien die Strategie der Unsichtbarkeit verfolgt: den Weg der Assimilation. Eltern, die Angst vor Antisemiten hatten, erzählten ihren Kindern häufig nicht, dass sie jüdisch sind. So ist es auch in meiner Familie geschehen, sechs Jahrzehnte nach der Schoa. Als ich in meinem katholisch geprägten Realgymnasium antisemitisch beschimpft wurde, konnte ich diesem »Vorwurf« immer mit einer inneren Ruhe widersprechen: Ich wusste ja bis zu meinem 16. Lebensjahr nicht, dass ich Jude bin. Meine Klassenkameraden waren da allerdings anderer Ansicht, sie ließen kaum einen Tag vergehen ohne eine antisemitische Beschimpfung: »Warum grinst du so blöd mit deiner jüdischen Visage?«, »Der Jude weiß die Antwort wieder!« oder einfach nur: »Halt die Fresse, du Jude!« Ich gewöhnte mich langsam daran, schikaniert zu werden. Mobbing unter Kindern ist ja nichts Außergewöhnliches. Marci wurde wegen seines Übergewichts gehänselt, Petra wegen ihrer Brille und ich wegen meiner scheinbar jüdischen Visage. *C'est la vie.*

Antisemiten riechen Juden kilometerweit gegen den Wind. Mohamed, ein arabischstämmiger deutscher Freund in Berlin, ist immer wieder erstaunt darüber, wie man mich allein wegen meines Aussehens als Jude identifizieren kann. Wenn ich meine angeblich semitischen Lippen dafür verantwortlich mache, weist er schockiert darauf hin, dass es in Deutschland seit ungefähr 80 Jahren nicht mehr adäquat sei, über Rassenmerkmale zu sprechen. Ich entschied mich, ihm nicht zu erzählen, dass im ungarischsprachigen Netz Hunderte von Seiten kursieren, die diese Merkmale auflisten, um die Identifizierung von Juden für Antisemiten einfacher zu machen: »Wie erkennt man Juden im Alltag?«, fragt die Webseite *Jövönk.info* (Unsere Zukunft). Die Webseite *Igaz Magyarok* (Wahre Ungarn) führt eine bunt illustrierte Liste von Nasen, Augenbrauen und Pausbäckchen. Auf der ungarischen Version von *GuteFrage.net*, auf *Gyakori Kérdések*, gibt es folgende Antworten auf diese Frage: »Semiten haben viele physische Merkmale, man muss sie jahrelang in anthropologischen Büchern studieren.« Ein anderer User ist mehr praxisorientiert: »Wenn jemand einen deutschen Namen hat, aber nicht deutsch aussieht, ist er bestimmt jüdisch.«

Ich wurde von meiner Umgebung zum Juden gemacht, bevor mir meine Herkunft überhaupt bewusst war. Seltsamerweise fühlte es sich für mich gar nicht so schlecht an, quasi schon sadomasochistisch gut, der Klassenjude zu sein. Ich baute mir eine innere Synagoge aus Lügen auf. Einmal habe ich einem Klassenkameraden minutiös beschrieben, wie ich in der Stadt Győr, in der Hauptstadt unseres Komitats, einen Rabbiner kennenlernte. Er habe mir sehr geholfen, erklärte ich. Dabei wusste ich nicht einmal so richtig, was ein Rabbiner ist. Wenn ich heute darüber nachdenke, komme ich zu dem Schluss: Ich würde wieder lügen. Die komische Grimasse meines Klassenkameraden, als ich ihm davon erzählte, machte mich stolz. Den Gedanken, jüdisch zu sein, fand ich spannend, ohne zu wissen, dass es mal Realität werden würde.

Mein koketter Umgang mit dem Judentum endete an einem Sommertag im Jahr 2007, als ich mitten in eine antisemitische Demonstration geriet. Ich war 17 Jahre alt – seit einem Jahr wusste ich um die Herkunft und Geschichte meiner Familie – und auf dem Weg zur Stadtbibliothek von Sopron, um eine Gedichtsammlung von Pier Paolo Pasolini auszuleihen. Meine Mutter hat immer gute Buchempfehlungen.

Mein Weg von zu Hause in die Bibliothek führt normalerweise über den Széchenyi-Platz, einen großen Platz in der Stadtmitte. Dort steht die majestätische Statue von Graf István Széchenyi (1791–1860), dem großen Staatsreformer. Mein Gymnasium trug ebenfalls seinen Namen. Széchenyi, der auch als »Der größte Ungar« bekannt ist, war übrigens ein überzeugter Antisemit und positionierte sich gegen die Judenemanzipation: »Mit der Emanzipation der Juden verhält es genau sich so, als wenn der Planet Jupiter mit der Erde zusammenstieße; denn jener würde diese verschlingen«, schrieb er im Jahr 1839 in seinem Tagebuch.[2] Széchenyi stellt dies 48 Jahre nach der Naturalisation der Juden in Frankreich (1791) fest, 27 Jahre nach deren bürgerlichen Verbesserung in Preußen (1812) und zur selben Zeit mit der Gleichstellung der Juden im Ottomanischen Reich. In Österreich-Ungarn kommt das erst im Jahr 1867.

Der Széchenyi-Platz mitten im Zentrum von Sopron war voll von schwarz gekleideten Menschen. Sie trugen verspiegelte Sonnenbrillen, ihre Glatzen waren von schwarzen Mützen verdeckt. Diese Menschen vertraten keine der liberalen Gedanken des Reformers Széchenyi. Sie beriefen sich nicht auf seine Förderung der schönen Künste und der Wissenschaften. Die schwarz gekleideten Gestalten feierten nur seinen kruden Antisemitismus. Dutzende von ungarischen Fahnen und rot-weiß gestreiften Árpád-Flaggen wehten in einer sanften Brise über ihren Köpfen. Árpád, ein alter ungarischer Fürst, wurde oft und gern von ungarischen Rechtsextremen missbraucht. Mein Herz schlug bis zum Hals, ich verstand schnell, dass ich Zeuge einer Versammlung von Mitgliedern der *Ungarischen Garde* geworden war, dem paramilitärischen Arm der Jobbik-Partei. Bisher hatte ich die nur im Fernsehen gesehen, jetzt standen sie mitten in meiner kleinen Heimatstadt. »Was suchen die Juden in Palästina?«, fragte der Jobbikfunktionär, und das Publikum schrie und johlte. Ich rannte um mein Leben, erst etliche Blocks weiter hielt ich wieder an und rang nach Luft.

Heute wäre mein erster Gedanke, dass die meisten dieser Menschen nicht einmal eine Ahnung haben, wo Palästina liegt. Damals spürte ich nur Angst. Ich ging einen großen Umweg zur Bibliothek. Als ich in der Bibliothek angekommen war – die übrigens auch nach Széchenyi benannt ist –, fühlte ich mich tatsächlich erleichtert und versteckte mich hinter meinen Büchern. Die Welt wäre so viel schöner, wenn die Nationalisten vor ihren »Problemen« auch in Bücher flüchten würden!

Es war nicht das letzte Mal, dass ich aus einem solchen Grund einen Umweg machen musste: Und immer war es ein kleiner Rückschlag, denn die alte Angst, die ich in der Gemeinde gelernt und seitdem versucht hatte immer weiter zurückzudrängen, die Angst um die Existenz der Juden in Europa, besetzte wieder das Zentrum, das meiner jüdischen Identität.

Oft fragte ich mich in diesen Momenten der Angst, ob meine Situation vergleichbar wäre mit der der assimilierten Juden um die Jahrhundertwende. Auch sie waren in einem engen Korsett gefangen, standen unter enormem Anpassungsdruck, wollten ihre jüdische Identität vergessen. Sie haben sich taufen lassen, sie haben ihre Kultur und Religion aufgegeben. Sie haben ihre jüdisch klingenden Namen gewechselt. In meiner Familie hieß Rosenthal dann Rózsa, Deutschländer hieß Darvas. Die Assimilationsversuche fanden wenig Anerkennung, man warf den Rózsas oder Darvas Opportunismus vor, unterstellte ihnen, sie wollten nur ihre Karrierechancen damit verbessern. Die ungarischen Volkszählungen aus den Jahren 1880, 1910 und 1920 listen dementsprechend »Juden nicht-jüdischer Religion« auf, die Namen änderten sich, die Skepsis blieb.[3]

Den Assimilierten begegnete auch die jüdische Seite mit Zurückhaltung. Ich las in der Budapester Bibliothek, die bis heute den Namen des jüdischen Sozialwissenschaftlers und Revolutionärs Ervin Szabó (1877–1918) trägt, mit großer Begeisterung die Originalausgabe des Buches des berühmten und polarisierenden deutschen Rabbiners Abraham Geiger (1810–1874) – des Namensgebers meiner späteren Ausbildungsstätte in Berlin. Geiger vertritt die Ansicht, dass es fast unmöglich sei, an die Göttlichkeit von Jesus und seiner Geschichte zu glauben, wenn man nicht schon mit der Vorstellung auf- und zusammenwächst. Ein Jude könne Jesus höchstens als einen »aufgeklärten Menschen« schätzen, aber nicht als Sohn Gottes.[4] Ich hätte diese These dem jungen katholischen Priester erläutern sollen, den ich bei einem Stadtfestival in Sopron kennenlernte und der mir danach monatelang E-Mails über Jesus und seine Botschaft schickte. Seine Mission bestand darin, mich zu retten, ans christliche Ufer zu ziehen.

Die assimilierten Juden wurden von den Juden als auch von den Nicht-Juden weiterhin als Juden behandelt und aus jeweils anderen Gründen stigmatisiert. Sie saßen zwischen den Stühlen. Identifizierung, das Selbstbild, das ist das eine; Identifikation, das Bild der anderen von dir, das ist das andere. Das Zusammenspiel von Identifizierung und Identifikation hat politische Folgen, für jeden Einzelnen, für die Juden und die Ex-Juden von damals und heute – für mich. Je weiter man an den Rand seiner ursprünglichen Gruppe gerät, desto mehr ist man der Ausgrenzung der anderen und der vormals eigenen ausgesetzt. Der Integrationsdruck funktionierte damals nicht, er wird heute nicht funktionieren. Menschen aufgrund »mangelnder Integrationswilligkeit« zu sanktionieren, egal ob wir von den Juden des 19. Jahrhunderts oder von den Muslimen des 21. Jahrhunderts sprechen, trägt nicht zur Integration bei. Deutschland versteht auch gegenwärtig nicht, dass Integration bloß auf der Basis von eigener Motivation gelingen kann. Diese Motivation wird allein durch die Stärkung des Zugehörigkeitsgefühls erreicht, nicht mit einer Stigmatisierung als »der Andere«.

Im März 2014 war ich wieder in Budapest, als Berliner Rabbinerstudent und Tourist. Aber auch als Tourist beteiligte ich mich an einem Protest gegen den Bau des Denkmals zur Erinnerung an die deutsche Besatzung von 1944 am *Szabadság tér*, am Freiheitsplatz. Seit Wochen war dies das Hauptthema in den ungarischen Medien: Die Regierung baut ein Denkmal, das Ungarn als Opfer des Deutschen Reichs darstellt. Als ob die Ungarn im Zweiten Weltkrieg nicht freiwillig Hitlers Seite gewählt hätten. Ungarn, regiert vom Reichsverweser Miklós Horthy (1868–1957), war ein Verbündeter Nazi-Deutschlands und hatte viele für Juden diskriminierende Gesetze lange vor der deutschen

Besetzung eingeführt. Eigentlich war das Nachkriegs-Ungarn 1920 mit dem *Numerus-Clausus*-Gesetz der erste europäische Staat, der eine Einschränkung der Bürgerrechte der Juden durch die Einführung einer Nationalitätenquote im Hochschulwesen vornahm.[5] Der SS-Obersturmbannführer Adolf Eichmann (1906–1962), der für die »Endlösung der Judenfrage« in Ungarn verantwortlich war, wurde überrascht von der Bereitschaft der von Horthy ernannten Regierung, ihm dabei zu helfen.

Es nieselte. Die Säulen des Denkmals standen schon. Ein paar Hundert Menschen standen herum, mehrheitlich Rentner. Alle ratlos. Den bärtigen, unbekannten Redner konnte aufgrund seines lausigen Billig-Megaphons niemand hören. Nach meinen jüngsten Erfahrungen mit der Salaam-Schalom-Initiative in Berlin wäre ich am liebsten direkt eingeschritten, um der Demo etwas auf die Beine zu helfen. Aber es wäre nicht nur arrogant gewesen, es war einfach nicht meine Baustelle. »Was sagt er?«, fragte ungeduldig die ältere Dame neben mir. Sie trug eine sehr auffällige blonde, eher gelbe Perücke. Ich schaute mich um. Wahrscheinlich war ich der Jüngste. Die Demonstranten schienen dieselben zu sein, mit denen ich damals auf der Kippot-Demonstration gewesen war. Ich freute mich, sie wiederzusehen. Und mir wurde erneut klar, wie groß die Notwendigkeit war, die neuen Generationen zu mobilisieren.

Auf der Kippot-Demonstration sind wir auf die Straße gegangen, weil wir unser Judentum gegen Antisemitismus verteidigen wollten. Es war etwas Positives für uns. An diesem Tag im Jahr 2014 aber reichte mir das nicht mehr. Es konnte doch nicht sein, dass wir unsere Identität nur verteidigten, statt sie zu leben, ihre reiche Kultur zu zelebrieren.

Auf dem Nachhauseweg versuchte ich, mich an die Momente zu erinnern, in denen ich meine jüdische Identität positiv ausgeübt hatte, und kam sofort auf den Herbst meiner ersten öffentlichen Rede. Nachdem der Fidesz-Abgeordnete István Varga im Parlament gefordert hatte, Frauen sollten mindestens vier oder fünf Kinder bekommen, da das für mehr Respekt und weniger häusliche Gewalt sorge, organisierten mehrere feministische Gruppen einen Protestmarsch. Man muss sich den Subtext einmal vor Augen führen. Nur wenn die Frau sich als effiziente Gebärmaschine erweist, ist sie vor Schlägen von ihrem Mann sicher. Und gleichzeitig berichten europäische Medien darüber, dass Misogynie in Europa eine Importware aus dem Nahen Osten, etwas Islamisches sei.

Das war im Jahr 2012, ich war zu dieser Zeit in der liberalen Jüdischen Gemeinde Sim Schalom aktiv. Es war an einem spätsommerlichen Nachmittag im September, ein Tag vor Rosch Haschana, dem jüdischen Neujahr. Ein paar Tausend Menschen hatten sich vor dem Parlamentsgebäude in Budapest versammelt, hauptsächlich ältere Frauen.

Also sprach ich darüber, wie wir moderne Juden die chauvinistischen Elemente unserer Tradition, die den wichtigeren ethischen Lehren widersprechen, an die Gegenwart anpassen können. Ein Weg ist die moderne Orthodoxie: Sie hält an den traditionellen, chauvinistischen Formulierungen der jüdischen Liturgie fest, liefert aber eine zeitgenössische, feministische Auslegung mit. Ein anderer besteht darin, die ethisch problematischen Stellen zu ändern. Unter der Mehrheit der religiösen Juden auf dieser Welt, in den Synagogen des liberalen Judentums, sprechen die Männer heute nicht mehr den Segensspruch »Gelobt seist du, Ewiger, unser Gott, König der Welt, der mich nicht als Weib erschaffen hat«, sondern: »Gelobt seist du, Ewiger, unser Gott, König der Welt, der mich nach Seinem Willen erschaffen hat.« Aber nicht nur unsere Theologie muss egalitär sein, auch unsere Praxis: In modernen orthodoxen Gemeinden werden Frauen nicht hinter einem Vorhang versteckt, isoliert von den Männern, sie nehmen am Gottesdienst teil, dürfen den Talmud lernen und lehren. In liberalen Synagogen dürfen Frauen sogar als Rabbinerinnen und Kantorinnen arbeiten. Und die Zeit wird kommen, in der auch in der Welt der Politik und der Wirtschaft Frauen nicht mehr als Bürgerinnen zweiter Klasse betrachtet werden. Wenn also heute Muslime mit Verweis auf frauenfeindliche und menschenverachtende Stellen diskriminiert werden, ist das mehr als scheinheilig, da die heiligen Schriften der Christen und der Juden voll sind von solchen Passagen. Die Erfahrung zeigt, dass, wenn Glaubensgemeinschaften gesellschaftlich und institutionell anerkannt statt ausgegrenzt werden, die nicht-fundamentalistischen Strömungen in diesen Gemeinschaften die Oberhand über die fundamentalistischen erlangen. Erst so entsteht ein Gefüge aus Toleranz und Verantwortung, das langfristig ein freundschaftliches Miteinander ermöglicht.

Übrigens trat nach meiner Rede eine Frau in unsere Gemeinde ein. Katalin war seit Jahrzehnten in der Holocaust-Forschung aktiv und kannte auch unsere Gemeinde wegen ihres guten Rufs. Sie nahm aber nie an einem Gottesdienst teil. Sie dachte, erklärte sie mir, dass sie sich als Feministin in einer Synagoge unwohl fühlen würde. Bei einem Gottesdienst zerstreuten sich ihre Bedenken, und Katalin kam daraufhin regelmäßig. Ich empfinde es als eine enorm wichtige *Mitzwa* (Gebot), assimilierte Juden in die Gemeinden zu bringen. War ich doch jahrelang auch einer von ihnen.

Die europäische Geschichte hat die Generationen unserer Eltern und Großeltern verstört. Sie wurden zur NS-Zeit verfolgt, weil sie Juden waren. In Osteuropa, unter den »kommunistischen« Regimen, wurden sie unterdrückt und assimiliert, weil sie eine unabhängige ethnische bzw. religiöse Identität hatten. In Westeuropa wurde ihnen durch das Narrativ der Vergangenheitsbewältigung eingebläut, dass sie Opfer waren, sind und sein werden. »Bei einigen Juden, die die Schoa überlebt haben, ist eine Identifikation mit Hiob eine Obsession geworden«, schreibt der französisch-israelische Philosoph André Neher (1914–1988).[6]

Das Buch Hiob erzählt die Geschichte eines frommen Mannes, der eines Tages alles verliert und den Grund dafür verstehen will. Wie die deutsche Essayistin Margarete Susman (1872–1966) schrieb: »Im Schicksal Hiobs, den Gott im Leiden dem Versucher [dem Satan] preisgegeben hat, ist das ganze Leidschicksal des Judentums im Exil vorgezeichnet. Wie Hiob nimmt das jüdische Volk sein Leid als von Gott verhängtes auf sich. Aber es nimmt es nicht einfach an. Es will es verstehen. Das heißt, es will den Gott, um dessentwillen es duldet, verstehen. Wie Hiob verlangt es, dass der Gott, unter dessen Forderung und Gericht es steht, der absolute Gerechte sei. Darum lebt auch das Judentum im Exil in einem einzigen Prozess, einem unablässigen Hader mit Gott.«[7]

Dieser Hader mit G'tt betrifft nicht allein die erste Generation der Holocaust-Überlebenden, sondern in vielen Fällen auch ihre Nachkommen: Jüdisch-Sein ist schon lange keine Selbstdefinition mehr, die entlang kultureller und religiöser Werte entsteht, sondern es ist eine Antwort auf den Antisemitismus der Umgebung. Das alles hat dazu geführt, dass sich im Post-Holocaust-Europa eine Mehrheit der Juden überwiegend über den Holocaust und das Bewusstsein für Antisemitismus identifiziert. Judentum bedeutet für sie Stigmatisierung.[8] Meiner Einschätzung nach trifft die Salaam-Schalom-Initiative in erster Linie genau deswegen auf so einen großen Widerstand im jüdischen Establishment: Während die Etablierten die jüdische Identität über Angst und Opfer-Status definieren, werben wir für ein engagiertes Judentum, das am gesellschaftlichen Wandel partizipiert, ihn aktiv mitgestaltet.

Der österreichisch-israelische Religionsphilosoph Martin Buber (1878–1965) schrieb nie über den Holocaust – seiner Meinung nach ist das nicht ein Problem der Juden, sondern ein Problem der Antisemiten.[9] Er hat verstanden, dass der Holocaust weder der Anfang noch das Ende ist. Es betreffe »nur« fünf Jahre von den Tausenden von Jahren jüdischer Geschichte. Missverstehen Sie mich bitte nicht: Wir müssen den Holocaust, dieses schwarze Kapitel der Menschheitsgeschichte, erforschen, versuchen zu verstehen, nie vergessen, Lehren daraus ziehen. Wir müssen uns, wir müssen die Gesellschaft daran erinnern, weil die Schoa in ihrer Kaltblütigkeit mit anderen Genoziden nicht vergleichbar ist.

Wir Juden sind besonders gut, wenn es ums Erinnern geht: Das Verb *zachar* (erinnern) in all seinen Formen kommt in dem Tanach, in der hebräischen Bibel, nicht weniger als 169 mal vor. Dem US-amerikanischen Historiker Yosef Hayim Yerushalmi (1932–2009) zufolge empfindet nur in Jisrael, nirgends sonst, ein ganzes Volk die Aufforderung, sich zu erinnern, als religiösen Imperativ.[10]

Man muss sich an die Fehler der Geschichte erinnern, damit sie nicht wiederholt werden. Und immer wieder wird dem Volk eingehämmert: »Gedenke, dass du ein Knecht in Ägypten warst«, dass »du die Seele des Fremden kennst« – nicht dass am Ende du, der Jude, zum Unterdrücker wirst. Erinnerung spielt eine zentrale Rolle, und das ist auch richtig so.

Wie überall ist es eine Frage der richtigen Balance. Wir dürfen nicht das tun, was meine Geschichtslehrerin einmal tat: Als wir im Lehrbuch zum Thema Holocaust kamen, meinte sie, dass es uns Ungarn nicht beträfe, also ließ sie das Kapitel aus. Ich erinnere mich noch sehr gut an diesen Moment. Ich saß als kleiner bebrillter Streber in der ersten Reihe. Mir blieb der Atem stehen. Ich hatte damals so viele Fragen, und dann sagte sie die Lektion einfach ab. Sie blätterte schnell die zwei Seiten im Geschichtsbuch weiter, direkt zur Schlacht um Budapest zwischen 1944 und 1945. Dies sei wichtiger, sagte sie. Meine Geschichtslehrerin fand die Balance nicht.

Wir müssen uns mit der Schoa auseinandersetzen, weil es noch immer Menschen in unserem Land gibt, die solche Aussagen treffen wie: »Unter Hitler herrschte Ordnung in Deutschland« oder: »Die Juden provozierten ihre Vernichtung.« Die Aufzeichnungen der Überlebenden wie der *Roman eines Schicksallosen* von Imre Kertész oder das Buch *Wer hat Angst vorm schwarzen Mann* von Gert Schramm muss man gelesen haben, Filme wie *Der Pianist* von Roman Polanski oder *Sauls Sohn* von László Nemes muss man gesehen haben.

Die roten Bücherregale in meiner Neuköllner Einzimmerwohnung sind voll mit Werken über die Schoa und zum Thema Antisemitismus. Aber sie stehen inzwischen neben Büchern zu anderen Formen sozialer Ausgrenzung, z. B. zum antimuslimischen Rassismus. Über diesen soziologischen Büchern stapeln sich aber auch religiöse und philosophische Schriften des Judentums, die einen Kernbeitrag zu meinem Engagement für ein weltoffenes, progressives Judentum leisten.[11] Wir progressiven Juden sehen uns selbst gleichzeitig als Teil der Gesamtgesellschaft und Angehörige einer religiösen und kulturellen Minderheit. Wir wollen die Länder aktiv mitgestalten – mit unserer Erfahrung mit antijüdischen Ausgrenzungen und mit unserem Wissen, das aus der jüdischen Tradition stammt. Wir, die progressiven Juden, äußern uns mit den Unterdrückten solidarisch und sprechen: Wir sind verantwortlich füreinander. Für uns ist politische Partizipation eine grundlegende Voraussetzung der sozialen Gerechtigkeit. Wir widersetzen uns jeder Marginalisierung, Unterdrückung und Diskriminierung, die durch das oft ineinandergreifende Interagieren von Faktoren wie Religion, Ethnie, sozialem Status, Geschlecht, Fähigkeit und sexueller Orientierung entstehen: in der Gesamtbevölkerung, aber auch in unserem direkten Umfeld, in den jüdischen Gemeinden.

Zur Gay-Pride-Woche in Budapest hatten wir einmal einen LGBTQ-freundlichen Gottesdienst im Jüdischen Gemeindehaus Bálint Ház unter dem Motto: Judentum gehört allen. Ein junger modern-orthodoxer Rabbinerfreund nannte unsere Veranstaltung, scherzhaft »Schwuchtelmesse«. Drei Synagogengemeinden schlossen sich der Veranstaltung an.

Schwule(nfreundliche) Juden in der Öffentlichkeit? Natürlich kam es zum Skandal: Fundamentalistische Juden, Pfingstler, Rechtsextreme kommentierten die Ankündigung des Gottesdienstes auf ihren Webseiten und in ihren Foren, sie sprachen von einer Provokation gegen die Tora, gegen die Bibel, gegen das Erbe der Magyaren, gegen die Familien, gegen den gesunden Menschenverstand. Ich erhielt in diesen Tagen meine erste Morddrohung. Es sollte nicht die letzte sein.

Am Ende hatten wir mehr als hundert Teilnehmer: An diesem Samstagmorgen, am 7. Juli 2012, war das größte jüdische Gemeinschaftsgebet der Stadt die LGBTQ-freundliche religiöse Feier im Bálint Ház. Der große Saal war voll, Juden aller sexuellen Orientierungen und Geschlechtsidentitäten waren dabei und setzten ein gemeinsames Zeichen für Inklusion. »Wenn wir jetzt gleich den Segensspruch ›Gesegnet bist du, Ewiger (…), der mich in seinem Bild erschuf‹ sagen werden, denkt nach, was für eine Extrabedeutung das an diesem Tag hat«, sagte ein Freund zu den angespannten Besuchern vor dem Gebet. Wenn mir heute die Frage gestellt wird, was mein bestes jüdisches Erlebnis war, sage ich oft instinktiv: »Die Schwuchtelmesse!«

Das Zelebrieren unserer Kultur und Religion steht für mich im Zentrum meines jüdischen Lebens. Die Erinnerung an unsere Märtyrer vernachlässige ich aber keineswegs.

Am *Tischa beAv* faste ich 25 Stunden am Stück und erinnere mich so an die Märtyrer meiner Familie. *Tischa beAv* heißt auf Hebräisch der neunte Tag (Tischa) im Sommermonat Av. Im gregorianischen Kalender liegt er manchmal im Juli, manchmal im August. Wir gedenken dabei auch der Zerstörung des ersten und zweiten Tempels in Jerusalem, mit der das jüdische Exil begann.

Ich gedenke vor allem meiner Urgroßeltern, ihrer Geschwister und der Geschwister meiner Großmutter und meines Großvaters, die in Auschwitz umgebracht wurden. Ich halte die Erinnerung an Sándor Rosenthal (30. 12. 1890–10.1944), Irén Rózsa né Klein (15. 3. 1898–5. 7. 1944), Janka Fényes né Rosenthal (25. 9. 1880–5. 7. 1944), Ilona Rózsa né Deutschländer (1895–5. 7. 1944) lebendig. Ich vergesse nie das Martyrium von József Langer (5. 8. 1880–5. 7. 1944), Zseni Langer né Klein (10. 1. 1890–5. 7. 1944), István Langer (10. 11. 1911–25. 4. 1945) und Jolán Langer né Weisz (17. 3. 1912–5. 7. 1944). István Rózsa war 17 Jahre alt, als er im Dezember 1944 im Außenlager des KZ Dachau in Lauingen umgebracht wurde. Er hätte heute mein Onkel sein können. Er ist Teil von mir. So wie mein Großonkel, László Langer (1912/13–1944), nach dem mein Vater benannt wurde, und schließlich mein Urgroßvater, Ármin Rosenthal (26. 8. 1888–5. 7. 1944), nach dem mich meine Eltern benannten. Und die zahlreichen Verwandten, die in Auschwitz und in den anderen Konzentrationslagern vernichtet wurden und deren Namen nicht überliefert wurden.

Tischa beAv war aber nie nur der Gedenktag der Tempel, am 9. Av im Jahr 1095 n. d. Z. verkündete Papst Urban II. den ersten Kreuzzug, der Tausenden von Juden Tod und Zerstörung brachte. Am 9. Av 1290 wurden die Juden aus England ausgewiesen, 1492 kulminierte die spanische Inquisition in der Ausweisung der Juden an diesem Tag, 1914 erklärten Großbritannien und Russland Deutschland den Krieg. Und genau an diesem Tag im Jahr 1942 erhielt Heinrich Himmler die Genehmigung für seinen Plan zur »Endlösung der Judenfrage«, der zum Tod eines Drittels aller Juden weltweit führte.

Die Erinnerung an die Märtyrer hat ihren festen Platz und ihre feste Zeit. Aber das Gedenken sollte nicht unsere Identität beherrschen.

Wenn die kulturell-religiöse Seite des Judentums vernachlässigt wird, reduziert sich der gesamte Inhalt des Judentums lediglich auf Angst. Wie einer meiner Lieblingsdenker, der US-amerikanische Rabbiner und Philosoph Mordechai Kaplan (1881–1983) sagte: »Damit hört Judentum auf, eine Zivilisation zu sein, und wird zu einem Komplex.«[12] Eine ausschließliche Beschäftigung mit der Schoa und dem Antisemitismus lässt, paradoxerweise, Hitler gewinnen.

Die Generation der Neuen Juden

Sie wollten uns töten, wir haben überlebt, lasst uns essen!
Jüdisches Sprichwort

»Also darf ein Jude in einer Moschee beten oder nicht? Was sagt Ovadja Josef dazu?«, fragte ich. *Wie koscher sind Muslime? oder: was darf Mosche*[13] *in der Moschee tun?*, lautete die Veranstaltung. Ungefähr vierzig Leute, Gläubige, Neugierige, hauptsächlich Juden und Muslime kamen am Nachmittag in die Kreuzberger Fraenkelufer-Synagoge am Landwehrkanal, um gemeinsam traditionelle jüdische Texte über das Islam-Bild des Judentums zu lesen und diskutieren. Einer dieser Texte stammte von Ovadja Josef (1920–2013), ehemaliger sephardischer Oberrabbiner Israels und spirituelles Oberhaupt der israelischen *Schas*-Partei. »Wenn ich den Rabbiner Ovadja richtig verstehe …«, sagte eine kopftuchtragende Muslima, die wahrscheinlich zum ersten Mal rabbinische Literatur analysierte, vorsichtig, »dann darf er das.« Die Juden stimmten ihr zu: Mosche darf in einer Moschee beten.

Jedes Mal, wenn ich mich hier in dieser Synagoge befinde, egal ob ich bete, den Gottesdienst leite, lerne oder unterrichte, fühle ich eine gewisse Wärme. Ich habe das Gefühl von Hoffnung. Das Gebäude an sich ist unwichtig, die Menschen, die hierherkommen, sind das Besondere. Keine andere Gemeinde zieht so viele junge Erwachsene an, aus allen Ecken der Welt. Keine andere Gemeinde ist so engagiert im Bereich interreligiöser und interkultureller Dialog. Hier, denke ich manchmal, ist der Ort der *Neuen Juden*.

41

Die Lage im multikulturellen Epizentrum von Berlin, an der Grenze von Kreuzberg und Neukölln, prädestiniert die Gemeinde für diese Rolle: Während die Charlottenburger Juden darüber reden, dass man sich als Jude nicht in Kreuzberg oder Neukölln blicken lassen soll, bummeln wir mit Kippot zwischen beiden Bezirken hin und her und laden unsere muslimischen Nachbarn in die Synagoge ein. Für uns ist hier das Jüdisch-Sein selbstverständlich. So wie unser Engagement.

Aber ich muss zugeben, bis ich selbst in der Lage war, die positive Seite des Judentums anderen näherzubringen, musste ich erst einmal lernen, woraus sie sich zusammensetzt. Über die Schoa wusste ich dank meiner intensiven Beschäftigung in meiner Jugendzeit in Sopron eine ganze Menge, über jüdische Traditionen, Gebete, heilige Schriften, Lieder so gut wie nichts. Vom Entschluss, Rabbiner werden zu wollen, war ich noch meilenweit entfernt. Das änderte sich im September 2009.

In diesem Jahr fing ich ein neues Leben als Philosophie-Student an der ehrwürdigen Eötvös-Loránd-Universität in Budapest an. Nach so vielen Jahren in der Provinz kam ich endlich in die Großstadt. Ich trat mit Organisationen in Kontakt, deren Aktivitäten ich mit der Hilfe des Internets auf meinem Uralt-PC von Sopron aus verfolgt hatte. Die Humanistische Bewegung, der LGBTQ-Verein *Szimpozion* und schließlich das *Limmud*. Über letzteres wusste ich zuerst nur, dass es ursprünglich aus England stammte, inzwischen überall auf der Welt verbreitet ist und sogenannte »jüdische Lernfestivals« organisiert.

»Ich würde mich gerne bei euch ehrenamtlich einbringen«, schrieb ich an Réka, die Freiwilligenkoordinatorin. Danach erklärte ich, dass ich nur väterlicherseits Jude sei. Réka reagierte auf meine Frage mit einem breit lächelnden Smiley, und sie beruhigte mich: Eigentlich seien viele dabei, die nur »ein bisschen jüdisch« seien. Viele standen – so wie ich – am Anfang der Entdeckung ihres religiösen und kulturellen Erbes. Andere seien einfach *Gojim* (Nicht-Juden). Hätte Réka damals Nein gesagt, wäre ich jetzt nicht der, der ich bin. Limmud war mein erster Schritt zur Entdeckung der positiven Seite des Judentums. Aufgeregt meldete ich mich als freiwilliger Helfer an. Verpflichtend: Ich verkaufte Eintrittskarten, kochte zum ersten Mal in meinem Leben Kaffee, deckte Tische, machte sauber. Dabei schwinge ich nur ungern und selten den Besen – meine Mitbewohner werden das nur allzu gern bestätigen. Nach den Arbeitsstunden als Freiwilliger besuchte ich Vorlesungen über die jüdische Oper von Arnold Schönberg, über Transsexualität in einem religiösen Kontext und über die jiddischsprachige kommunistische Bewegung in Israel. Ich war tagelang von Juden umgeben, die sich nicht nur versammeln, um der Märtyrer der Schoa zu gedenken, sondern um gemeinsam aus der Geschichte für die Zukunft zu lernen. Hunderte von neuen Gesichtern, Ádám, Dóra, Tamás und noch viele andere, etliche in meinem Alter, die unterschiedlich dazu beitrugen, dass ich Ármin Langer, engagierter Jude in Berlin, wurde.

Ich erinnere mich noch sehr lebendig an eine Szene im Klub schwuler Jugendlicher in Budapest, Monate vor meiner Entdeckung des Limmuds. Zwei Juden, Mircea und Tamás, besuchten uns zu einem Workshop, den sie normalerweise an Schulen durchführten.

Ein Bestandteil dieses Workshops war, die Teilnehmer in vier Ecken des Raumes zu stellen. Es gab vier Ecken zur Auswahl: Ecke eins für alle, die das Judentum als »Religion« definieren, Ecke zwei für Judentum als »Volk«, Ecke drei für Judentum als »Kultur« oder Ecke vier für alle, die Judentum als ein »Schicksal« ansehen. Alle nicht-jüdischen

Mitglieder unseres Klubs haben sich in einer der ersten drei Ecken positioniert. Pál, auch jüdisch, und ich standen allein in der vierten Ecke, unter dem Schild »Schicksal«. Als sich alle Blicke im Raum auf uns zwei richteten, bot ich mit nervöser Stimme eine Erklärung an: »Ich bin jüdisch, glaube aber nicht an ein höheres Wesen, ich glaube nicht an die Wichtigkeit der ethnischen Herkunft, und meine Kultur ist Europa. Trotzdem habe ich schon antisemitische Erfahrungen machen müssen, also ist Judentum mein Schicksal.«

Nach der Aufgabe kam Mircea zu mir und klopfte mir auf die Schulter. »Es tut mir leid«, sagte er. Es dauerte mehrere Jahre, bis ich verstand, dass man sich bei dieser Übung eigentlich in die Mitte stellen sollte. So viele *Jidden* (Juden) bräuchten Mirceas Schulterklopfer!

Für mich war das Limmud der Ausweg aus der Stigmatisierungsspirale. Während ich täglich das Tanach und den Talmud in Berlin studiere, absolviert meine Schwester ein Praktikum in Israel. Sie ist dabei, *Alija* (Umzug ins Gelobte Land) zu machen und ganz nach Tel Aviv zu ziehen. Es ist eine andere Art, die jüdische Identität zu festigen. Ich unterstütze sie dabei natürlich, obwohl ich ja glaube, dass sie nach ein paar Jahren nach Berlin kommen wird wie alle Israelis, die sich in ihrem eigenen Land noch nicht mal ein bescheidenes Leben leisten können.

Während meines Philosophie-Studiums an der Universität in Budapest befasste ich mich besonders gern mit Friedrich Nietzsche (1844–1900). Sein Stil bezauberte mich schon immer, seine provokative und satirische Art liebe ich bis heute, auch wenn ich mit ihm nicht immer übereinstimme. Nietzsche sagt an einer Stelle:

Mit dem Worte ›das Unhistorische‹ bezeichne ich die Kunst und Kraft, vergessen zu können und sich in einen begrenzten

Horizont einzuschließen; ›überhistorisch‹ nenne ich die Mächte,
die den Blick von dem Werden ablenken, hin zu dem, was dem
Dasein den Charakter des Ewigen und Gleichbedeutenden gibt,
zu Kunst und Religion.[14]

Meiner Meinung nach bedarf es bei Nietzsche derselben Lesart wie bei Bibeltexten: Man muss mit Großzügig-
keit und Vorsicht lesen. Nietzsche spricht nicht über eine
komplette Ablehnung der Vergangenheit, sondern über
die Wichtigkeit eines Bewusstseins für die Gegenwart.
Nur dadurch, dass wir die historische Erinnerungen unserer Familie und unsere persönlichen Beleidigungen aus
der Vergangenheit in den Hintergrund des Bewusstseins
drängen, können wir uns befreien. Hintergrund meint
nicht: komplett verdrängen. Nietzsche wirbt für einen
geschichtsbewussten, aber davon nicht allzu beeinflussten
Menschen: für den unhistorischen Menschen, in dessen
Fokus solche unhistorischen, das heißt zeitlosen Werte
stehen wie Kultur und Religion. Der deutsche Philosoph
erkennt hier die Mission einer Jugend, die »einer glück-
licheren und schöneren Bildung und Menschlichkeit
voranzieht, ohne von diesem zukünftigen Glücke und der
einstmaligen Schönheit mehr zu haben als eine verhei-
ßende Ahnung«.[15]

Der »Pfarrersohn« Nietzsche hat übrigens eine ähnliche
Denkweise wie die Autoren der Tora – obwohl er diesen
Vergleich eventuell abgelehnt hätte: Ein Lehre der Heiligen Schrift ist: Die neue Generation soll nicht die Fehler
der früheren Generation wiederholen. Nach den 40 Jahren Wüstenwanderung waren die Kinder Jisraels kurz davor, das Land Kanaan einzunehmen. Ein Traum von mehreren Generationen stand kurz davor, erfüllt zu werden. Es
war aber nicht Moses, der die Juden aus Ägypten führte,
der am Ende das Volk ins Gelobte Land führte: Wegen
eines Fehlgriffs verbot ihm G'tt das Gelobte Land zu betre-

ten. Moses durfte es nur vom Gebirge aus erblicken und starb in der Wüste.

Nach dem Tod von Moses übernimmt sein Jünger Josua die Rolle des Heerführers und führt das Volk von Osten her über den Jordan ins Gelobte Land. Josua führte das durch, was Moses nicht konnte: Es sind oft die jungen Menschen, die über Fehler der ersten Generation nicht verfügen, die von den Traumata der Vergangenheit nicht belastet sind.

Kurz nach meinem 20. Geburtstag im Sommer 2010 wurde ich zu einem Freitagabendessen zu einer orthodox-jüdischen Familie in ihrer Wohnung am Pester Donauufer eingeladen. Am Schabbat-Abend wollten sie einen säkularen Juden dabeihaben. Vater, Mutter, zwei kleine Töchter, saubere Wohnung, gedeckter Tisch – eine traditionelle jüdische Idylle. Judentum als Religion war mir noch nie so nah. Es erstaunte mich, dass diese Familie ihr reguläres Leben Freitagabend ausschaltete, um in den Schabbat-Modus zu wechseln. Ich war durchaus neidisch: »Ja, Ármin, du weißt, das alles könntest du auch machen«, sagte Pali ermutigend auf der Türschwelle.

Jeden Morgen früher aufstehen, um *Tefillin* (Gebetsriemen) zu legen und *Schachris* (Morgengebet) zu *davenen* (beten), meinen Kopf bedecken, ausschließlich beim koscheren Metzger einkaufen. Tatsächlich könnte ich auch zwei Kinder und eine saubere Wohnung haben. Ich könnte trotz meiner Homosexualität sogar eine Frau heiraten und sie jeden Schabbat sexuell befriedigen, um den religiösen Vorschriften zu entsprechen. Manchmal kommt mir, ehrlich gesagt, dieser Gedanke auch heute in den Sinn: Das Leben wäre so viel einfacher, wenn alles von den Gelehrten vorgeschrieben wäre! Nachdem ich die Wohnung von Sára und Pali in Budapest verlassen hatte, dachte ich lange über meinen Glauben und meine Zukunft nach. Auf viele

Dilemmata habe ich bis heute keine eindeutigen Antworten. Aber manchmal braucht man keine Lösung, wenn man weiß, dass die Richtung stimmt.

Im Herbst 2010, in einem Hotel des Sozialrealismus in Nord-Budapest, fand mein zweites Limmud-Lernfestival statt. Ich stand in einer langen Schlange von ungeduldigen und hungrigen Juden für das Mittagessen an. Es gab Kürbiscremesuppe und etwas mit Auberginen als Hauptgericht. *Glatt koscher* (strikt koscher) und lecker.

Ein Platz neben der fröhlichen und sehr beliebten Rabbinerin war noch frei. Ich ging direkt auf sie und ihre Gemeinde zu, obwohl ich niemanden von ihnen kannte. Ich fragte sie, ob ich mich setzen dürfe. Wir stellten uns einander vor – Katalin Kelemen, Ármin Langer – und fingen an, über das Essen zu reden.

Diese Begegnung veränderte mein Leben: Kata und ich fanden einander sympathisch. Sie freute sich über das Interesse eines jungen Mannes an ihrer Gemeinde. Wie ich später als Rabbinerpraktikant in mehreren europäischen Gemeinden verstanden habe, ist es eine der größten Herausforderungen in Synagogen, Jugendliche zu erreichen; natürlich freute sich die Rabbinerin über meine Neugierde. Und ich freute mich, dass sie sich für mich Zeit nahm und für meine Fragen offen zeigte. »Was, du studierst Philosophie und Koreanisch?«, fragte sie lachend. »Das ist so jüdisch!« Ich schaute sie komisch an. »Junge Juden, die nach ihrer Identität suchen, wenden sich nie direkt dem Judentum oder Hebräisch zu, sondern zuerst meist einer anderen kleinen Sprache oder Kultur«, erklärte sie. Wir redeten das ganze Mittagessen lang weiter. Währenddessen reifte mein Entschluss, einen Schabbat-Gottesdienst in ihrer Gemeinde Sim Schalom zu besuchen.

Im November 2010 nahm ich in der Synagoge in dem angesagten Bezirk *Franzstadt* in der Pester Innenstadt an meinem ersten jüdischen Gottesdienst teil. Es war Samstagmorgen, ich setzte mich ganz hinten auf einen der blauen Stühle und guckte erstaunt zu: Ich verstand nichts davon, was da vor meinen Augen ablief, war aber verzaubert. Verzaubert von dem Gesang des Kantors, von den Zeremonien rund um die Tora-Rolle, von der Predigt der Rabbinerin. Der Gottesdienst dauerte fast zwei Stunden, mir kam es wie fünf Minuten vor – und ich wollte mehr. Viel mehr. Ich fühlte mich zu Hause, obwohl ich niemanden kannte. Ich wollte Teil dieser Gemeinschaft, dieser Familie werden.

Ein Jahr später war ich schon bereit, noch einen Schritt weiter zu gehen. Ich wollte eine Bar Mitzwa, die Zeremonie, die für einen Juden den Übertritt in das Erwachsensein markiert. Normalerweise macht man sie mit 13. Besser später als nie.

Ich war kurz vor meinem 22. Geburtstag. Es war ein schöner Junitag, und ich stand mit der Sonne auf. Der Gebetsraum unserer kleinen Synagoge war mit 70 Menschen vollgepackt. Männer und Frauen aus meiner Gemeinde, meine Mitstreiter vom Limmud-Festival, einige Freunde und Kommilitonen aus der Uni. Wie es der Brauch verlangt, waren alle feierlich in Weiß gekleidet, und ihre Hemden und Kleider leuchteten im Sonnenlicht, das durch die großen Fenster in den Raum schien.

Ich genoss die Aufmerksamkeit und die Möglichkeit, Teile des Gottesdienstes leiten zu dürfen, eine Predigt zu halten. Ich bereitete sogar extra Psalmtexte mit Melodien vor, die normalerweise in dieser Synagoge nicht gesungen werden. Es war das erste Mal, dass ich aus der Tora las, den Wochenabschnitt *Korach*, über den Aufstand des Leviten Korach gegen Moses während der Wüstenwanderung. Und nach dem Gesang und der Tora-Lesung sprach ich zu den Anwesenden.

Ich begann mit einem Zitat aus dem Tagebuch von Anne Frank (1929–1945): »Es ist ein Wunder, dass ich nicht alle Erwartungen aufgegeben habe, denn sie scheinen absurd und unausführbar. Trotzdem halte ich an ihnen fest, trotz allem, weil ich noch immer an das innere Gute im Menschen glaube.«[16] Korach, dessen Charakter in der Tora zweifellos negativ dargestellt wird, hat auch seine guten Punkte: Er rebelliert zwar aus seinem eigenen privaten Interesse, aber seinen Widerstand gegen das Establishment, gegen die Autorität von Moses, der seine Entscheidungen ohne Begründungen verkündet, kann man respektieren.

In meiner Predigt sprach ich ausführlich darüber, was für mich mein bürgerlicher Name, Ármin, und mein hebräischer-liturgischer Name, Mordechai, bedeuten: Kämpfer. Im Sinne eines langen Kampfes für die Menschenrechte. Und an diesem Tag, zwischen zwei Scherzen, kündigte ich der Gemeinde an, dass ich Rabbiner werden wolle. Ein Rabbiner, der sich um die positive Seite der jüdischen Identität kümmern will, der sich für Gerechtigkeit in Europa und in Israel-Palästina einsetzen will, der für Menschen aller Geschlechter und sexueller Orientierungen da sein will. Und ich erzählte ihnen meinen Traum: »Ich will ein Rabbiner für die Menschheit werden. Die muslimische Welt nennt die jüdischen Rabbiner *Hacham*, die Weisen. Ich will nicht nur ein Hacham der Juden, sondern auch ein Hacham der Muslime, der Christen und Anderen werden; ich möchte allen zur Verfügung stehen. Es gibt ein jüdisches Sprichwort: Wenn du G'tt zum Lachen bringen willst, erzähl ihm deine Pläne. Ich habe genug Selbstvertrauen, um zu denken, dass G'tt mich dabei nicht auslachen wird, sondern lächelt. So wie ich.«[17]

Nach 21 Jahren hatte ich mein spirituelles Zuhause

gefunden. Dass dieses Zuhause für mich eine Synagoge ist, soll aber nicht bedeuten, dass es nicht auch andere Möglichkeiten gäbe, jüdische Identität auszuleben. Denn ich teile die Forderung, die Rabbiner Mordechai Kaplan in seinem Werk *Judentum als Zivilisation* (1934) formulierte:

»Die Bedeutung und Vielfalt des Lebens des Judentums müssen wiederentdeckt und stärker hervorgehoben werden. Das Judentum muss als nichts weniger anerkannt werden denn als eine Zivilisation. Im Bewusstsein eines Juden muss das Ganze, all das, was zu einer Zivilisation gehört, präsent sein: das soziale Gefüge einer nationalen Einheit, bezogen auf ein bestimmtes Territorium, eine fortdauernde Historie, eine lebendige Sprache und Literatur, religiöse Bräuche, Sitten, Gesetze und Kunst.«[18]

Vor kurzem erläuterte ich als Rabbinerstudent in Berlin einer Schauspielgruppe den Brauch und die Regeln einer jüdischen Beschneidung für ein Theaterstück des israelischstämmigen Berliner Regisseurs Noam Brusilovsky.

»Du kommst aus Ungarn? *Jó napot kívánok!* (Guten Tag!)«, grüßte mich eine der Schauspielerinnen auf Ungarisch. Sie war eine ältere Frau, die ursprünglich aus Tschechien stammt. »Meine Eltern waren in Auschwitz, ich bin also nicht religiös«, sagte sie. Ich stellte ihr keine Fragen, sah sie nur aufmerksam an. Wir saßen zusammen in einer Runde, und die Schauspieler des Stücks stellten sich mir vor. »Ich zünde keine Kerzen an am Schabbat, wüsste auch nicht, wie man das macht«, fuhr sie fröhlich fort. »Aber ich habe eine sehr starke jüdische Identität! Für mich bedeutet Judentum, dass ich an solchen Theaterstücken teilnehme.« Ich lächelte sie an. Sie mache alles vollkommen richtig, erklärte ich ihr.

Mein Bedauern bestand lediglich darin, dass sie offenbar das Gefühl hatte, sich rechtfertigen zu müssen. »Meine Großeltern waren Juden, meine Eltern sind Kommunisten, und ich bin säkular« – diesen Satz und dessen Varianten hörte ich zigmal, in Kaposvár, in Budapest, in Berlin und anderswo. Und jedes Mal versuchte ich, mein eigenes Selbstverständnis deutlich zu machen: Judentum ist nicht allein eine Religion. Man braucht nichts Rituelles zu machen, um als Jude anerkannt zu werden. G'tt selbst aber sagt in den Schriften, was er von uns will:

Womit soll ich den Ewigen versöhnen, mich bücken vor dem hohen G'tt? Soll ich mit Brandopfern und jährigen Kälbern ihn versöhnen? Es ist dir gesagt, Mensch, was gut ist und was der Ewige von dir fordert, nämlich gerecht handeln und Liebe üben! (Micha 6 : 6–8)

Religiosität und Observanz schaden aber natürlich nicht, muss ich als religiöser, observanter Jude und Rabbiner in spe aber auch mal gesagt haben. Meiner Meinung nach ist das Judentum ohne die religiöse Komponente ärmer – sei es eine liberale, konservative, orthodoxe oder was für eine Komponente auch immer. Deswegen verwende ich in diesem Buch auch zahlreiche biblische Stellen und Zitate und Argumente von Rabbinern. Sie sollen zeigen, dass die Religionen, und zwar alle, uns durchaus etwas zu sagen haben für unser privates Leben und unser Zusammenleben. Nicht-religiöse Formen der *Jiddischkeit* (Jüdisch-Sein) halte ich aber ebenfalls für legitim. Religiosität kann und soll man nicht erwarten, das wird am besten im Koran zum Ausdruck gebracht: »In Fragen des Glaubens gibt es keinen Zwang« (2 : 256). Für Eva bedeutet Judentum jüdische Theaterstücke. Für Isabelle ist Judentum jüdisches Gesangsgut. Für Debora repräsentiert Judentum die feministischen Auslegungen der Texte aus dem Tanach. Für Milan heißt Judentum die jiddische Sprache. Für Georg stellt Judentum die Kabbala dar. Für meinen Lehrer, den progressiven

Philosophen G. M. Tamás, ist Judentum mit sozialem Engagement verbunden. Die jüdische Zivilisation hat eine Geschichte von mehr als 3000 Jahren, weitaus genug Zeit, um ausreichend Aspekte zu entwickeln, so dass sich die 15 Millionen Juden auf der Welt für 15 Millionen unterschiedliche Seiten des Judentums interessieren können. Pluralismus ist einer unserer Grundsätze – auch wenn viele in der jüdischen Gemeinde das nicht verstehen wollen, wie ich immer wieder erfahren musste.

Eine Synagoge ist auch kein »Gotteshaus«, wie das so oft in den deutschen Medien behauptet wird, oder, G'tt bewahre, eine Kirche. Das griechische Wort Synagoge bedeutet einfach Versammlungsort. Auf Hebräisch gibt es sogar drei Wörter für Synagoge. Sie drücken die drei Aufgaben einer Synagoge aus: *Beit Knesset* (Haus der Versammlung), *Beit Midrasch* (Haus des Lernens) und *Beit Tefilla* (Haus des Gebets). Ganz ähnlich wie bei den Muslimen: Eine Moschee lediglich als ein Gotteshaus zu bezeichnen ist ebenfalls nicht korrekt.

Es gibt kaum andere Institutionen, die so eine lange Geschichte haben wie unsere Synagogen.

Die Synagoge ist nicht nur für uns da: Rabbinerstudenten, Rabbiner, Kantorenstudenten und Kantoren. Die Synagoge soll ein Ort für alle sein. In diesen Synagogen beten Brüder und Schwestern Schulter an Schulter, wir alle nehmen an einem gemeinsamen Gefühl teil, an einem gemeinsamen Bewusstsein. Wir pflegen Freundschaften, bauen neue Beziehungen auf, lernen unser Erbe kennen. Meine zukünftige Synagoge wird mit Hilfe G'ttes auch in diesem Sinne funktionieren: Sie wird ihre Türen für alle öffnen, alle, die ihr Leben bereichern wollen. Und sie wird eine neue Synagoge sein, die die Veränderungen in den neuen Generationen berücksichtigt.

Der US-Journalist Peter Beinart (*1971) setzt den Akzent auf die Rolle der neuen Generation. Nach seiner Beschreibung sitzt in jeder etablierten jüdischen Einrichtung ein 60 Jahre alter Mann im Samtstuhl, »der, wenn er seine großzügigen Spender trifft, zu den Jüngsten im Raum gehört«.[19] Beinart unterstützt deswegen die unabhängigen Initiativen von jungen Juden. Die jungen Juden von heute sind anders. Die dritte Generation der Holocaust-Überlebenden entdeckt jetzt die 2995 Jahre jüdischer Geschichte und Kultur, die von der Schoa *nicht* betroffen waren. Die Veränderung im jüdischen Leben kommt mit uns, mit den Kindern der achtziger und neunziger Jahre. Die Forschung des Soziologen András Kovács (*1947) aus dem Jahr 2003 belegt diese Entwicklung. Die Jugendlichen zwischen 18 und 25 bzw. 26 und 35 Jahren haben die positive Seite ihrer jüdischen Identität entdeckt. 41 Prozent feiern mittlerweile Chanukka, obwohl dieser Feiertag nur für einen Bruchteil in der Kindheit Bedeutung hatte.[20]

Laut einer Studie des American Jewish Committee von 2006 halten nur 21 Prozent der jungen Erwachsenen (18–39) Antisemitismus für ein ernstes Problem in den USA – dieselbe Zahl unter Juden über 60 liegt bei 35 Prozent. Unter orthodoxen Juden, die ihr Judentum am wenigsten politisch erleben, halten nur 19 Prozent Antisemitismus für eine ernste Bedrohung. Obwohl die jüngeren Juden zu 25 Prozent und die älteren nur zu zwölf Prozent persönlich von Antisemitismus betroffen waren.[21]

Diese Spannung zwischen den Generationen fühlte ich regelmäßig als Vorbeter und Lehrer in verschiedenen Gemeinden. »Mein Sohn ist total verrückt geworden«, beschwerte sich Kati, eine ungarischstämmige Jüdin aus Stuttgart, als ich Workshops in der jüdischen Gemeinde der baden-württembergischen Landeshauptstadt hielt. Sie fuchtelte dabei mit ihren Händen. »Er ist nur deshalb nicht zu deinen Workshops gekommen, weil er am Schabbat nicht mit dem Zug fahren wollte.« Ich fühlte eine angenehme Wärme in mir. Ob meine Eltern über mich dasselbe sagen, wie diese Mutter hier? Bestimmt. Kati sprach, G'tt sei Dank, nicht mit Empörung, sondern eher mit einem wohlwollenden Kopfschütteln darüber. »Ich habe ihn nicht so erzogen! Sein Vater ist Christ!«, erklärte Kati.

»Ehrlich gesagt, finde ich, dass es gut ist, wenn er samstags nicht den Zug nimmt«, antwortete ich. »Du lebst dein Judentum, indem du an meinem Workshop teilnimmst – er, indem er am Schabbat nicht reist. Beide sind gleich wertvoll.« Sie ließ sich dadurch nicht beruhigen, wusste aber meine Antwort zu schätzen. Am nächsten Tag kam auch ihr Sohn Daniel nach Stuttgart und beteiligte sich zu meiner Freude aktiv am Workshop. Er war keineswegs verrückt, sondern befand sich gerade in derselben Entdeckungsphase wie ich vor ein paar Jahren. In der Pause bat er mich, ihm Infos über meine Jeschiwa, eine Talmud-Hochschule in Jerusalem zu schicken – auch er hätte Interesse, noch mehr über das Jüdisch-Sein zu lernen.

Einer der Rabbiner, die mich inspiriert haben, mich für die Rabbinerausbildung zu entscheiden, war Jonathan Sacks (*1948), der zwischen 1991 und 2013 orthodoxer Oberrabbiner von Großbritannien war. Sacks schrieb 1997 das Folgende: »Eine neue Generation von Juden taucht auf, deren jüdische Identität zum ersten Mal in der Geschichte total unkompliziert ist. Sie erkennen die spirituelle Kraft und Größe des Judentums an. Sie suchen nach einer persönlichen Botschaft, nach einem Kompass, und nach Stabilität und Strukturen in ihrem Leben. Sie fühlen sich von unterschiedlichen jüdischen Initiativen angesprochen und fangen an, ihr Erbe zu entdecken, Talmud und Tora zu lernen. Diese neue Generation fühlt sich sicher, ist nicht ängstlich und will das Judentum für alle öffnen, statt Mauern zu bauen. Es hat sehr lange gedauert, bis die Juden in Erscheinung traten, die aus dem Teufelskreis ›Antisemitismus, Holocaust und Israel‹ ausgebrochen waren und ihren Fokus auf die persönliche Begegnung mit dem Judentum richteten.«[22] Sacks sieht den größten Fehler des europäischen Judentums darin, dass die Juden den Kampf gegen den Antisemitismus internalisiert und ihre eigene Identität auf ihre Klagen gebaut haben. Die Generation von Daniel ändert das gerade. In einigen Fällen kann die neue Generation den älteren Generationen sogar helfen, die Fixierung auf Holocaust und Antisemitismus zu überwinden, wie ich bei einem Lernfestival in Budapest, das ich mit veranstaltete, zum ersten Mal verstand.

Es war spätabends und kalt. Alle wären lieber im warmen Zuhause neben dem Kachelofen geblieben. Waren sie aber nicht, sie kamen zum Kultur- und Lernfestival unserer Sim-Schalom-Gemeinde. Unter freiem Himmel im Szent-István-Park in Budapest. Die meisten besaßen ohnehin keinen Kachelofen. Der großbürgerliche Bezirk *Neuleopoldstadt*, in der sich der Park befindet, wird bekanntlich vor allem von Juden bewohnt. Demnach waren orthodoxe Juden mit langen Bärten, schwarzen Kleidern, zwölf Kindern pro Ehe und komischer Fremdsprache (Jiddisch? Englisch?) zu erwarten, aber der Alltag der Neuleopoldstädter Juden ist weniger exotisch. In den meisten Fällen kümmern sich die Bewohner dieses Bezirkes um dieselben Aspekte ihres Judentums wie in Kaposvár und anderswo unter Juden im Land: Holocaust, Antisemitismus und Israel. Wir veranstalteten das Festival absichtlich in dieser Wohngegend. Ein klares Zeichen dafür, dass diese Menschen, Jung und Alt, ebenfalls zum »Stamm« gehörten und wir bereit waren, ihnen einen Weg zu zeigen zurück zu ihrer Zivilisation.

Ich hatte sieben Aktivisten von sieben nicht-jüdischen Nichtregierungsorganisationen eingeladen. Sie sollten durch den Park gehen und den Gästen Quizfragen zu ihren Themen stellen: Obdachlosigkeit, die Lage der Roma, LGBTQ- und Frauenrechte, Pazifismus, Gewerkschaften: Es ging um Begegnungen, um den Austausch von persönlichen Anliegen. Ricsi sprach mit einem Obdachlosen, der sich als Aktivist für Obdachlosenrechte einsetzte. Dóri, die zu der Zeit viele bürokratische Probleme an der Uni hatte, fand besonders die Methoden der Gewerkschaftler spannend. Ádám, der selbst Vorurteile gegenüber Roma pflegt, wurde nach dem Gespräch mit Joci, einer sehr netten Roma-Aktivistin, ein bisschen selbstkritischer.

Mich interessierte besonders ein alter Mann, der kein Aktivist, sondern ein Teilnehmer des Spiels war. Ich kannte ihn nicht, er kam nach der Veranstaltung zu mir. Er legte seine Hände auf meine Arme und bedankte sich bei mir »für alles«. Dabei mied er den direkten Blickkontakt, ich wusste, dass er mit den Tränen kämpfte. Er erzählte mir, dass es das erste Mal in seinem Leben war, dass er eine positive Bedeutung der jüdischen Tradition gesehen hat: »Ich finde es phantastisch, dass ihr den Anlass in den Schriften dafür findet, einfache Fußgänger mit Obdachlosen zusammenzusetzen«, sagte der Mann feierlich. »Hätte ich so was vor 40 Jahren entdeckt, wäre ich nun ein richtiger Jude.« Er redete weiter. Die Wörter verstand ich weniger und weniger, sein Gesichtsausdruck war aber eindeutig. Als er fertig war, lud ich ihn noch auf eine Tasse Tee im Zelt ein, um seine Fragen beantworten zu können. Ich bin mir sicher, dass sein Judentum ihm ab diesem Tag nicht mehr nur Angst machte.

Ich war damals 21 Jahre alt – der Herr mindestens 60. Das

war das erste Mal, dass jemand an meiner Schulter vor Freude weinte. Und für mich ein Beweis, dass die Generation der neuen Juden durchaus für die alte da sein kann. Denn eines wurde mir klar. Wenn ich für alle Minderheiten da sein wollte, wenn ich ein engagierter Jude sein wollte, dann durfte ich meine eigene Gemeinschaft nicht vernachlässigen, im Gegenteil, ich musste bei ihr beginnen. Sie dafür gewinnen, meinen Weg mitzugehen, ich musste sie zu Mitstreitern machen. Ich brauchte sie als Agenten für meinen Traum: ein freundschaftliches Miteinander.

Durch diese Begegnung war ein weiteres Puzzleteil zu meinem Selbstverständnis, als Mensch, als Ármin, als Jude, als neuer engagierter Jude und als angehender Rabbiner hinzugekommen. Der Weg bis hierhin war sicher alles andere als geradlinig oder konventionell, und ich möchte mich auch nicht zum *Rolemodel* stilisieren, aber ich hoffe sehr, dass meine Biographie diejenigen bestärkt, deren Weg ebenfalls in Schlangenlinien verläuft und die sich unterwegs nicht immer sicher sind, ob er sie ans Ziel bringt. Und deshalb möchte ich gern die Rede hier mit wiedergeben, die die Rabbinerin Katalin Kelemen, die ich als meine theologische Ziehmutter betrachte, anlässlich einer Ausstellung von mir gezeichneter Karikaturen in Budapest im Jahr 2012 gehalten hat und in der sie meinen Werdegang kondensiert und pointiert beschreibt.

Es gab einmal einen Jungen, der Mordechai hieß. Die Urgroßeltern, Großonkel und Großtanten dieses Jungen, Zvi, Josef, Esther, Onkel Lipót, István – *zichronam livracha* (möge ihr Gedenken ein Segen werden) – wurden im Holocaust umgebracht. Mordechai erfuhr eines Tages, dass sein Name auf Farsi Kämpfer bedeutet. Er entschloss sich, loszufahren und den Holocaust zu bekämpfen und zu besiegen.

Wie soll er aber anfangen? Er hatte keine Waffen. Er schlief ein und traf in seinem Traum Martin Buber. Er sprach zu ihm: »Alles wirkliche Leben ist Begegnung. Los, geh auf deinen Weg!«

Am Morgen begann Mordechai seine Reise. Er traf unterwegs seinen Namensvetter, Mordechai aus dem Buch Esther. Mordechai, der Ältere, sprach zu ihm: »Du bist ein Jude, und es wird Momente geben, in denen du am besten offen mit deinem Judentum umgehst.« Unser Mordechai bedankte sich für den Rat und ging weiter.

Er lief weiter und traf auf den britischen Radio-Guru, Rabbiner Lionel Blue. Sie setzten sich auf eine Wiese in der Sonne, um zu essen, als Rabbiner Blue aus seiner Tasche sein Buch *Day Trips to Eternity* herauszog und daraus den Teil vorlas, in dem sich jemand in G'tt verliebt. »Es ist so, als wenn wir uns in einen anderen Menschen verlieben. Es kann so anfangen, dass du gewisse Werte hast und eines Tages erkennst, dass diese Werte zum Leben erwachen. Du kannst mit ihnen sprechen, und sie antworten dir, du verliebst dich dann, du liebst sie. Sie bekommen ein menschliches Gesicht.«

Mordechai ging weiter auf dem Weg, plötzlich traf er auf die Juden. Es gab unter ihnen einen israelischen Soldaten, eine Rabbinerin, einen langbärtigen ultraorthodoxen Juden, einen südafrikanischen Geschäftsmann, einen schwarzen Äthiopier, einen Marxisten mit einer roten Fahne und eine alte Dame aus New York in Rollstuhl. »Wow, wie vielfältig wir sind!«, wunderte sich Mordechai. Diese Vielfalt gefiel ihm. Er reichte allen die Hand.

Er lief weiter. Jetzt traf er auf *Chesed*. »Wer bist du, Digga?«, fragte Mordechai. »Ich bin Chesed, die liebende Tat.« »Was ist denn das?«, fragte Mordechai. »Geh in die Welt, geh zu den Roma, zu den Obdachlosen, zu den Unterdrückten und den Ausgestoßenen. Suche nach Partnern und Gruppen in den Menschenrechtsbewegungen. Werde Teil davon, und du wirst erkennen, wer ich bin.« Und so geschah es.

Mordechai ging weiter auf seinem Weg. Die Priesterin kam ihm entgegen. Auf ihrer gestrickten Kippa funkelte das Licht, auf ihren Schultern lag ein Seidengebetsschal, sie kam in Tanzschritten auf ihn zu. »Ich bin die Priesterin, nicht der Priester«, sang sie. »Tora und *Matza* (ungesäuertes Brot) und Feiertag und *Flódni* (jüdischer Kuchen) und Bar-Mitzwa und *Adon Olam* (jüdisches Lied) und *Trenderli* (jüdisches Spielzeug) …« Sie nahm ihren Arm, und mit einem wahnsinnigen Mazl-Tov-Tanz drehte sie ihn in die *Kile*, in die Gemeinde.

Mordechai ging weiter. Korach kam ihm entgegen. »Lies mich aus der Tora auf deiner Bar-Mitzwa!«, bat er ihn. »Ich bringe dir dafür etwas bei!« »Was wäre das?«, fragte Mordechai. »Ich verfälsche in meiner Geschichte die Bedeutung des Wortes *eda*, Gemeinschaft. Wegen meiner persönlichen Ambitionen, wegen meines Machtkampfs spiele ich mit der Bedeutung des Wortes, obwohl es eine Gemeinschaft ist, die auf gemeinsamen Werten basiert und Partnerschaften bedeutet.« Mordechai bedankte sich für die Weisheit. Abgemacht!

Weiter auf seinem Weg. G'tt behüte, wen sieht er da? Rabbiner Abraham Geiger höchstpersönlich. »Komm und lerne mit mir«, sprach Abraham Geiger freundlich zu ihm. »Um zum Rabbiner, zum Pastor zu werden!« Und Mordechai flog zu ihm.

Und während er flog, kam ihm Frigyes Karinthy[23] entgegen. »Ich bin seriös, wenn es um Humor geht«, murmelte er. »Insbesondere beim politischen Humor! Also, mein Sohn, setze deine Tour fort – deine Karika*tour*!«

Zweimal zwei Welten – Israel und Europa, Muslime und Juden

»Wenn ich das Gebetbuch aufschlage,
lodert ein Feuer darin auf wegen der Ungerechtigkeiten
in der Welt. Wie soll man so beten?«
Abraham Joshua Heschel (1907–1972),
Rabbiner und Philosoph

Um für andere zu kämpfen, muss man wissen, wer man selbst ist. Und wo sollte ich mehr über mich herausfinden als in Israel, dem Land mit dieser exotischen Sprache voller gewöhnungsbedürftiger Kehllaute, die aber doch meine Sprache war, die Sprache meiner Vorväter und Vormütter! Israel, das war für mich eine Zeitlang das Gelobte Land. Nach meinem Abitur überlegte ich, mein Leben in Israel fortzusetzen, dort zu studieren. Ich redete mir ein, dass sie mich nicht in die Armee schicken würden, weil ich ja Epilepsie habe. Da ich nicht einmal Auto fahren darf, würden sie mir bestimmt keine Waffe anvertrauen. Stattdessen wollte ich einen Zivildienst absolvieren. Oder für den Mossad arbeiten – wie gesagt, es waren die Träume eines pubertierenden Jugendlichen.

Im Mai 2011 saß ich mit meinem Vater im Flugzeug. Ziel: Tel Aviv. Nach zweieinhalb Stunden Flug war es soweit: *Cabin crew, please prepare for landing.* Als wir uns dem Boden näherten und ich tatsächlich etwas erkennen konnte, waren ausschließlich die Wellblechdächer eines Industriegebietes auszumachen. Doch der Gedanke daran, dass die Menschen unter uns alle jüdisch sind, stimmte mich froh. Endlich gehörte ich nicht zur Minderheit! Ich lächelte den Leuten unter dem Flugzeug zu: »Herzlich willkommen am Flughafen Ben Gurion.« Ich war für einen kurzen Moment der größte Zionist der Welt.

Bis dahin hatte ich Europa noch nie verlassen, kannte aber die Ideen von Theodor Herzl (1860–1904), dem Begründer des modernen politischen Zionismus über den Judenstaat, in dem »auch Andersgläubige, Andersnationale unter uns wohnen«, denen die Juden »einen ehrenvollen Schutz und die Rechtsgleichheit gewähren« sollen.[24] Ich sah im Netz die Bilder von glücklichen schwulen Paaren in Tel Aviv. Vielleicht bekäme ich auch so eine gesunde Gesichtsbräune, wenn ich nach Israel ziehe, dachte ich. Und ich kannte die israelische Unabhängigkeitserklärung aus dem Jahr 1948 und den Absatz über die Gleichheit der Menschen: »Der Staat Israel (…) wird sich der Entwicklung des Landes zum Wohle aller seiner Bewohner widmen. Er wird auf Freiheit, Gerechtigkeit und Frieden im Sinne der Visionen der Propheten Israels gestützt sein. Er wird all seinen Bürgern ohne Unterschied von Religion, Rasse und Geschlecht soziale und politische Gleichberechtigung verbürgen.«

Nach drei Tagen legt sich meine Euphorie für gewöhnlich, und meine Vernunft setzt ein. In Israel kam die Ernüchterung, als ich feststellte, dass auch ich, der vielsprachige Jude mit akademischen Abschlüssen, hier diskriminiert werden würde, staatlich und gesellschaftlich. Und ich wäre nur einer von vielen, die tagtäglich aufgrund ihrer Herkunft, religiösen Zugehörigkeit, sexuellen Ausrichtung, politischen Ausrichtung diskriminiert werden.

Im Oktober 2014 gab ich dem israelischen Staatsfernsehen ein Interview. Das Gespräch organisierte ich absichtlich in der Neuköllner Şehitlik-Moschee. Es war ein Statement: Juden brauchen keine Angst vor ihren muslimischen Nachbarn in Europa zu haben, wie die israelischen Medien das so oft behaupten. Für mich hatte es aber noch eine andere Bedeutung. Denn letztlich hatten meine Erfahrungen in Israel dazu geführt, dass ich für mich erkannte, wem mein

Engagement in vorderster Linie gelten müsse, und zwar den Muslimen. Da ich mich in Israel aufgrund der vielfältigen Repressionen nicht wohl gefühlt hatte, wurde mir klar, dass sich mein Engagement auf ein anderes Land konzentrieren muss, eines, in dem es viele Muslime gibt und das für Juden ebenfalls eine besondere Bedeutung hat. Deutschland war hier für mich erste Wahl. Ich kannte die Sprache immerhin schon einigermaßen, nach acht Jahren Deutschunterricht während meiner Schulzeit in Sopron.

Drei Jahre später war ich in Berlin und sprach als Koordinator der Salaam-Schalom-Initiative mit einem israelischen Fernsehen in einer Moschee. Für mich hatte sich ein Kreis geschlossen. Das Interview verlief reibungslos. Bevor wir starteten, unterhielt sich der israelische Journalist lange mit den Männern in der Moschee. Seine einzige Kritik war, dass die Turko-Deutschen in der Moschee kaum Arabisch konnten – im Gegensatz zu ihm, der in Tel-Aviv Arabistik studierte.

Ich saß auf dem Teppich, zusammen mit Tarek, einem syrischstämmigen muslimischen Freund von mir. Scheinwerfer an. Kamera läuft. Der TV-Journalist stellte seine erste Frage: »Ármin, hast du mal daran gedacht, nach Israel auszuwandern?«

Auf die Frage des Journalisten gab es eigentlich nur eine Antwort. Und die wäre zu lang ausgefallen. Ja, hätte ich gesagt, ich habe oft darüber nachgedacht, lange Zeit übte Israel eine große Anziehungskraft auf mich aus und deshalb bin ich auch viele Male dorthin gereist, und ich habe in einer Jeschiwa und an der Hebräischen Universität studiert und dabei viele wunderbare Menschen getroffen. Die starke Rabbinerin in der Siedlung Tzur Hadassa neben Jerusalem, die von den orthodox-nationalistischen Siedlern ihrer Umgebung völlig isoliert wird, weil sie liberal ist und mit einer Frau zusammenlebt. Uri, der am Schabbat angegriffen wurde, weil er es gewagt hatte, mit Kopfhörern im Ohr durch Jerusalem zu spazieren. Meine Jeschiwa-Freunde, auch sie angehende Rabbiner, und das miese Gefühl, als uns Nichtorthodoxen der Zutritt zur »Klagemauer« verwehrt wurde und wir auf das *Robinson's Arch* genannte, von Bauzäunen entstellte Teilstück verwiesen wurden. Ariel, Aktivist für Menschenrechte, der seine Berufung als eine Sisyphusarbeit bezeichnete, und Melissa, die palästinensische Hebräisch-Studentin, die in jeder Stunde nationalistische Texte wie z. B. Briefe des Kriegshelden Jonathan Netanjahu (1946–1976), dem Bruder des Premierministers, lesen musste. Von ihnen allen hätte ich erzählen müssen und davon, wie sehr es mich geschmerzt hat, zu sehen, dass sie alle vor allem einen Gegner haben, den Staat Israel und große Teile seiner Gesellschaft. Dass sie täglich diskriminiert werden und das im Gelobten Land. Und ich mir nicht mehr vorstellen möchte, in so einem Land zu leben.

Das Frappierende daran ist, dass in Israel nicht »nur« Nicht-Weiße, also Palästinenser, Araber, äthiopische und sudanesische Geflüchtete, der Diskriminierung ausgesetzt sind, sondern ebenso weiße europäische Juden wie ich. Nicht dass es schon eine Errungenschaft wäre, wenn weiße europäische Juden davon ausgenommen wären, nein, das Ziel muss natürlich sein, die in der Verfassung festgehaltene Gleichstellung aller Bürger endlich umgesetzt zu sehen. Aber die Allgegenwart von Diskriminierung in Israel beweist, dass etwas grundsätzlich falsch läuft.

Meiner Ansicht nach gehen viele dieser Probleme in Israel auf einen Fehler bei der Gründung zurück. Das war, als der Staatsgründer und erste Ministerpräsident des Landes David Ben Gurion (1886–1973) im Jahr 1948 der Ultraorthodoxie die Deutungshoheit über das jüdische Leben in Israel überließ.

Ben Gurion und der Bund der säkularen, links-zionistischen Juden konnten damals die religiösen Juden nicht aussparen. Sie wollten ja einen Staat mit einem jüdischen Charakter aufbauen. Die liberalen Juden waren zu dieser Zeit noch azionistisch, sie waren politisch gesehen keine Ansprechpartner. Eine ultraorthodoxe Gruppierung im britischen Mandat von Palästina, das *Agudas Jisroel*, schien offen für die Idee eines jüdischen Staates. Ben Gurion bekam ihre Unterstützung durch einen sehr problematischen Kompromiss: Ein ultraorthodoxes Rabbinat sollte in Israel für alle Aspekte des jüdischen Lebens verantwortlich sein.

Damit entstand eine paradoxe Situation: Das 1950 von der *Knesset* (dem israelischen Parlament) verabschiedete Rückkehrgesetz ermöglicht allen Menschen auf der Welt, die mindestens einen jüdischen Großelternteil haben, die israelische Staatsangehörigkeit zu erhalten. Seit 1970 dürfen sogar die nicht-jüdischen Partner dieser Menschen nach Israel einwandern und seit 2014 gilt diese Möglichkeit auch für gleichgeschlechtliche Paare. Viele Juden aber sind nur väterlicherseits jüdisch, so wie ich. Sie werden offiziell vom ultraorthodoxen Oberrabbinat nicht als Juden anerkannt. Die größte religiös-jüdische Gruppierung auf der Welt, das amerikanische Reformjudentum, verwarf dieses exklusive Gesetz vor Jahrzehnten, weil sich die politischen Umstände geändert haben. Seit 2015 akzeptieren auch die britischen Reformgemeinden »Vaterjuden« als vollberechtigte Juden. Außerdem widerspricht diese Regelung unserer eigenen ursprünglichen Tradition: Viele Helden und Propheten des jüdischen Volkes hatten nicht-jüdische Frauen. Unter anderem Moses, der die midjanitische Zippora heiratete. Höchstwahrscheinlich ist das nur ein Brauch, den die frühen Rabbiner von den Römern übernahmen, in Rom herrschte nämlich auch das Matrilinearitätsprinzip.

Wäre ich nach Israel gegangen, hätte ich nicht heiraten können, weil ich nicht als Jude anerkannt worden wäre. In der »einzigen Demokratie« des Nahen Ostens gibt es nämlich keine säkulare Ehe. Entweder heiratest du orthodox-jüdisch, muslimisch oder christlich, oder deine Eheschließung wird vom Staat nicht anerkannt. Ein Jude kann eine Muslima nicht heiraten, ein Muslim kann einer Christin nicht das Jawort geben. Nur nach einer Konversion ist dies möglich. So wie in Saudi-Arabien.

Ich hätte es höchstens so machen können wie die 20 000 israelischen Paare, die jährlich ins Ausland fahren, besonders in das nahe Zypern, um ihre Ehen zu schließen. Im Ausland geschlossene Ehen werden nämlich staatlich anerkannt. Allerdings dürfte ich mich dann nicht scheiden lassen, Scheidung ist ein Privileg für die, die eine vom Rabbinat anerkannte Heiratsurkunde besitzen. Ferner wollen Ultra-orthodoxe hartnäckig eine Geschlechtertrennung im öffentlichen Verkehr – auch in mehrheitlich säkularen Gebieten des Staates –, und demonstrieren gegen die Öffnung von Parkhäusern für die Touristen in Jerusalem am Schabbat. Sie greifen die Gay-Pride-Märsche und Schwule auf den Straßen und in den schwulenfreundlichen Bars an – trotz meiner jahrelangen Beteiligung an der osteuropäischen LGBTQ-Bewegung wurde ich bisher nur in Israel Opfer homophober Gewalt. Auch nicht-orthodoxe jüdische Strömungen sind davon betroffen: »Israel ist heute die einzige Demokratie, in der die Diskriminierung der Mehrheit der Juden, die eben nicht-orthodox sind, gesetzlich zulässig ist«, sagte Rabbiner Rick Jacobs, Präsident des *Union for Reform Judaism*, des Dachverbandes der US-amerikanischen liberalen jüdischen Gemeinden.[25] Der Verwirklichung des zionistischen Traumes, dem zufolge alle Juden frei in einem eigenen Land leben können, steht nichts Geringeres im Weg als der Staat Israel selbst. Nicht-orthodoxe Rabbiner bekommen ihr Gehalt im Gegensatz zu ihren orthodoxen Kollegen nicht vom Staat, sie arbeiten entweder ehrenamtlich oder sind auf eine Finanzierung aus dem Ausland angewiesen. Ihre Synagogen werden ebenfalls nicht vom »jüdischen« Staat subventioniert. Nicht-orthodoxe Konversionen werden vom Rabbiner nicht anerkannt, d. h. diese Menschen können im Staat Israel ebenfalls nicht heiraten. Israel ähnelt in den Fragen von Religionsfreiheit mehr den Staaten mit einer islamischen Verfassung als den westlichen Demokratien.

Die ultraorthodoxe Deutungshoheit betrifft auch weitere Bereiche des Alltags: Kneipen, Pubs und alle ähnlichen Einrichtungen verlieren ihr Koscher-Zertifikat sofort, wenn sie nicht-jüdische Feste feiern. Es ist kein Zufall, dass in West-Jerusalem am 31. Dezember kein Feuerwerk zu sehen ist. Genauso wie in Gaza, wo die Hamas-Regierung das Feiern des christlichen Neujahrs ebenfalls verbot, weil es den islamischen Werten widerspreche.

Missverstehen Sie mich nicht, liebe Leser: Alle Formen der Orthodoxie, inklusive der diversen ultraorthodoxen Gruppen, sind legitime Ausprägungen des Judentums. Ich kritisiere niemanden, der sein Leben hundertprozentig nach der *Halacha* (dem jüdischen Religionsgesetz) ausrichtet. Im Gegenteil, ich habe einen großen Respekt vor solchen Menschen. Ich schätze ihren Beitrag zum jüdischen Pluralismus. Diesen Respekt kann ich aber nur so lange aufrechterhalten, wie diese orthodoxen oder ultraorthodoxen Juden ihre religiösen Ansichten nicht anderen Juden – und Nicht-Juden – aufzwingen. Wie es im Staat Israel der Fall ist.

Mit all diesen fragwürdigen Methoden soll der jüdische Charakter des Staates Israel gepflegt werden. Aber das ist nur eine Seite des Judentums – das Judentum hat viele Gesichter! Wie Jonathan Sacks in seinem Buch *Würde der Verschiedenheit* schreibt: »Die Wahrheit ist im Himmel; auf der Erde finden sich Wahrheiten. Also kann jede Kultur einen Beitrag leisten. Einer kann dies, und ein anderer kann das.

Die Weisen sagten: ›Wer ist weise? Derjenige, der von allen was lernen kann.‹ Der Weiseste ist nicht derjenige, der sich für am weisesten hält, sondern derjenige, der weiß, dass alle ein Stück Wahrheit haben, und bereit ist, von ihnen zu lernen, denn niemand von uns kennt die ganze Wahrheit.«[26]

So als wäre die religiöse Unterdrückung der nicht-orthodoxen und säkularen Juden nicht genug, zwingt der israelische Staat seinen Bürgern eine nationalistische Agenda auf. Antirassistische Nichtregierungsorganisationen werden von Regierungspolitikern immer und immer wieder als von der EU bezahlte Agitatoren und Provokateure bezeichnet, wie zum Beispiel die *Schovrim Schtika* (Das Schweigen brechen), eine Organisation von ehemaligen und aktiven Soldaten der israelischen Armee, die die Öffentlichkeit mit der traurigen Realität des täglichen Lebens in den besetzten Gebieten konfrontieren wollen. Gegen die Mitarbeiter der NGO *B'Tselem* (Ebenbild) hetzt der ehemalige Außenminister Avigdor Liberman höchstpersönlich. Dabei führen sie lediglich eine Liste von allen Menschenrechtsverletzungen in Israel, im Westjordanland und in Gaza – ihnen warf Liberman vor, zu Terrorismus anzustiften. Rabbiner Arik Ascherman (*1959), Leiter der Gruppe *Schomrei Mischpat* (Rabbiner für Menschenrechte) wurde im Jahr 2004 vom israelischen Staat angeklagt, weil er mit drei anderen Aktivisten Widerstand gegen Häuserzerstörungen von Palästinensern geleistet hatte. 2008 wurde er wieder festgenommen, denn er hatte »Palästinenser dazu angestiftet, sich gegen die Polizei zu stellen«. Ich bewundere an Arik, dass er trotz des starken Gegenwindes sein Engagement bis heute nicht aufgegeben hat. Einmal hatte ich die Möglichkeit, ihm meine Bewunderung persönlich auszudrücken.

Den israelischen Menschenrechtsorganisationen geht es Tag für Tag schlechter, das Land marschiert unaufhaltsam in Richtung Nationalismus. Viele beschweren sich über tägliche Belästigungen und Morddrohungen. Im Netz kursieren Videos von progressiven Aktivisten, die namentlich als *Sch'tulim* (Fremdkörper) beschimpft werden – ihr einziges Ziel sei die Zerstörung der israelischen Gesellschaft, heißt es darin. Gleichzeitig reicht die Justizministerin Ajelet Shaked (von der nationalreligiösen Partei *Habajit Hajehudi*) einen Gesetzentwurf in der Knesset ein, um die progressiven Nichtregierungsorganisationen im Land weiter zu schwächen. Ich mache keinem Israeli Vorwürfe, der den Kampf um ein offenes und inklusives Israel / Palästina in Tel Aviv oder Jerusalem aufgibt und nach Berlin oder New York zieht. Für mich fällt es überhaupt schwer zu verstehen, warum mir immer wieder Menschen begegnen, die sich wundern, dass ich nach Deutschland gezogen bin und nicht nach Israel.

Aber ich habe meiner Zeit in Israel auch eine Menge zu verdanken. Die guten Erfahrungen muss man genießen, aus den schlechten lernen. Und ich lernte hier eine Menge. Vor allem über die unzähligen Formen offener und versteckter, gesellschaftlicher und institutioneller Diskriminierung. Nicht nur unter Juden, über die ich schon berichtete. Vor allem zwischen Palästinensern und Juden. Nach einer Reise von mehreren Wochen rund um das Westjordanland, nach Dutzenden von persönlichen Begegnungen mit Palästinensern und israelischen Aktivisten veränderte sich mein Bild über Israel und Palästina radikal.

Ich bin nach Israel gefahren, um zu verstehen, woher ich komme. Als ich Israel verließ, wusste ich immerhin, wohin ich wollte. Nach Europa. Um mich gegen jede Form gesellschaftlicher und institutioneller Diskriminierung einzusetzen. Besonders im Hinblick auf Muslime.

Im November 2012 gab es Krieg in Gaza. Terroristen gegen Soldaten bzw. Freiheitskämpfer gegen Besatzer, je nachdem, wem man zuhört. Eins ist sicher: Dabei starben Hunderte von unschuldigen Palästinensern und mehrere unschuldige Israelis. Als ich aus Israel-Palästina nach Ungarn zurückkehrte, traf ich viele Aktivistenfreunde, die nach den Eindrücken meiner Reise fragten. Was ist wahr, was ist nicht wahr … und vor allem: Was können wir in Budapest machen? Nichts zu tun, ist bestimmt keine Lösung: »Der wichtigste Verbündete des Bösen ist die Stille« (Megilla 18a), lehrt der Talmud. Oder wie der ungarische Dichter Mihály Babits (1883–1941), ein radikaler Pazifist und gläubiger Christ, formulierte: *Vétkesek közt cinkos aki néma* – Unter Sündern ist der Stumme auch sündig.

Also unternahmen wir etwas gegen die Stille und kündigten für den 24. November einen Flashmob mit dem Titel »Száláám-Sálóm: Flashmob für den Frieden« an. Die Idee kam mir plötzlich am 22. November, ich erstellte schnell eine Facebook-Veranstaltung, lud Leute ein. Es funktionierte: Freunde luden ihre Freunde ein, und in ein paar Stunden waren es schon mehr als hundert Menschen. Sogar Medienvertreter meldeten sich, die darüber berichten wollten. Juden, Araber, Muslime und progressive Aktivisten gemeinsam gegen Gewalt im Nahen Osten. Unglaublich, könnte man meinen.

Am Ende waren wir nicht mehr als fünfzig Teilnehmer – keine Überraschung, Facebook ist halt nicht so verbindlich. Wir machten eigentlich nichts, standen nur mit ungarisch-, arabisch- und hebräischsprachigen Bannern zehn Minuten lang in einem Kreis. Dennoch platzten wir vor Begeisterung. Dies war höchstwahrscheinlich die erste jüdisch-arabische Friedensaktion in Ungarns Geschichte. Der damalige palästinensische Missionsleiter in Ungarn dankte G'tt, dass es endlich einmal keine Antisemiten seien, die mit dem lokalen palästinensischen Establishment kommunizieren. Er war es schon leid, dass er bei den Veranstaltungen der palästinensischen Mission stets die antisemitische Slogans rufenden Jobbik-Anhänger beruhigen musste.[27] Das war der Beginn der *Szálááм-Sálóм-Arbeitsgruppe* in Budapest, einer Initiative, die sich für ein besseres Verständnis des Konfliktes einsetzte, die sowohl vom Jüdischen Gemeindehaus als auch von der palästinensischen Mission unterstützt wurde. Eine einzigartige Gruppierung.

Wir waren klein, aber fein. Wir wollten nicht den Nahost-Konflikt lösen, sondern zunächst einmal alternativen Erklärungsmustern eine Bühne bereiten, um unserem Publikum neue Denkanstöße zu vermitteln. »Es ist nicht an dir, die Arbeit zu vollenden« (Avot 2:16), lautet die Weisheit von Rabbi Tarfon aus der Mischna, einer der wichtigsten Sammlungen religionsgesetzlicher Überlieferungen des rabbinischen Judentums. »Aber du bist auch nicht frei, dich von ihr loszusagen.«

Ergreife die Initiative und schaue zu, wie deine Arbeit fortgesetzt wird. Lass die anderen deine Vision erfüllen! Es braucht Zeit, und du allein bist zu wenig, zu schwach dafür. In diesem Sinne brauchen wir auch diese kleinen Aktionen. Heute würde ich so einen Flashmob in dieser Form nicht mehr organisieren. Schon den Namen der Veranstaltung (»Szálááм-Sálóm«) finde ich problematisch. Für Europa ist *Salaam-Schalom* meiner Meinung nach ein adäquater Name, um zu zeigen, dass Muslime und Juden keine Feinde sind. Wir müssen also unsere Neuköllner Initiative nicht unbedingt umbenennen. Dennoch, wenn eine Initiative für einen gerechten Frieden in Nahost diesen Namen trägt, suggeriert dies ein falsches Bild: als ob die palästinensische und die israelische Seite in diesem Konflikt gleichgewichtig und gleichberechtigt wären.

Kol Jisrael areiwim sse ba-sseh (Schewuot 38b) – alle Juden sind füreinander gegenseitig verantwortlich. Diese talmudische Stelle ist die Basis des Gebots der gegenseitigen Verantwortung in der *Halacha*, dem jüdischen Religionsgesetz. Wenn ein Jude einen anderen sieht, wie er kurz davorsteht zu sündigen, hat er die Verpflichtung, ihn davon abzuhalten. Ein Freund von mir, der bei einer Menschenrechtsorganisation arbeitet, erzählte mir mal, dass sich ihre neuen Aktivisten am Anfang nur um Menschen aus ihren Kreisen kümmern. Die schwulen Freiwilligen des Vereins setzen sich für LGBTQ-Rechte ein, die Roma-Mitglieder nehmen die Projekte begeistert an, in denen es um Dörfer mit großer Roma-Bevölkerung geht, die Feministinnen in der Organisation arbeiten am Thema Frauenrechte. Das ist ganz menschlich: Wir fangen mit der Verbesserung unserer kleinen Welt an, und erst nachher kommen die Herausforderungen der restlichen Welt. Bei der Berliner Salaam-Schalom-Initiative machen wir es genauso: Wir fokussieren uns auf unsere direkte Umgebung.

Die Motivation für mein Engagement war nach meinen Israelaufenthalten stärker denn je. Im Sommer 2012, als ich erneut in Israel war für einen Studienaufenthalt in der Jerusalemer Jeschiwa, wurden kurz vor meiner Abreise drei israelisch-arabische Jugendliche von rechtsextremistischen jüdischen Jugendlichen in der Innenstadt von Jerusalem zusammengeschlagen. Am Zionsplatz. Das war nur ein Fall in einer Gewaltwelle gegen Araber im Land. In denselben Tagen sprach Premierminister Netanjahu mehrmals über die Wahrscheinlichkeit und Notwendigkeit eines Krieges gegen den Iran: Gewalt beherrschte sowohl den Diskurs als auch die Straßen.

Ofer, ein Freund von mir, der in der Jerusalemer Aktivistenszene ziemlich bekannt ist, hatte für diesen Tag eine Demonstration gegen die Kriegsrhetorik der Regierung und die antiarabische Gewaltwelle in Israel angesetzt. Wegen des Verbrechens am Zionsplatz kamen viel mehr Leute als er dachte: Ungefähr 200 Menschen marschierten mit uns durch die Innenstadt von Jerusalem, um sie vom Hass zurückzuerobern.

Zweihundert Menschen würden in Berlin bei einer antirassistischen Demonstration als peinlich gelten, aber in Jerusalem, wo es bei den letzten Kommunalwahlen nur einen ultraorthodoxen und einen ultrakonservativen-säkularen Bürgermeisterkandidaten gab und die Progressiven nicht einmal versuchten, einen Kandidaten zu stellen, sind 200 Menschen gegen den Extremismus ordentlich.

Aktivisten der Grünen, der Linken, der sozialistischen Jugendbewegungen *Haschomer Hatzair* und *Hanoir Hatzioni*, Vertreter unterschiedlicher Menschenrechtsorganisationen, israelische und nicht-israelische, zionistische und nicht-zionistische Juden, israelische Araber, Palästinenser und Verbündete liefen Seite an Seite.

Das war mein erstes Demonstrationserlebnis in Israel. Ich fühlte viel mehr Verantwortung als auf den diversen Demonstrationen in Ungarn. In Israel geht es tatsächlich um Leben und Tod. Hier demonstrierten wir nicht gegen einen Gesetzentwurf oder gegen eine frauenfeindliche Aussage eines dämlichen Politikers. Hier werden tatsächlich Menschen Tag für Tag zusammengeschlagen und getötet, weil sie *keine* Juden sind – oder hinterrücks erstochen, weil sie von den Terroristen für die Besatzung verantwortlich gemacht werden.

Zwar gab es keine organisierte Gegendemonstration, aber das änderte nichts daran, dass wir physisch und verbal von Fußgängern angegriffen wurden. Auf der belebten Einkaufsstraße *Ben Jehuda* brüllten mehrere Leute zu uns: »Arabernutten!«, »Tod den Arabern!«, »Geht nach Tel Aviv!« Am Zionsplatz, wo unser Marsch endete, kam es sogar zu Krawallen, als rechts-zionistische Jugendliche anfingen, auf Teilnehmer unserer Demonstration loszugehen. Doch Araber und Juden gingen Schulter an Schulter und Hand in Hand, das war mir tausendmal wichtiger als meine Gesundheit an diesem Tag. Die israelisch- oder palästinensischstämmigen Aktivisten der Salaam-Schalom-Initiative sind am Anfang ihres Engagements immer überrascht, auf wie wenig Widerstand unsere Bewegung auf den Straßen Berlins stößt. Sie sind an kämpferischere Umstände gewöhnt.

Auf dieser Demonstration in der Jerusalemer Innenstadt erblickte ich in der Menschenmenge ein Banner mit einem Slogan, der fortan zu meinem absoluten Favoriten wurde: *Jehudim veAravim mesarvim lihjot ojvim*! (Juden und Araber weigern sich, Feinde zu sein). Dieses Motto hörte ich schon vor meiner Abreise, in einem YouTube-Video, das während einer Demo in Tel Aviv gedreht wurde. Es reimt sich, und wenn es viele Menschen gleichzeitig singen, wird dabei eine unglaublich wichtige Botschaft in die Welt getragen. Auch auf der Kundgebung wurde er skandiert. Ich brüllte laut mit: *Jehudim veAravim mesarvim lihjot ojvim!*

Der Satz stammt von der kleinen linken, jüdisch-arabischen Partei *Chadasch/Al-Dschabha*, seitdem begleitet er linke Veranstaltungen in Israel. Als ich das rote Banner mit diesem Text entdeckte, ging ich sofort zu dem jungen Mann mit der chaotischen Frisur im roten *Chadasch*-T-Shirt, blickte tief in seine Augen und fragte ihn freundlich und charmant, ob er es mir schenken würde. »Ja, gerne, aber das gehört eigentlich nicht mir«, sagte er zögerlich. Ich wollte das Ding aber unbedingt haben, erzählte ihm also meine Lebensgeschichte. Einem progressiven schwulen Jeschiwa-Studenten aus Osteuropa kann man doch nicht nein sagen.

Als ich auf dem Weg nach Hause Ariel, meinem Gastgeber, die Beute zeigte, war er nicht gerade außer sich vor Freude. Er ist ein überzeugter *Merez*-Unterstützer, gehört in die grüne Ecke und findet *Chadasch* zu links. Ich sollte das Logo von der Linkspartei im Transparent ausschneiden, sagte er spöttisch. »Außerdem wird das Ding sowieso nicht in dein Gepäck passen.«

Er hatte recht, ich musste das Transparent in zwei Teile schneiden, um es in meinem Gepäck zu verstauen. Als ich in Budapest ankam, klebte ich es wieder zusammen und nagelte es an die Wand. Es gab wahrscheinlich niemanden, der bei mir zu Besuch war und dem ich nicht sofort das Banner zeigte und dessen Geschichte erzählte. Es hing da, bis ich Budapest verließ. Heute befindet es sich im Keller der Wohnung meines Vaters in Wien, aber wenn ich irgendwann eine feste Wohnung in Berlin haben werde, hänge ich es wieder auf. Dürfte ich eine persönliche Reliquie auswählen für unsere *Száláám-Sálóm-Arbeitsgruppe*, aus der in Berlin die Salaam-Schalom-Initiative hervorging, wäre es dieses Banner. Unser Manifest: Wir sind keine Feinde – weder im Nahen Osten noch in Europa.

Ein Jude in Neukölln

Da schrie Mosche zum Ewigen und sprach: »Was soll ich diesem Volk tun? Nur wenig noch, und sie steinigen mich.«
Tora, Sch'mot 17:4

Berlin ist eine Stadt, deren multikulturelle Zusammensetzung mich anzog, deren Amtssprache ich schon beherrschte, deren Norm des *Laissez-faire* mich beruhigte, und ich war außerdem mit mehreren Berliner Aktivisten in Kontakt. Ich war 23 Jahre jung, es war das Jahr 2013 und ich von nun an Student der jüdischen Theologie an der Universität Potsdam, der sich auf das Rabbinat vorbereitete. Alles schien in trockenen Tüchern, ich war bereit und hatte viel vor. Ich konnte kaum erwarten anzufangen.

Aber ganz so leicht wollte es mir die Stadt dann doch nicht machen. Die Universität Potsdam wollte mein Abitur nicht anerkennen, was meine Immatrikulation fast verhinderte, einige Freunde ließen mich im Stich, kein einziger Handy-Dienstleister wollte mit dem neu angekommenen Osteuropäer einen Vertrag schließen, im Schwimmbad wurde ich meiner ganzen Sachen beraubt, bis auf die Badehose, die ich anhatte, und die Schuhe im aufgebrochenen Schließfach. Mein Einkommen lag zu dieser Zeit bei 300 Euro im Monat, ab und an konnte ich es mit lausigen Honoraren für Vorträge über Orbáns Ungarn aufbessern.

Ich kaufte immer den billigen Blechkuchen von Thoben, und nachmittags lag ich in meinem vier mal vier Meter großen Zimmer auf der Matratze, meinem einzigen Möbelstück, kaute auf der Erdbeerschnitte und war glücklich.

Vielleicht muss man als Zugezogener immer erst ein paar Prüfungen bestehen, um zu beweisen, dass man wirklich hier und nirgendwo anders sein wollte. Mein Entschluss stand jedenfalls fest. Begleitet vom süßen Erdbeergeschmack, träumte ich mich in die Zukunft, sah mich das Berliner Judentum modernisieren und dann gemeinsam mit vielen muslimischen Freunden für ein Ende dieses unsinnigen Argwohns zwischen unseren Gruppen sorgen. Heute Neukölln, morgen die ganze Welt.

Kaum hatte ich den letzten Krümel Erdbeerschnitte verspeist, war auch die Aufbruchsstimmung verflogen, und ich ahnte, dass die Realität etwas ungemütlicher sein würde. Ich sollte recht behalten.

Ich wurde zur Eröffnungsfeier einer Ausstellung in Wittenberg eingeladen, die als Teil einer Tagung über jüdisches Leben und Rechtsextremismus in Ungarn angekündigt war. Als Jude in Deutschland machen sie einem nämlich den Hof. Endlich!, dachte ich, als ich den Titel las: *Juden in unserer Stadt* ... Natürlich fahre ich da hin. Ich hätte mit Freude etwas über die Geschichte des Wittenbergischen Judentums erfahren wollen. Umso mehr war ich enttäuscht, als meine Augen weiter nach rechts blickten: ... *im dritten Reich.*

Ich hätte es besser wissen müssen. Es ging nicht um Juden, es ging um Nazis. In der Ausstellung *Juden in unserer Stadt* wurden ausschließlich Geschichten lokaler Nationalsozialisten, und wie sie die Juden von Wittenberg deportierten, erzählt. Dass die Ausstellung auch Jahrhunderte vorher hätte starten können, mit der langen und außerordentlichen Geschichte der jüdischen Gemeinde zu Wittenberg, zum Beispiel mit der rhapsodischen Beziehung zu Martin Luther, darauf kam leider keiner der Organisatoren.

So diskret wie möglich sprach ich also einen von ihnen an. Fragte nach der Intention, nach der Kluft zwischen meiner Erwartung und dem Inhalt der Ausstellung. Der große blonde Mann guckte mich hinter seiner schwarzen Brille verblüfft an. Ich bekam eine eher kryptische Antwort, die mir zu verstehen gab: Für die Menschen hier existiert kein jüdisches Leben. Judentum, das ist ein Ding, das mal vernichtet werden sollte.

Im Anschluss daran begann ich eine kurze Recherche. Mit allzu vertrautem Ergebnis:

Auch in Deutschland konzentriert sich das jüdische Establishment auf die drei Bereiche Holocaust, Antisemitismus, Israel. Wenn man die Webseite der *Jüdischen Allgemeinen Zeitung* durchsucht, ergibt sich folgendes Bild. Auf der Webseite der Zeitung, die ja das Sprachrohr des Zentralrats der Juden in Deutschland ist, kommen die Worte *Judenhass* und *Antisemitismus* mehr als zehnmal so oft vor (22 000 + 7440 Treffer laut Google) wie das Wort *Tora* bzw. *Torah* (330). Die Worte *Holocaust* und *Schoa* ergeben 37 700 und 33 500 Treffer, während *Schabbat* nur 4200 Treffer ergibt. Anscheinend ist die jüdische Anwesenheit in Europa so uninteressant für die Redakteure der *Jüdischen Allgemeinen*, dass sie öfter über Israel schreiben (41 000 Treffer) als über Deutschland (39 300). Nota bene, in diesen 39 300 Treffern sind auch alle Treffer für *Zentralrat der Juden in Deutschland* inbegriffen. Die Diskrepanz ist in diesem Fall außerdem deshalb nicht so groß, weil es bei den Treffern für das Wort Deutschland um Antisemitismus und Judenhass geht, selten um aktive Gemeinden, die ihren Glauben und ihre Kultur feiern. Wenn man Berichte über die Tätigkeiten des Zentralrats recherchiert, sind die Ergebnisse noch deutlicher. Auf die Suchkombination *Zentralrat + Antisemitismus* bzw. *Judenhass* findet Google 264 300 Seiten, während auf positive Projekte des Zentralrats wie dem *Mitzvah Day* oder *Jews go Green* nicht mehr als je 12 000 Resultate angezeigt werden.[28]

Bei dieser Recherche stieß ich auch auf die Aussagen des ehemaligen Zentralratspräsidenten Paul Spiegel, der 2002 auf Jürgen Möllemanns Provokation, Israels Politik sei für den Antisemitismus in Deutschland verantwortlich, sofort zum letzten Mittel griff und die Aussage des FDP-Politikers als »die größte Beleidigung seit dem Holocaust« bezeichnete. Ich las vom neuen Präsidenten, Dieter Graumann, der die Priesterbruderschaft St. Pius X., eine Priestervereinigung katholischer Traditionalisten, verurteilte, weil sie eine Ideologie habe, die »wieder zu Pogromen und auch zum Holocaust« führen könnte. Später begegnete ich auch Charlotte Knobloch, Präsidentin der Israelitischen Kultusgemeinde München. In ihren Reden spricht sie immer mit stockender Stimme von ihren gepackten Koffern bei sich zu Hause. Es sei nämlich für sie als Jüdin in Deutschland nicht mehr sicher.

Solange sich der Dachverband der jüdischen Gemeinden in Deutschland fast nur um Antisemitismus, die Schoa und den Staat Israel kümmert, darf ich mich nicht wundern, wenn sich die Mehrzahl der Nicht-Juden in erster Linie mit der Abwesenheit des Jüdischen befasst.

Per Definitionem ist der Zentralrat eigentlich für die Entwicklung des jüdisch-religiösen Lebens verantwortlich, für die Kommunikation mit der nicht-jüdischen Gesellschaft, für die Pflege der jüdischen Kultur, die Klezmer-Konzerte ebenso enthalten könnte wie Jiddisch-Kurse oder Bücher zur Philosophie von Maimonides. Es ist wichtig, sich zu erinnern *und gleichzeitig* nach vorn zu blicken. Das eine ist da, das andere fehlt mir sehr.

Es hätte mich eigentlich nicht überraschen sollen. Und

ich kannte diese Fixierung auf Holocaust und Antisemitismus ja aus den ungarischen Gemeinden nur zu gut. Ich musste hier in Deutschland also von vorn anfangen mit meiner Arbeit. Immerhin konnte ich jetzt auf die Erfahrungen in Ungarn aufbauen, wusste, wie ich es angehen sollte, was funktionierte und was nicht. Aber die Gefahr, dass daraus ein *Business-as-usual* werde, bestand nicht, denn 2015 sollte ein Jahr werden, in dem das politisch-gesellschaftliche Gesamtgefüge in Deutschland gründlich auf den Kopf gestellt wurde.

Die sogenannte Flüchtlingskrise hatte begonnen und beherrschte sämtliche Nachrichten und Diskussionen. Nachdem Bundeskanzlerin Angela Merkel die griechische Regierung im Laufe der Eurokrise entmachtet hatte, fand sie in den Geflüchteten eine Chance, der Welt das schöne Deutschland zu präsentieren. Die Euphorie, nachdem die Geflüchteten ankamen, überraschte alle, mich auch, obwohl ich gute Erfahrungen mit dem ehrenamtlichen Engagement unter Deutschen gemacht habe. Hunderttausende von engagierten Münchenern, Frankfurtern, Hamburgern begrüßten die Hilfesuchenden aus Syrien, Afghanistan und vom Balkan schon an den Bahnhofsgleisen. In Heimen der Geflüchteten in den Städten und Dörfern boten Menschen gratis Deutschkurse an, sie übersetzten bürokratische Briefe, verteilten Mahlzeiten oder spielten mit traumatisierten Kindern. Es waren bewegende Bilder, die um die Welt gingen, aus fast allen Ecken des Landes. Dort, wo die Wohnheime brannten, weil Rechtsradikale und besorgte Bürger »protestierten«, sprachen Politiker, sprach die Zivilgesellschaft Klartext: In Deutschland haben Nazis keinen Platz, *Refugees welcome*! Das jüdische Establishment war währenddessen auffällig ruhig, die progressive jüdische Zeitschrift *Forward* aus New York City fragte sich schon im September 2015, warum die deutschen Juden so still seien.[29]

Und mitten hinein in diese Stille trat Josef Schuster, der Präsident des Zentralrats der Juden, und forderte eine Obergrenze für Geflüchtete. Das allein schockierte mich schon. Als ich seine Begründung las, wurde ich kreidebleich vor Fassungslosigkeit. Er attestierte den Arabern ein ethnisches (sic!) Problem, das für ihren Antisemitismus, ihre Homophobie und ihre Frauenfeindlichkeit verantwortlich sei. Das erschien mir unglaublich. Hätte er doch lieber weiter geschwiegen!

Ich konnte das nicht so stehen lassen. Seine Aussagen waren falsch, scheinheilig und skandalös: »Wenn ich mir die Orte und Länder in Europa anschaue, in denen es die größten Probleme gibt, könnte man zu dem Schluss kommen, hier handle es sich nicht um ein religiöses Problem, sondern um ein ethnisches«, sagte Schuster wörtlich in seinem Interview in der *Welt*.

Es war skandalös, eine gesamte Ethnie unter Generalschuld zu stellen, vor allem als Jude. Es war scheinheilig, weil die von ihm beaufsichtigten Gemeinden keine bekennenden schwulen Rabbiner einstellen und nichts aktiv gegen Homophobie oder Transphobie in ihren eigenen Gemeinden unternehmen. Es war außerdem schlichtweg falsch, weil es unterschiedslos grundverschiedene Menschen verallgemeinert. Egal ob Abduls Familie seit drei Generationen in Frankfurt wohnt oder ob wir über arabischstämmige US-Amerikaner oder Geflüchtete aus Syrien reden, wenn sie von der Ethnie her arabisch sind, müssen sie laut Schusters Geständnis antisemitisch, frauenfeindlich, homophob sein.

»In Anbetracht der europäischen Geschichte scheint es aber nahezu wahnwitzig, dass Juden sich nun mit jenen verbünden, die von einer kulturell-religiösen Reinheit des Westens träumen«, kommentiert die Judaistin Hannah Tzuberi die Äußerungen von Schuster im Online-Fachmagazin *Migazin*. Tatsächlich war der Zentralrat der Juden der einzige wichtige religiöse Verband in Deutschland, der die Pegida-Idee von einer Obergrenze unterstützte. Es gab auch niemanden, der positiv auf Schusters Äußerungen reagierte, außer dem Pegida-Führer Lutz Bachmann. »Besser wäre vielleicht, wenn wir uns mit anderen religiösen Minderheiten verbünden, uns mit den Geflüchteten solidarisieren und der aktiv gewordenen Zivilgesellschaft nicht den Wind aus den Segeln nehmen, sondern sie unterstützen«[30], fuhr Tzuberi in ihrem Artikel fort.

Mein Artikel war weniger politisch korrekt. Ich nannte den Zentralrat in der *taz* »Zentralrat der rassistischen Juden«. In der Jüdischen Allgemeinen Zeitung kanzelten sie dies als »spätpubertären ›Antirassismus‹« ab. Dass sie das Wort *Antirassismus* in Anführungszeichen setzten, sagt mehr über sie aus als der ganze Rest des Artikels. Ich entschuldigte mich für meine Wortwahl, Schuster sich öffentlich auch. Mir wurde klar, dass es hier nicht um persönliche Beleidigungen gehen sollte. Allerdings spielte die Aussage Schusters in einer ganz anderen Liga. Die offizielle Spitze der Juden in Deutschland hat die Verpflichtung, ihre Wortwahl bewusst und mit größtem Bedacht zu wählen. Darin besteht die Kernaufgabe ihrer Position. Der Präsident des Zentralrats der Juden müsste eigentlich wissen, welche Verantwortung er trägt. Bei einer Veranstaltung in Schusters Anwesenheit wies Angela Merkel seine Forderung nach einer Obergrenze höflich, aber entschlossen zurück. Die Bundeskanzlerin sah sich genötigt, dem Repräsentanten der deutschen Juden zu widersprechen. Was für ein Schaden für die ganze Gemeinde.

»Nicht in unserem Namen«, hört man heutzutage so häufig, besonders von Muslimen, nachdem im Namen des Islam Terroranschläge in New York, in Madrid, in Bagdad verübt wurden. Zum Glück müssen wir Juden uns nicht

81

für Terrororganisationen entschuldigen, die im Namen der Religion Gräueltaten verüben, so wie die Muslime mit Al-Qaida, Boko Haram oder dem Islamischen Staat. Doch ich hatte das Gefühl, mich distanzieren zu müssen. Unsere Botschaft lautete: »Nicht in unserem Namen – Juden gegen Rassismus«.

Viele Berliner Juden standen Schusters Forderung ebenfalls kritisch gegenüber, wir demonstrierten am nächsten Tag gegen den Zentralrat: Juden gegen Juden. Normalerweise streiten wir leidenschaftlich und hinter verschlossenen Türen, nur selten wird es so öffentlich.

Trotz der Kälte an diesem Novemberabend versammelten sich rund hundert Menschen an der Oranienburger Straße Ecke Tucholskystraße in Berlin-Mitte. Deutsche Juden, israelisch-, US-amerikanisch-, britisch- und russischstämmige Juden, säkulare, liberale, konservative und orthodoxe Juden. Dutzende Polizisten guckten uns entspannt zu und schlürften ihren Kaffee aus Pappbechern. Sie haben vermutlich selten so viele Juden auf einem Haufen gesehen, bestimmt nicht auf einer Demonstration. »Das muss die größte jüdische Graswurzel-Kundgebung der Geschichte der Bundesrepublik Deutschland sein«, sagte eine Mitarbeiterin des Jüdischen Museum Berlins.

Throw out the Zentralrat – fill it up with refugees, stand auf einem Banner, das von einem älteren Herrn mitgebracht wurde. Eine Forderung, die ich nicht unbedingt unterschreiben würde. Warum muss immer jemand gehen? »Ihr kennt die Seele des Fremden, weil ihr selbst Fremde in Ägypten wart«, lautet ein berühmter Vers aus der Tora. Jemand hatte ihn auf einen auseinandergefalteten Umzugskarton geschrieben.

Auf einem Transparent in der ersten Reihe der Demonstranten standen drei hebräische Wörter: *Veahavta lereacha kamocha* - Liebe deinen Nächsten wie dich selbst. Andere nahmen Bilder von Anne Frank mit: Ihre Familie beantragte in den dreißiger Jahren Asyl in der US-Botschaft – die Familie Frank wurde abgelehnt. In den Zwanzigerjahren hatte die Regierung der USA eine Obergrenze für jüdische Geflüchtete beschlossen.

»Ich bin Mitglied der jüdischen Gemeinde zu Berlin – der Zentralratspräsident spricht aber nicht in meinem Namen!«, fing die Rede des Publizisten, meines guten Freundes und Mitstreiters, Micha Brumlik, an. »Ich erzähle Ihnen jetzt meine Geschichte nicht so, damit die Pointe gut wird, sondern weil sie sich tatsächlich so zugetragen hat.« Die wahren Geschichten des Lebens sind manchmal viel lehrreicher als die Erzählungen der talentiertesten Schriftsteller: Micha Brumliks Mutter, eine deutsche Jüdin, floh vor den Nazis nach Paris, musste aber auch Frankreich verlassen, als das Land besetzt wurde. Seine Mutter entkam der Deportation mit Hilfe einer französischen Fluchthilfeorganisation. Und es war ausgerechnet ein syrischer Student, der ihr half, unbemerkt aus dem von Wehrmacht und SS besetzten Paris zu entkommen. Das Herz Frankreichs, eine jüdische Geflüchtete und ein syrischer Fluchthelfer – die perfekte Antwort auf Schusters Forderung nach einer Obergrenze.

Nach der Kundgebung retteten wir uns vor der Kälte in ein Restaurant, ein Luxus, den viele Geflüchtete, die zur selben Zeit vor den Registrierungszentren und Grenzen Europas standen und zum Teil dort übernachten mussten, nicht hatten. »Eigentlich bedarf es solcher Geschichten wie der Michas nicht, um die Unterstützung hilfsbedürftiger und bei uns Zuflucht suchender Menschen zu legitimieren«, sagte Betül Ulusoy, eine Freundin und muslimische Menschenrechtsaktivistin, die uns bei der Demo angetan zuschaute, und schloss die Hand um ihre warme Kakaotasse.

Diese Geschichten helfen aber, uns auf unsere Menschlichkeit zurückzubesinnen. »Und sie erinnern uns daran, dass wir in kurzer Zeit vom Hilfsbedürftigen zum Helfer und vom Helfer zum Hilfsbedürftigen werden können«, meinte Betül.

Ich persönlich sah an diesem Tag zum ersten Mal eine Chance, dass wir in Berlin progressive, selbstbewusste Juden sein können, so wie es in Großbritannien und in den USA Juden schon lange sind. Juden, die ihre Identität nicht von der Angst leiten lassen, die ihren Standpunkt nicht gemäß der aktuellen israelischen Regierungspropaganda einnehmen, sondern in Bezug auf unsere europäische Realität.

Und unsere, meine Aufgabe wurde immer klarer. Es war unausweichlich. Ich hatte die vielen Opfer und Leidtragenden des Nahostkonfliktes vor Ort gesehen. Und mich für Europa entschieden. Nun kamen viele Geflüchtete aus diesem Teil der Welt in die Bundesrepublik.

Eine Solidaritätsbotschaft zwischen Minderheiten, besonders zwischen Muslimen und Juden – das war mein Gebot der Stunde. Es gab keine Zeit zu verlieren, keine Mühe zu scheuen. Keine Ausreden, sagte ich mir. Kurz darauf fuhr ich nach Köln.

Ich war etwas nervös, als ich den Raum eine Stunde vor Programmbeginn betrat: Im Saal waren nur große, bärtige Muskelmänner »mit Migrationshintergrund« und schauten misstrauisch zu mir auf, während sie auf dem Boden mit Kabeln und Geräten herumfummelten. Ich befand mich im Zentrum der konservativ-islamischen Bewegung Millî Görüş. Es wäre die ideale Kulisse für eine *Spiegel-TV*-Reportage über die sogenannte islamische Parallelgesellschaft gewesen. Egal für wie wissenschaftlich ich mich halte und wie oft ich meine Unabhängigkeit von den xenophoben Diskursen betone: Ich, Ármin Langer, der letztendlich ein europäischer Weißer ist, werde von solchen Reportagen und ähnlichen Texten auch beeinflusst. Ein wenig Angst hatte ich doch.

Dann kam einer der bärtigen Muskelmänner auf mich zu, reichte mir seine Hand und stellte sich freundlich vor: »Herr Langer, ich heiße Sie willkommen!« Ich lächelte, der schien ja ganz nett zu sein. Es dauerte nicht mehr lang, und mein Puls war wieder auf Normallevel.

Mohamed, ein Berliner Freund von mir aus einer marokkanischen Einwandererfamilie, hatte mich gewarnt, dorthin zu gehen. Es schade meiner *Credibility*, sagte er. Ich weiß natürlich, dass die islamische Gemeinschaft Millî Görüş vom Verfassungsschutz beobachtet wird, dass ihnen oft religiöser Extremismus und türkischer Nationalismus vorgeworfen werden. Ich hörte auch schon Antisemitismus-Vorwürfe. Erstens bin ich der Überzeugung, dass wir in Deutschland mit allen, die dem Rassismus ausgesetzt sind, zusammenarbeiten müssen. Uneinigkeit ist ein Luxus, den wir uns nicht leisten können: Auch wenn ich eher nicht mit Millî Görüş-Anhängern über den Völkermord in Armenien, mit rechten Russlanddeutschen über EU-Außenpolitik oder mit Mitgliedern des rechts-zionistischen American Jewish Committee über die Nakba reden würde, und der Vertreibung von etwa 700 000 Palästinensern aus dem früheren britischen Mandatsgebiet Palästina, eine Veranstaltung widmen würde. Das ändert aber nichts an meiner Bereitschaft, mit all diesen Gruppen ein Gespräch über Rassismus in der Bundesrepublik zu beginnen. Zweitens glaube ich, dass es sinnvoller ist, unter konservativen Menschen über progressive Ideen zu reden als unter Progressiven, die sowieso schon meiner Meinung sind. Das nennt man Dialog. Alles andere ist nur Echo-Abend.

Außerdem, wenn es tatsächlich so viele Antisemiten in

der Millî Görüş-Gemeinschaft gibt, wie so oft behauptet wird, ist es dann nicht der beste Weg, gegen Antisemitismus zu kämpfen, als unverkennbar jüdischer Referent vor einem Roll-Up mit dem Logo der islamischen Bewegung zu stehen? Ich bin überzeugt, dass ich durch meine öffentlichen Auftritte in Moscheen und islamischen Zentren und meine Solidaritätsbotschaft mehr im Kampf gegen Antisemitismus unter Muslimen, der durchaus ein ernstes Problem ist, erreichen kann als Anetta Kahane, Deidre Berger und ihre »Mitstreiter« in ihrer ganzen Karriere als Anti-Antisemitismus-Aktivistinnen. Man kann eine Botschaft von oben nach unten schicken (»Muslime sind antisemitisch, also sollten Juden muslimische Gegenden meiden«), oder man kann auf gleicher Augenhöhe mit den Menschen in ihren eigenen Milieus über das Problem reden (»Es gibt Antisemitismus auch unter euch, und wir könnten gemeinsam eine Strategie für dessen Bekämpfung entwickeln«).

Zwei Stunden später, nach meinem Vortrag, saß ich in einem Kreis von muslimischen und jüdischen Kölnern, der sich spontan im Saal gebildet hatte. »Ârmin, bitte, setz dich zu uns – wir wollen einen Salaam-Schalom-Ableger in Köln gründen«, hatte eine Frau mittleren Alters, Kopftuchträgerin, gebeten. Sie brauchte mich kein zweites Mal bitten. Ich freute mir ein Loch in den Bauch.

»Warum machen Sie das?«, fragte ein älterer Mann. In meiner Antwort erklärte ich, dass ich weiß, wie es sich anfühlt, wenn Rassisten die Grabstätte der Großeltern beschädigen, wenn man von Rassisten verbal oder physisch angegriffen wird. Ich sah, dass die Antwort ihn nicht vollkommen befriedigte. Ich hätte darauf verweisen sollen, dass zwei Sätze manchmal nicht ausreichen, um so etwas zu erklären. Und dass ich deswegen ein Buch schreiben werde, in dem ich darauf etwas ausführlicher eingehe.

Selten hat man den Luxus, die eigenen Gedanken so zu präsentieren wie in einem Buch. Als Prediger bin ich seit Jahren in mehreren Gemeinden Europas unterwegs gewesen von London bis Stuttgart, von Wien bis Berlin, von Budapest bis Freiburg. Heute haben auch die Gemeindemitglieder weniger Geduld und gucken schon auf ihre Armbanduhren, wenn die Predigt länger als fünf Minuten dauert: Aber selbst wenn mir bei diesen Gelegenheiten nicht mehr als zehn Minuten zur Verfügung stehen, vermittele ich dieselbe Botschaft wie in diesem Buch: Geht raus und engagiert euch!

Viele wollen sich engagieren, finden dafür aber nicht den richtigen Ort. Deswegen gründeten wir im November 2013 die Salaam-Schalom-Initiative. Ich wollte auf die öffentlichen Äußerungen von Daniel Alter reagieren. Der damalige Antisemitismusbeauftragte der jüdischen Gemeinde zu Berlin betonte in mehreren Auftritten, dass Neukölln eine No-go-Area für Juden sei. »Womit habe ich das verdient, wieder als Antisemit bezeichnet zu werden?«, seufzte Omar, ein muslimischer Nachbar von mir resigniert. Ich guckte ihn entschlossen an: Ich, ein Jude in Neukölln, wollte meine Solidarität mit ihm und meinen muslimischen Mitbürgern ausdrücken, die von derartigen Statements stigmatisiert werden – ich fand in Windeseile weitere jüdische Mitstreiter in meiner Nachbarschaft.

Ruth, Ina, Dana und ich saßen in einer verrauchten Kneipe im Neuköllner Boddinkiez um einen alten Holztisch. Die israelische Gender-Studies-Forscherin, die deutsche Geschäftsfrau, die freie israelische Journalistin und der ungarische Rabbinerstudent entschieden sich an dem Abend, gemeinsam ein Projekt zu starten, in dem wir eine einzige Frage an Neuköllner Juden stellen würden: Ist Neukölln eine No-go-Area für Juden? Die auf YouTube später hochgeladenen kurzen Videointerviews erreichten in wenigen Wochen dank einem überraschend großen Medienecho mehrere Hunderttausend Menschen.

Wir hatten eine E-Mail Adresse eingerichtet – für Lob und Kritik. In wenigen Minuten flatterten die ersten Briefe in unser Postfach von Menschen, die ihre Dankbarkeit ausdrückten, die uns finanziell unterstützen oder sich ehrenamtlich in unserer Gruppe engagieren wollten. Muslime, die sich erleichtert fühlten, dass sich die Juden von Neukölln endlich zu Wort melden. Juden, die sich über eine alternative jüdische Stimme freuten. Andere, die wegen unseres Beitrages zum friedlichen Miteinander in Deutschland glücklich waren.

Beim nächsten Gruppentreffen, das in der anarchistischen Neuköllner Wohnung von Dana stattfand, waren wir schon zehn Leute. Nicht mehr nur Juden, zu den vier Gründern stießen sechs andere zu. Und bei jedem Treffen wurden wir mehr und mehr, wir mussten nach anderen Treffpunkten suchen, die Wohnzimmer reichten nicht mehr aus. An diesem Punkt kontaktierten wir die ersten Gemeinschaftshäuser und Nichtregierungsorganisationen: Am Anfang nur, um ihre Räume für unsere Treffen verwenden zu können – später schon, um unsere Veranstaltungen bei ihnen stattfinden zu lassen. Im Ablauf von wenigen Monaten wandelte sich unsere rein jüdische Gruppe in eine Gruppe von Juden, Muslimen und Verbündeten.

Am Anfang hatten wir lediglich vor, auf die stigmatisierenden Statements von Daniel Alter zu reagieren. Aber wir hatten damit einen Nerv getroffen, und der große Zuspruch machte uns deutlich, dass eine solche Initiative gebraucht wurde, dass es viele gab, die eine Plattform herbeisehnten, wo laut und hörbar gesagt werden konnte, dass das Miteinander nicht nur funktionieren kann, sondern eine Bereicherung ist, von der viele zehren.

Die neuen Mitglieder brachten neue Ideen mit. Unsere neugegründete Bürgerinitiative wurde im Laufe der Zeit ein wichtiger Faktor in der Integrationsdebatte in Neukölln und darüber hinaus. Ich hätte nicht gedacht, dass wir in den ersten drei Jahren nach der Gründung unserer Initiative vom Bundespräsidenten im Schloss Bellevue empfangen werden würden, uns die First Lady Daniela Schadt in Neukölln besuchen, wir 2015 vom Regierenden Bürgermeister Berlins mit dem *Band für Mut und Verständigung* und 2016 vom Jugendtheaterbüro Berlin mit dem *KulTür Auf! Award* ausgezeichnet werden würden. Was ich aber erst recht nicht gedacht hätte, war, dass mich dieses Engagement am Ende meinen Platz am Rabbinerseminar kosten würde.

Nicht alle mögen die Umtriebigkeit von Initiativen wie unserer. Weil wir uns nicht vereinnahmen lassen, weil wir unseren eigenen Kopf haben, sind wir für das jüdische Establishment natürlich unbequem, ein Dorn im Auge. Aber auch das en détail und mit allen Hintergründen zu verstehen, dauerte bei mir einige Zeit, anfangs war ich einfach zu optimistisch.

Neben meinem Engagement war ein wichtiger Grund, von Budapest nach Berlin zu ziehen, ja gewesen, am Abraham-Geiger-Kolleg eine Rabbinerausbildung zu absolvieren. Während meiner drei Jahre als Rabbinerstudent war ich sowohl in meinen akademischen Studien als auch in meinen Praktika sehr erfolgreich. Einige Mitarbeiter und Dozenten nannten mich einen »Vorzeigestudenten«. Zugegeben, Selbstlob stinkt, aber so war es. Ich führte schon mit mehreren Synagogen in Europa provisorische Gespräche über meine zukünftige Einstellung als Gemeinderabbiner. Meine Ordination war für Sommer 2017 geplant. Januar 2016 wurde ich trotz alledem rausgeworfen, wegen meiner öffentlichen Stellungnahmen – wegen meiner politischen Positionierung. Als mir das mündlich mitgeteilt wurde, war ich zwar schockiert, aber nicht mehr wirklich überrascht, meine Illusionen im Hinblick auf das Berliner Rabbiner-Kolleg, und vor allem dessen Leitung, waren längst zunichtegemacht worden.

Es begann damit, dass ich in die Bibliothek des Kollegs in Berlin-Charlottenburg zitiert wurde. »Ich bin der Einzige hier, der Politik macht!«, rief Rektor Walter Homolka. Die Bücherreihen absorbierten seine Empörung, die Wut in seiner Stimme nur notdürftig. Der übergewichtige Mann im schwarzen Anzug mit dem Bundesverdienstkreuz auf dem Revers schlug auf den kleinen Tisch, das Wasser in den Gläsern schwappte über. Er sah mir in die Augen, und ich erkannte hinter seinen kleinen Brillengläsern, dass er es ernst meinte, dass er bereit war, all seine Macht in »seinem Laden« in die Waagschale zu werfen. Rechts von Homolka saß Rabbiner Edward, der für meine praktische Ausbildung verantwortlich war, links die »Kanzlerin« (Geschäftsführerin) des Abraham-Geiger-Kollegs, eine gläubige Katholikin. Mich, den 25-jährigen Rabbinerstudenten, platzierten sie in der Mitte. Ein Kreuzverhör. Schon wieder.

In meinen zweieinhalb Jahren als Student am Abraham-Geiger-Kolleg wurde ich mehr als zehn Mal »angehört«. Man könnte denken, dass ich jemanden umgebracht hätte. Dabei ging es immer nur darum, dass ich zu politisch sei, mich zu viel für andere engagiere und angeblich damit zu oft in den Medien vorkäme. Den Vorwurf fand ich schon immer absurd. Am Anfang bat mich das Kolleg, auf Drängen des Rektors, weniger Interviews zu geben. Dann wurde ich darum gebeten, mit meinem Engagement aufzuhören. Der Pressesprecher des Kollegs erklärte mir schriftlich, dass »Fragen des religiösen Dialogs zwischen Muslimen und Juden (…) noch heikler [sind] als politische Diskussionen«.

Er riet mir davon ab, mich mit dem Thema zu beschäftigen, weil die muslimisch-jüdische Zusammenarbeit nur aufs Kolleg zurückfalle. Im Laufe der Zeit wurden aber die Restriktionen erweitert. Nachdem ich als Studiogast in die *rbb*-Abendschau im Januar 2015 eingeladen wurde, um die Forderung des Zentralratspräsidenten, keine Kippa in der Öffentlichkeit zu tragen, zu kommentieren, drehte Walter Homolka vollkommen durch. Kurz nach meinem Auftritt klingelte mein Handy, ein Mitarbeiter des Kollegs war am Telefon: »Ármin, du hast unserem Rektor in deinem Interview widersprochen.« Ja und?, war mein erster Gedanke. Dennoch hörte ich ihm geduldig zu. *Die Abendschau* sendete, bevor sie mich interviewten, einen Beitrag über die Empfehlung von Schuster, keine Kippa in den »muslimischen Nachbarschaften« zu tragen. In dem Beitrag gab es auch einen zehnsekündigen O-Ton vom Charlottenburger Walter Homolka, der ihm zustimmte. Ich, ein Jude in Neukölln, der Studiogast am Abend, war einer anderen Auffassung. Das Problem: Der Direktor bekam zehn Sekunden, der Rabbinerstudent drei Minuten. Ich wusste nichts davon, dass *Die Abendschau* auch Homolka interviewt hatte, aber selbst wenn ich das gewusst hätte, wo liegt das Problem? Warum darf ich ihm inhaltlich und sachlich nicht widersprechen? Wieso gilt die Meinungsfreiheit in diesem Kolleg nicht?

Danach hatte ich ebenfalls zum Kreuzverhör in die Bibliothek gemusst. Immer wenn ich nervös bin, fange ich an, mir an den Haaren zu zupfen. Ich zupfte viel, versuchte aber stets geduldig und nett zu bleiben. Nachdem ich und die Tora-Bände in den Regalen die Aggressionen des jüdischen Establishments in uns aufgenommen hatten, widmete ich mich wieder meiner ehrenamtlichen Arbeit. G'tt ist für mich wichtiger als die Wünsche, die Eitelkeiten, die Abhängigkeit und der politische Opportunismus einer Institution.

Am 10. Dezember 2015, am Tag der Menschenrechte, kündigte Homolka bei der nun regulär stattfindenden Anhörung an, dass er ein Disziplinarverfahren gegen meine Person starten wolle. Ende Januar 2016 wurde mir die Entscheidung mitgeteilt: Ich muss das Rabbinerseminar wegen meines politischen Engagements und meines Umgangs mit den Medien verlassen. Das Kolleg weigerte sich, mir die Entscheidung schriftlich mitzuteilen, obwohl wir einen gültigen Ausbildungsvertrag vereinbart hatten.

Ich hätte an diesem Punkt einfach sagen können: Okay, *khalas* (es reicht), ich höre jetzt mit dem Judenkram auf. Ich war die ganze Zeit der Überzeugung, dass die Werte, für die ich mich einsetze, der Schlüssel des jüdischen Lebens sein werden. Aber anscheinend wollen viele europäische Juden davon nichts wissen. Sie wollen sich fürchten, Opfer sein, erzkonservative und populistische Meinungen vertreten. Das Establishment möchte uns junge Juden nur dann unterstützen, wenn wir nach seiner Pfeife tanzen und womöglich noch nach Israel auswandern. Mein Rabbinerseminar setzte mich vor die Tür, weil es Angst vor dem Wandel hatte. Sie wollten nicht, dass ich zu meinen Werten und Überzeugungen stehe. Mein Studium lief sehr gut, sie hatten aber ein Problem mit meinem politischen Wesen als sozial aktiver Jude. Sie hatten ein Problem mit der geltenden Grundordnung in Deutschland. Es ist so traurig, dass eine Institution, die so viel bewegen könnte, die Meinung eines kleinen Studenten nicht aushalten kann, dass eine Einrichtung für das jüdische Leben in Europa das Prinzip der Meinungsfreiheit nicht achtet.

Deshalb meinen Wunsch, Rabbiner zu werden, ad acta zu legen, stand aber für mich keine Sekunde zur Debatte: Der Widerstand, auf den ich im jüdischen Establishment stieß, verstärkte meine Überzeugung, dass wir von den etablierten Gemeinden unabhängige jüdische Initiativen brauchen. So viele wie möglich. Damit alternative jüdische Stimmen zu Wort kommen können, nicht nur die Vertreter des Establishments.

Als ich den anfänglichen Schock überwunden hatte und die Interviews mit Homolka über meinen Rauswurf las, verstand ich seine Denkweise. Er denkt nicht in jüdischen, sondern in christo-normativen Mustern: Er redet davon, dass ich die Würde des »jüdisch-geistlichen Amtes« beschädige, obwohl Rabbiner keine Geistlichen sind. Homolka stellt in einem anderen Beitrag die Frage, ob »jemand, der Kardinal Marx ins Gesicht spuckt«, noch Priester werden könne – damit meint er mich und meinen *taz*-Kommentar, in dem ich den Zentralratspräsidenten Josef Schuster kritisiere. Angespuckt habe ich natürlich niemanden. Und auch sonst hinkt der Vergleich, da es im Judentum gar keine durchorganisierte Gesamthierarchie gibt wie in der von Homolka zitierten katholischen Kirche.

Walter Homolka ist katholisch in Bayern erzogen, er ist studierter evangelischer Theologe. Er konvertierte zum Judentum, und als solcher hat er eine mehrheitsgesellschaftliche Perspektive. So wie Jonah Sievers, der ebenfalls ein Konvertit ist und in der jüdischen Gemeinde zu Berlin als Rabbiner eingestellt ist und als heftigster Kritiker des Engagements für Geflüchtete der Kreuzberger Fraenkelufer-Synagoge auftritt. Homolka und Sievers wurden als Kinder und Jugendliche nie rassistisch angegriffen wie wir Europäer jüdischer Herkunft. Sie wuchsen nicht mit dem Gedanken auf, dass ihre Groß- und Urgroßeltern wegen ihres Jüdisch-Seins leiden mussten oder systematisch umgebracht wurden. Engagement für Emanzipation ist für sie keine Herzensangelegenheit, weil sie selbst immer den Status der Privilegierten genossen. Diese Menschen sind nicht »auf Gräbern geboren«, wie es der Publizist Michel Friedman (*1956) einst ausdrückte. Sie kennen den bitteren Geschmack der Unterdrückung nicht.

Tatsächlich sind ganz viele liberale Juden in Deutschland eigentlich wie die Nicht-Juden. Die Christo-Normativität, die enorm hohe Assimilierungsrate und die Abscheu gegenüber orthodoxen bzw. traditionellen Juden unter den Berliner Juden haben mich von Anfang an sehr getroffen. Als ich zum ersten Mal an einem Gottesdienst in der Charlottenburger Pestalozzistraße teilnahm, war ich mir nicht sicher, ob ich mich in einer *Schul* (Synagoge) oder in einer lutherischen Kirche befand. Die Gemeinde betete nicht, hörte lediglich dem Kantor, dem Chor und der Orgelmusik zu – und der Rabbiner trug einen Talar, wie die evangelischen Pfarrer. Genauso schockiert war ich, als ich einen Beitrag mit einem Rabbinerstudenten des Abraham-Geiger-Kollegs sah, der der Deutschen Welle mit einem breiten Lächeln erklärte, dass er gerne Schwein esse. Er sei Sachse und Schweine gehörten nun mal zu Sachsen. Ein paar Jahre früher war er übrigens noch praktizierender Katholik. Mich störten dabei weniger seine Essgewohnheiten (und gewiß nicht sein Religionswechsel), eher empfand ich es als befremdlich, derart ostentativ mit seiner eigenen Christo-Normativität im Fernsehen zu werben.

Beim feierlichen Eröffnungsakt des Studienfachs Jüdische Theologie an der Universität Potsdam im Herbst 2013 hielt kein Jude die Festrede, sondern die evangelische Theologin Margot Käßmann. Sie sprach darüber, wie wichtig die Arbeit vom Rektor Homolka für Christen wie sie sei. Zahlreiche Dozenten und Studenten des liberalen Rabbinerseminars waren früher eigentlich Kollegen von Käßmann, nicht nur Homolka. Mein Lieblingsfall ist der von A. M. B.: Bis zwei Jahre vor ihrer Konversion zum Judentum war sie als evangelische Pfarrerin im Rheinland tätig, und zwei Jahre nach ihrem Übertritt arbeitete sie schon als Dozentin am Geiger-Kolleg und lehrte den Talmud. Unter solchen Umständen sollte ich mich wahrscheinlich nicht wundern, wenn ich mich im liberal-jüdischen Establishment hierzulande unwohl fühle. Was vor unseren Augen abläuft, ist eine Christianisierung des liberalen Judentums. Mich macht das wütend und traurig zugleich, weil unsere 3000-jährige Tradition dabei auf der Strecke bleibt.

Die Anpassung an die Mehrheitsbevölkerung ist unter liberalen deutschen Juden nichts Neues, sie wurde schon immer ad absurdum betrieben, auch vor dem Phänomen der Massenkonversionen. So wie ihr Vorbild, die deutsche lutheranische Kirche, pflegten die deutschen, nach Südamerika emigrierten Rabbiner und die dortigen Vorsitzenden der deutsch-jüdischen Gemeinden einen guten Kontakt zum chilenischen Diktator Pinochet oder zur Junta in Argentinien. Erst mit der Ankunft der US-amerikanischen Rabbiner änderte sich die Beziehung der jüdischen Gemeinden zu diesen Regierungen.

Marshall Meyer (1930–1993) gründete als konservativer Rabbiner nicht nur ein neues Rabbinerseminar in Buenos Aires: Als Gründer der *Organisation Movimiento Judío por los Derechos Humanos* (Jüdische Bewegung für Menschenrechte) war er ein öffentlicher Kritiker des argentinischen Militärregimes und seiner Menschenrechtsverletzungen und arbeitete als überzeugter Sozialist dafür, dass die unzähligen politischen Gefangenen freigelassen werden. Ein Außenstehender brachte die deutschen Juden dazu, sich mit der Junta kritisch auseinanderzusetzen.

Gleichzeitig gibt es G'tt sei Dank zahlreiche phantastische Juden in Deutschland, die assimiliert sind oder aus einer christlichen Sozialisation stammen und trotzdem den Lehren von Rabbiner Marshall Meyer folgen. Zum Beispiel die Berliner konservative Rabbinerin Gesa Ederberg, selbst Wahljüdin. Sie und ihre Gemeinde in der Synagoge Ora-

nienburger Straße sind neben der Kreuzberger Synagoge
der Motor für das gesellschaftliche Engagement unter uns
Berliner Juden. Dabei weist die Rabbinerin nicht auf die
historische Erfahrung unseres Volkes hin, die Grenzen sind
ihr bewusst: »[Wenn] ich ein ›jüdisches Wir‹ formuliere,
werden Sie hoffentlich von mir nie den Satz hören: Wir
haben in der Geschichte so lange gelitten. Das wäre eine
Anmaßung.«[31] Sie begründet ihr Engagement mit den traditionellen jüdischen Quellen. Ein echtes Vorbild, auf das
auch Marshall Meyer und die amerikanischen progressiven
Juden stolz wären.

Berlin bietet eine wunderbare Plattform für das sozial-
bewusste Judentum: Hier lebten und wirkten solche intellektuelle Helden wie der Kulturkritiker Walter Benjamin
(1892–1940) und der Romanist Victor Klemperer (1881
bis 1960), die Religionsphilosophen Martin Buber (1878
bis 1965) und Franz Rosenzweig (1886–1929), der Rabbiner Leo Baeck (1873–1956) und der Religionshistoriker
Gershom Scholem (1897–1982). Zu ihrer Zeit, in der Wei-
marer Republik, war Berlin die Hauptstadt des deutschen
jüdischen Intellekts. Deutsch-jüdische Kinder besuchten
die allgemeinen Schulen, unter den Abiturienten waren sie
überrepräsentiert. Sowohl in den modernen Wissenschaften als auch im Kunstbereich spielten Juden eine wichtige
Rolle in der Republik – fünf der neun in dieser Zeit ausge-
zeichneten deutschen Nobel-Preisträger waren jüdisch: die
Physiker Albert Einstein (1921), James Franck und Gustav
Hertz (1925), der Biochemiker Otto Fritz Meyerhof (1922)
und der Physiologe Otto Warburg (1931).[32]
    Zahlreiche jüdischstämmige Politiker fanden sich in fast
allen politischen Strömungen: von der Sozialistin Rosa Luxemburg, dem liberalen Walther Rathenau bis zum konservativen Max Warburg.

Trotz des allgegenwärtigen Antisemitismus fühlten sich die Juden in Berlin nach dem Ersten Weltkrieg zu Hause. Nur etwa 10 Prozent der deutschen Juden bekannten sich zum Zionismus.[33] Sie wollten nicht weg, weil sie sich wohl in Deutschland fühlten.

Heute, 100 Jahre später, befinden wir uns wieder in einer Lage, in der wir uns als Juden sicher in Berlin fühlen, in der wir uns das kritische Denken und die politische Beteiligung einerseits leisten können, wobei ich diese Möglichkeit andererseits auch als eine Verpflichtung wahrnehme (der ich gerne nachkomme). Es gibt keine Anzeichen dafür, dass diese Situation zurzeit auf der Kippe stünde. Außerhalb Israels gibt es keine Stadt auf der Welt, in denen die jüdische Bevölkerung so schnell wächst wie in Berlin. Mit der Zuwanderung israelischer und angelsächsischer junger Juden fängt etwas Neues an: der Wiederaufbau des intellektuellen, kritischen Judentums in Deutschland.

G'tt bewahre! – Angst ist ein schlechter Ratgeber

*Die ganze Welt ist eine sehr schmale Brücke –
und die Hauptsache ist: gar keine Angst zu haben!*
Nachman von Braslav (1772–1810),
chassidischer Rabbiner

»Ich bin k. o., *Achi*!«, sagte Ozan leise zu mir und sank erschöpft in den S-Bahn-Sitz. Ich hatte ihn noch nie so entkräftet gesehen und machte mir Sorgen, obwohl meine Energiereserven ebenfalls verbraucht waren. *S-Bahn nach Oranienburg. Zurückbleiben, bitte*! Die Türen gingen zu, und die Bahn fuhr ab.

Ozan und ich hatten als Vertreter der Salaam-Schalom-Initiative an einer Gesprächsrunde am Wannsee teilgenommen im Rahmen einer Veranstaltung des Ernst-Ludwig-Ehrlich-Studienwerks (ELES), das begabte jüdische Studenten und Promovierende fördert – unter anderen mich. Zur Gesprächsrunde waren mehrere bekannte jüdischstämmige bzw. sich mit jüdischen Themen befassende Akademiker eingeladen worden, und viele ELES-Stipendiaten. Insgesamt waren es gut dreißig Leute, die sich an diesem Sommerabend gegen neun unter freiem Himmel im Garten einer Villa am See versammelten, um die große Frage zu diskutieren: Quo vadis, Jude in Eurabia?

»Wie kann man behaupten, dass es keinen Antisemitismus in Neukölln gäbe? Ich fasse es nicht!«, sagte ein Publizist empört in unsere Richtung und gab damit den Ton vor. »Ich kenne alle in der jüdischen Gemeinde, viele ältere Frauen aus Charlottenburg kommen zu mir und sagen, dass sie ihre *Mesusot* (Schriftkapsel am Türpfosten) aus Angst vor den Muslimen abgenommen hätten, und ihr redet darüber, dass es keine Probleme in Neukölln gibt?!« Ozan guckte mich etwas verzweifelt an. Es gibt nicht viele, die es sich zutrauen würden, sich als einziger Muslim in eine Runde zu setzen, in der alle über Muslime und deren Antisemitismus diskutieren. Dass sich Ozan überhaupt darauf eingelassen hat, fand ich schon außerordentlich, wie besonnen er dann darauf reagierte, umso mehr.

»Die Salaam-Schalom-Initiative hat nie behauptet, dass es keinen Antisemitismus unter Muslimen gebe. Natürlich gibt es ihn. So wie unter Nicht-Muslimen, so wie antimuslimischer Rassismus unter Juden, Nicht-Juden, Homophobie, Frauenfeindlichkeit und so weiter in allen gesellschaftlichen Gruppierungen existieren. Wir wollen aber rassistischen Narrativen in der Debatte etwas entgegensetzen, statt zu pauschalisieren«, begann Ozan seine Erwiderung. »Und nicht anhand subjektiver Wahrnehmungen irgendwelcher Charlottenburger Damen«, fügte ich hinzu. Im Gegensatz zu Ozan konnte ich es mir nie verkneifen, den Finger in die Wunde zu legen.

Trotz aller anderslautender Fakten wird dieser Vorwurf immer wiederholt. Und früher oder später kommt dann oft das Totschlagargument, dass sich die alten russischstämmigen Jüdinnen in Charlottenburg Sorgen machen und inzwischen die Gemeindezeitung nur in einer »diskreten« Verpackung liefern lassen. Tut uns leid, das mag als Beweis für die schlechte Atmosphäre in der Gemeinde fungieren, aber bestimmt nicht für den Antisemitismus unter Muslimen.

Tief einatmen, Ruhe bewahren. »Ich kenne mehrere Menschen, die in der Sonnenallee wohnen und an deren Türrahmen *Mesusot* befestigt sind. Sie haben keine Angst. Die *Jüdische Allgemeine Zeitung* kommt seit mehr als einem Jahr jeden Donnerstag in meinem Postfach an, ohne Geheim-packung, und noch nie sprachen meine Nachbarn mich darauf an. Ich habe mehrere Dutzend israelische Freunde, die in der ›No-go-Area‹ Neukölln leben und ganz locker in den palästinensischen Imbiss *Azam* gehen, um den besten Hummus der Stadt genießen zu können. Zwei traditionelle jüdische Freunde von mir wohnen am Hermannplatz und tragen immer ihre Kippot. Sie haben damit bisher keine schlechten Erfahrungen gemacht. Die Situation in Neu-kölln ist keineswegs schlimmer als in anderen Stadtteilen.« Ich konnte den Satz kaum beenden, als sich der anwesende liberale Rabbiner Jona, ein Konvertit, einschaltete: »Bull-shit«, sagte er.

Mich traf das offenbar weniger als die anderen Gesprächs-teilnehmer, die ihn aufforderten, sich bei mir zu entschul-digen. Ich kannte diese Reaktion – wenn jemand seine Kri-tik nicht mehr mit Argumenten untermauern konnte, folgten schnell Beleidigungen. Ich antwortete lediglich: »Willst du ihre Namen wissen und sie persönlich fragen?« Die anwesenden Studenten waren kurz davor, eine Meu-terei gegen den Rabbiner und den Publizisten, die aus ih-rem Elfenbeinturm auf uns herabschauten, zu starten. Sie nahmen unsere persönlichen Erfahrungen auf den Straßen von Neukölln nicht ernst – weil sie nicht in ihr Weltbild passten. Zum Glück intervenierte der Geschäftsführer der Stiftung und leitete die Diskussion in akademischere Bah-nen.

»Ich verstehe nur eines nicht, Ozan«, sagte ich. Ozan hatte den Kopf an das Zugfenster gelehnt, die Augen ge-schlossen, sein Körper wurde von der S-Bahn durchgeru-ckelt. »Warum kommen sie immer mit der Angst der Char-lottenburger?« Ozan schwieg eine Weile und sagte dann: »Was sollen sie sonst tun? Gegen menschliche Angst kann man mit Zahlen und Studien nur schwer ankämpfen.« Die

S-Bahn hielt an der Station Grunewald, niemand stieg ein. Es war kurz vor Mitternacht. »Schwer? Das heißt, es ist möglich?«, erwiderte ich. Er lachte, dann rutschten wir wieder tief in die Sitze, gaben unserer Erschöpfung nach und lauschten den Geräuschen der Bahn, die uns zielstrebig nach Hause nach Neukölln brachte.

Ich musste häufiger die Erfahrung machen, dass sich Fakten schwerer verkaufen lassen als emotionale persönliche Anekdoten. Fast zehn Prozent der Bevölkerung von Budapest sind jüdisch – und das jüdische Leben von Budapest ist zigmal spannender als zum Beispiel das von Berlin. Trotzdem liest man in der deutschen Presse nur über Antisemitismus in Ungarn. Als der jüdische Weltkongress 2013 in Budapest stattfand, habe ich mehr als zwei Stunden mit einem bekannten Boulevardjournalisten aus Deutschland verbracht. Wir saßen auf der Terrasse eines Kaffeehauses unweit von meiner Universität, gegenüber der großen Synagoge in der Dohány Straße. Es war Sommer, und das Wetter war herrlich. Das Café befindet sich direkt neben einer Haltestelle für Oberleitungsbusse, Leute kamen und gingen, und wir tranken gläserweise Limonade, mein Lieblingssommergetränk. Auf Kosten des Springer-Verlags.

Ich erzählte ihm von dem attraktiven jüdischen Leben in Budapest, von den neuen kulturellen und religiösen jüdischen Einrichtungen, von meinen erfolgreich laufenden Projekten wie dem Filmklub *Jewscope* (Zsidószkóp). Ich versuchte, ihm zu erklären, wie schwierig zurzeit die Lage für progressive Aktivisten ist, da die rechtsextremistische Partei Jobbik als einzige öffentlich für einen unabhängigen palästinensischen Staat eintritt, weil in Ungarn das Wort Jude oder Zionist noch mehr negative Gefühle auslöst als die Worte Araber oder Muslime.

Der Journalist ließ mich reden, machte sich aber keine Notizen. Fragen stellte er ausschließlich zur angeblichen

Antisemitismus-Lawine in Ungarn. Ich erklärte ihm, man dürfe eine soziologische Aussage nicht auf Basis seiner persönlichen Einschätzung treffen. Das sei unwissenschaftlich. Es sei besonders gefährlich, Juden mit persönlichen Antisemitismuserfahrungen zum Thema Antisemitismus zu befragen. Kein Soziologe spricht von einem wachsenden Antisemitismus in Europa, höchstens von einem immer sichtbarer werdenden Hass auf Juden, warum stellen wir die Position der Experten in Frage?

Ich hatte den Eindruck, jeder meiner Sätze, der nicht das Wort Antisemitismus beinhaltete, wurde von dem Journalisten kaum zur Kenntnis genommen. Am Ende stand im Artikel nur, dass der arme Ármin mehrmals antisemitisch angegriffen wurde. Er zitierte ausschließlich die Nebensätze, die seine These unterstützten, losgelöst vom Kontext. Seine These, die Hauptaussage des Artikels war, dass es in Budapest kein Leben für Juden gibt. Exakt das Gegenteil davon, was ich gesagt hatte.

Die nächste Anfrage einer deutschen Zeitung zum Thema Antisemitismus in Ungarn lehnte ich deswegen direkt ab. Seitdem ich in Deutschland bin, sage ich wieder zu, mit der Bedingung, dass die Journalisten vorher einen Text von mir lesen. Wenn das nicht abschreckt, trinke ich gerne wieder Limonade mit euch, liebe Journalisten. Auch mit Axel-Springer-Reportern.

Wenn ich die vielen negativen Berichte über das Judentum in Budapest lese, kommt es mir manchmal so vor, als ob meine ehrenamtliche Arbeit in der jüdischen Gemeinde von Budapest umsonst war. Es gibt so viele Themen, worüber diese Zeitungen berichten könnten: jüdische Straßenfeste, Konzerte, Friedenskundgebungen, Kooperationen zwischen Synagogen, Moscheen und Kirchen. Das alles interessiert sie aber nicht. Ein guter Jude ist nur ein schwacher, diskriminierter Jude. Antisemitische Sprüche auf einer Kundgebung? Das ist schon eher was! Kein Wunder, wenn sich die Juden nach solchen Berichterstattungen auch nicht sicherer fühlen.

Esther[34] ist Jüdin, ungefähr 55 Jahre alt, aufgewachsen in einem säkularen Haushalt, ihre Eltern waren Holocaust-Überlebende. Ich kenne sie seit einer Weile, sie ist politisch in einer liberalen Menschenrechtsgruppe engagiert. Sie gibt mir immer Wangenküsse, wenn wir uns treffen, und ist mir dankbar, wenn ich sie an ausländische Journalisten vermittle. Nicht alle drücken ihre Dankbarkeit so offen aus wie Esther. Ich musste sie aber auf Facebook von meiner Freundesliste löschen, weil ich ihre Posts nicht mehr aushalten konnte. Esther postet nämlich täglich mehrmals, und fast immer Beiträge über Antisemitismus und Holocaust. *Nie wieder Auschwitz!*, *Juden verlassen Europa!*, *Lawine von Antisemitismus!* lauten die Titel der Links, die sie mir empfiehlt. Wenn die Welt so aussehen würde, wie von Esther beschrieben, müssten wir alle, nicht nur die Juden, tatsächlich überlegen, nach Israel zu ziehen. In ein Land, in dem natürlich alles wunderbar funktioniert.

Von einem psychoanalytischen Standpunkt aus gesehen, ist die Angst von Esthers Generation nachvollziehbar. Als Söhne und Töchter von Holocaust-Überlebenden wurden sie in der Ära der Vergangenheitsbewältigung sozialisiert. Sie wuchsen in den »Ghettos« ihrer eigenen Familien auf. »Einige Familien leben in ständiger Angst, in einer Welt, die sie als extrem gefährlich wahrnehmen. Die Familienmitglieder leben praktisch in einem Ghetto«, so der Psychoanalytiker R. D. Laing: »Dies ist das Fundament für die sogenannte mütterliche Über-Fürsorge.«[35]

Diese sogenannten Ghettofamilien entstehen verstärkt nach einer Tragödie in der Familie. Wie sie der Holocaust für unzählige Familien zweifellos war.

Wer von einer Mehrheitsbevölkerung als »der Andere« gebrandmarkt ist, für den gibt es keinen stärkeren Rückhalt als die eigene Familie. Wenn es aber dazu kommt, dass sich die Familie nach außen hin verschließt, wird alles mit Paranoia betrachtet, sogar die nicht bedrohlichen Zustände. Angst wird dann zur Konstante.[36] Über allem hängt das Damoklesschwert. Die Eltern bringen ihren Kindern bei zu sparen, auf alles vorbereitet zu sein, womöglich muss man plötzlich mitten in der Nacht das Land verlassen (»die gepackten Koffer«). Die äußere Welt wird zu einem feindlichen Faktor. Die Wörter »G'tt bewahre, wenn nun etwas passiert« kommen in solchen Fällen ziemlich häufig vor.

Menschen neigen dazu, ihre Vorstellungen über die Zukunft von ihren Ängsten beeinflussen zu lassen. Zur Zeit der Wüstenwanderung, als die Juden nach dem Auszug aus der Sklaverei in Ägypten vor der Grenze von Kanaan standen, schickte Moses zwölf Kundschafter in das Gelobte Land. Sie sollten erkunden, ob dort tatsächlich »Milch und Honig fließen« … oder eventuell Gefahren lauern.

Zehn von den zwölf Auserwählten hatten Angst, so wie die Mehrheit der geflüchteten Juden: Obwohl sie mit dem Exodus Religionsgeschichte schrieben und sich alle über ihre neue Freiheit freuten: die Unsicherheit, die damit kam, ließ sie nicht ruhen. Als Sklaven waren sie zwar Tag für Tag gedemütigt worden, sie hatten aber ihre tägliche Essensportion und ihre tägliche Routine gehabt. Als freie Menschen mussten sie sich selbst kümmern. Plötzlich standen sie vor einer unsicheren Zukunft.

Mit diesen »G'tt bewahre«-Gedanken im Hinterkopf traten die zehn Kundschafter ins Land Kanaan ein: Ihre Einstellung sorgte dafür, dass ihre Vorurteile und Ängste bestätigt wurden. Man findet meistens das, was man erwartet, wenn man seine Augen vor anderen Dingen verschließt.

Der Großteil der Kundschafter sah nur die mächtigen Feinde, die im Land weilten. Mit ihnen würden es die Juden nicht aufnehmen können, dachten sie. Während die anderen das Volk mit Gerüchten erschreckten, sahen zwei der Gesandten etwas anderes. Kaleb und Joschua, die zwei Kundschafter, die ohne die »G'tt bewahre«-Vorstellungen auf die Entdeckungsreise gegangen waren, sahen ein Land, in dem Honig und Milch flossen. Nach ihrer Rückkehr wurden Kaleb und Joschua für ihre positive Grundhaltung von den Juden fast gesteinigt. Erst eine Offenbarung G'ttes rettete sie und führte die Juden dazu, ihre Wüstenwanderung Richtung Kanaan fortzusetzen. So eine göttliche Offenbarung dürfte gern ab und zu auch mir zu Hilfe kommen. Ich habe auch häufig das Gefühl, dass mich einige wegen meiner publizistischen Beiträge und meiner öffentlichen Stellungnahmen »steinigen« wollen.

Wie Kaleb und Joschua unternehme ich meine Entdeckungsreise ohne »G'tt bewahre«-Einstellung. Die schlechten Erinnerungen meiner Vorfahren haben in meinem Kopf keine Vorurteile hinterlassen. Es ist eine Erleichterung.

»G'tt bewahre«, habe ich auch von meinem Vater sehr oft gehört. Als ich zum Studium von der Kleinstadt Sopron nach Budapest gezogen bin, ließ ihn die Angst nicht los, dass ich in der großen Stadt alleine sein werde, dass ich auf »die schiefe Bahn« geraten könnte. Er hat mich einige Wochen lang täglich auf dem Handy angerufen. »Armer Ármin!«, grüßte er mich dann jedes Mal. Auch wenn wir uns heute treffen, äußert er jedes Mal sein Erstaunen, dass es mir gut geht. Es sei eine schöne Überraschung, dass mir nichts Schlimmes passiert sei und dass ich so erfolgreich meinen Weg gehe, wie er mir einmal in einer netten kleinen Budapester Konditorei erklärte. Meine Erzählungen über die Erfolge erreichen ihr Ziel. Ich schätze sehr die neue Ruhe.

Leider sind viele von uns europäischen Juden noch nicht

zur Selbstreflexion bei einem Stück Sahnetorte gekommen. Sie reden weiterhin ausschließlich von Risiken, Gefahren, Lebensbedrohungen. Die Allgegenwart von Antisemitismus, der Erinnerung an den Holocaust und der bedingungslosen Unterstützung für den Staat Israel beherrscht das Leben vieler europäischer Juden. Meines ebenfalls, da ich ständig damit konfrontiert werde. Und leider lassen sich auch viele Nicht-Juden von diesem Diskurs beeinflussen – was sollten sie auch sonst tun?

Angst vor Judenfeindlichkeit ist seit Jahrhunderten Teil der jüdischen Identität, besonders unter europäischen Juden. Wir lebten in einer Welt, die uns nicht willkommen hieß, uns im besten Fall tolerierte, aber nie ganz akzeptiert hat, im schlimmsten Fall verfolgte und ermordete. Die ersten Synagogen wurden schon unter den Römern zerstört. Im mittelalterlichen Spanien wurden wir sogar dann gefoltert, wenn wir zum Christentum übergetreten waren. In der Sowjetunion gab es auch nach dem Holocaust noch antisemitische Schauprozesse. Der Antisemitismus ist ein wesentlicher Bestandteil unserer Geschichte und unserer Identität.

Die Angst kam aus Reflex, sie war eine Antwort darauf – und sie hielt die jüdische Gemeinschaft wach. Juden lebten schon lange vor Hitler in Ghettos. Sie wurden im Mittelalter dazu gezwungen, Angst zu haben. Wir isolierten uns als Selbstverteidigung gegen die für uns unheimliche und unberechenbare Mehrheitsbevölkerung. Wir waren die Geflüchteten und »Ausländer« von gestern, obwohl wir »schon immer« da waren. Das prägt unser kollektives Gedächtnis in Europa noch heute. Dem jüdischen Establishment zufolge gibt es noch immer gute Gründe, auf dem alten Kontinent diese Angst zu empfinden. Und wie in der mittelalterlichen jüdischen Schrift *Aussprüche des Rabbi Eliezer* steht: »Wenn der Hirte einen falschen Weg nimmt, wird auch die Herde den falschen Weg nehmen.« (Pirkei de-Rabbi Eliezer 42).

Im November 2013 wurde eine von der Europäischen Union finanzierte Online-Umfrage veröffentlicht, in der knapp 6000 Juden aus acht Mitgliedstaaten zum Antisemitismus befragt wurden. 66 Prozent der Befragten hielten Antisemitismus in ihrem Land für ein großes Problem. 76 Prozent gaben an, dass es heute mehr Antisemiten gibt als je zuvor. 59 Prozent begegnen regelmäßig »antisemitischer Hetze« in den Medien. 54 Prozent finden, dass es »mehr antisemitische Straftaten gegen Juden auf der Straße« gibt. Und 29 Prozent haben schon daran gedacht, ihr Heimatland deswegen zu verlassen.

Diese Online-Umfrage wurde auch in Deutschland durchgeführt. Idealerweise wäre es eigentlich – wie ein Freund zu sagen pflegt – Wurscht, was die Ergebnisse einer Online-Umfrage sind. Denn Online-Umfragen sind nicht repräsentativ, da sie eine bestimmte Klientel – die Wutbürger, die aufgeregten Sich-Beschwerer – überproportional abbilden. Sogar in dem veröffentlichten Bericht zur Studie steht auf Seite sieben, dass diese Methode »nicht dazu ausreicht, eine Zufallsstichprobe zu bieten, die den Erfordernissen einer repräsentativen Statistik genügt«. Außerdem ist es ziemlich subjektiv, was man überhaupt als Antisemitismus bezeichnet: Kritik an Israels Kriegen oder der Boykott Israelischer Waren und Produkte durch die Linken, dies bekommt oft automatisch die Bezeichnung antisemitisch, obwohl das nicht immer gerechtfertigt ist.

Trotzdem haben nach der Veröffentlichung der Ergebnisse die Mainstream-Medien in Deutschland und ganz Europa wochenlang darüber berichtet. Die Zahlen waren trotz der fragwürdigen Methode zu verheerend, zu verlockend, um darüber nicht zu sprechen. »75 Jahre nach der

Reichspogromnacht machen Juden in Europa sich wieder zunehmend Sorgen um ihre Sicherheit«, berichtete die Tagesschau.[37] Auch wenn es fraglich ist, inwieweit diese explizit nicht repräsentative Online-Umfrage tatsächlich für die Juden in Europa spricht. Die Titel der internationalen Zeitungen hingegen kannten keine Zweifel. *The Guardian* aus London schrieb: »Der Antisemitismus nimmt zu, laut EU-Studie«[38], und *Al Jazeera* titelte: »Der Antisemitismus nimmt zu in Europa.«[39]

Die Ergebnisse jedenfalls passen in das allgemeine Denkschema der etablierten Juden in Deutschland: 63 Prozent der deutschen Befragten würden »nie eine Kippa auf der Straße tragen«, 25 Prozent haben schon überlegt, ihr Heimatland Deutschland zu verlassen, denn es gebe hier eine »Lawine von Antisemitismus«. 61 Prozent der Befragten definierten Antisemitismus als »das größte Problem in Deutschland«. Zu meiner Erleichterung haben zumindest die ungarischen Juden Arbeitslosigkeit zur größten Herausforderung in ihrem Land gekürt.

Insgesamt bleibt aber ein fahler Beigeschmack bei der Studie. Neben ihrer fragwürdigen Methodik und der unkritischen Verwendung ihrer Ergebnisse in der Berichterstattung kann ich bei diesen Ergebnissen über meine jüdischen Glaubensbrüder und -schwestern nur den Kopf schütteln. Und wenn ich mich zu sehr darüber ärgere, denke ich an den bekannten jüdischen Witz:

> *Schmuli, was hast du beim Radiosender gemacht?*
> *I-i-i-ich ha-habe mich als M-m-m-oderator be-be-worben.*
> *Haben sie dich eingestellt?*
> *N-n-ö, das s-s-sind al-les A-a-antisemiten!*

Antisemitische Parolen, die mir auf meinem Lebensweg entgegenschlugen, haben mir damals wehgetan. Jetzt, von Neukölln aus zurückblickend, klingen sie eher absurd als gefährlich. Es dauerte tatsächlich eine Weile, bis ich meine Haltung gegenüber verbaler Gewalt ändern konnte. Gelassenheit muss erlernt werden. Es auszuhalten, ist am Anfang schwer und danach sehr befreiend. Jetzt lache ich über den Mann, der meine »jüdische Mutter« im Bus beschimpfte. Ich lache über die Jugendlichen, die mich zuerst auf Ungarisch beschimpft haben (»Rohadt zsidó!«) und, als ich darauf nicht reagiert habe, es auf Englisch wiederholten (»Fucking Jew!«). Ich lache über den Mann hinter der hässlichen Sonnenbrille, der mich mitten auf der Wesselényi-Straße neben der Großen Synagoge anhielt, mir in die Augen starrte und sagte: »Ich hasse diese Gegend, weil sie voller Juden ist.« Jetzt finde ich mein »Date« mit dem netten, eigentlich voll sympathischen Jungen in dem Café in der Királystraße auch eher lustig, der nach 15 Minuten aufstand und mich im Café sitzen ließ, als er erfuhr, dass ich Jude bin. Ich werde auch diejenigen Berliner belächeln, die mich nach Erscheinen dieses Buches auf der Straße erkennen und antisemitisch beschimpfen.

In der Nacht vom 24. Dezember 2012 wollte ich zur Christmette in die Kirche am Rózsák Platz in der Innenstadt von Budapest. Ich wohnte unweit von dieser Kirche, die ich schon immer bewundert habe. In dem Schnee, in der Dunkelheit, leicht beleuchtet sah dieses prachtvolle Stück der Neugotik des 19. Jahrhunderts noch atemberaubender aus als sonst. Der Architekt des Gebäudes ist der gleiche, der auch das Gebäude des ungarischen Parlaments entworfen hat. Imre Steindl (1839–1902), einer meiner Lieblingsarchitekten.

Kirchen sollen offene Orte sein. Doch an diesem Abend blieb mir der Eintritt verwehrt. Am Eingang begegnete mir ein Mann im besten Alter und fragte laut und deutlich vor allen anderen: »Was suchst du hier, Jude?« Woher er mich erkannte, weiß ich nicht, ich wagte nicht, ihm Fragen zu stellen, und ging weg. Im Sommer desselben Jahres in einer heißen Nacht fragte mich ein junger Mann in meinem Alter, nachdem er mir einen Blowjob gab, ob ich jüdisch sei. Nicht wegen meinem beschnittenen Penis, »das haben ja auch Nicht-Juden«, erklärte er mit großer Weisheit. »Warum dann?!«, wurde ich endlich die Frage los, die in mir seit Monaten brodelte. Ich habe ein jüdisches Gesicht, meinte der Junge achselzuckend.

Den Satz: »Du hast ein jüdisches Gesicht«, hörte ich nicht zum ersten Mal in dieser Sommernacht. Wenn ich nachfrage, warum sie mein Gesicht für jüdisch halten, können die Menschen keine rationale Begründung liefern. Diese Leute erkennen den Juden von Natur aus. Als ob es ein Instinkt im Menschen wäre.

Mir ging es in Ungarn als Jude trotz dieser Ereignisse immer gut. Ich hatte viele Freunde, hatte einen Arbeitsplatz als Deutsch- und Niederländischlehrer, war erfolgreich sowohl in meinem Studium als auch im sozialen Engagement. Ich hätte schon damals mit niemandem tauschen wollen. Heute in Berlin ist es genauso.

Die meisten ungarischen Juden wohnen in Budapest, sind gut gebildet, gehören zur Mittelschicht und sind selten rassistischer Gewalt ausgesetzt. Die Hälfte der ungarischen Bevölkerung lebt aber unter der Armutsgrenze, das Grundgesetz verbietet Obdachlosen, auf der Straße zu wohnen, lokale Verwaltungen auf dem Land lassen Roma in tiefer Armut dahinvegetieren, Rechte der Geflüchteten oder der LGBTQ-Gemeinschaft stehen nicht mal zur Debatte.

Romafamilien werden auf dem Lande von Neonazis getötet. In Deutschland brennen Moscheen und Heime der Geflüchteten, aber wenige stört das. Jährlich werden Hunderte Ausländer angegriffen, und trotzdem lese ich nur über die Angst der jüdischen Gemeinde, selten kommen Muslime zu Wort. Und seltsamerweise gibt es keine EU-Online-Umfragen über die Gefühle und Ansichten der europäischen Roma oder Muslime. Und auch wenn zufällig einige solcher Studien durchgeführt werden: Niemand redet darüber, ihre Probleme sind unterrepräsentiert. Diese Öffentlichkeit sollte eigentlich auch für anderen gelten – dafür sollten wir einstehen. Wir Juden gehören zum Mainstream – wir können es uns leisten, die Aufmerksamkeit zu teilen.

Die oben genannte EU-Studie weist auf ein Problem hin, das mir mehrmals persönlich begegnete. Aber man muss Augenmaß walten lassen und keine falschen Verallgemeinerungen daraus ableiten.

Nach der Veröffentlichung der Studie gab der Europäische Jüdische Kongress (EJC) ein Statement heraus, in dem er die europäischen Politiker aufforderte, sich gegen den Anstieg von antisemitischen Straftaten einzusetzen. Dabei bezogen sie sich auf die Ergebnisse dieser Studie als Beweis dafür, dass Antisemitismus auf dem Kontinent zunimmt. Erstens: Es ging in der Studie nicht um Taten, sondern um die hundertprozentig subjektive Wahrnehmung von 6000 europäischen Juden zum Thema Antisemitismus. Dabei ließen die Befragten die Option, ihr Empfinden zu konkretisieren, meist ungenutzt. Man muss solche Stimmungsbilder durchaus ernst nehmen, man darf sie aber nicht instrumentalisieren, um seinen eigenen, nicht zutreffenden Standpunkt zu »beweisen«.

Wovor haben übrigens »die Juden in Europa« am meisten Angst? Hauptsächlich vor Muslimen und Migranten.

Im Januar 2012 nahm ich als Vertreter der Synagoge Sim Schalom aus Budapest an einer Konferenz des Verbands der liberal-jüdischen Gemeinden Europas teil. Es ging dort überwiegend um Muslime als Bedrohung, die Veranstaltung trug den folgenden Titel: *Progressive Pro-Israel Leadership Seminar.* Es gab viele Reden, einige gute, einige weniger gute. Dann trat eine Person ans Pult, die etwas anderes sagte als die anderen. Sie fragte sich, warum nicht mehr Leute aus unseren Reihen Parteien wie die rechtspopulistische *Front National* unterstützten. Sie rief dazu auf, die Botschaften einer Marine Le Pen, und damit auch ihres Vaters Jean-Marie Le Pen, ernst zu nehmen. Mein Atem stockte. In Paris begegnete mir der latente und weniger latente Rassismus unter Glaubensgeschwistern so klar und deutlich, dass ich es zunächst nicht fassen konnte. Zu meiner Erleichterung war ich nicht der Einzige, der gegen diese Rede protestierte: Ein Drittel der Delegierten hob plötzlich demonstrativ ihre Hände in die Luft. Sie kannten zu viele Muslime, um antimuslimische Vorurteile zu haben.

Aber auch in Deutschland wird das Verhältnis zwischen Juden und Muslimen häufig medial sehr unausgewogen dargestellt oder für Stimmungsmache instrumentalisiert.

»Wer von euch ist der Jude?«, fragte die TV-Journalistin ungeduldig. Ich befand mich wieder einmal bei einem »Wie geht es unseren Juden in Deutschland«-Interview eines öffentlich-rechtlichen Fernsehsenders. Dutzende Male habe ich, in der kurzen Zeit, in der ich in Deutschland wohne, solche Interviews absolviert. Obwohl ich von diesen Interviewformaten nicht so viel halte, weil sie immer so tun, als ob andere Minderheiten nicht Opfer fremdenfeindlicher Gewalt- und Straftaten in Deutschland wären, sage ich fast immer zu. Wenn ich es nicht machen würde, würde jemand anderes zusagen, der dann eventuell zur Unterstützung des *Front National* aufruft oder von No-go-Areas für Juden in Berlin spricht.

Das Interview war mit mir und Ozan vereinbart und fand in einer gemütlichen türkischen Bäckerei auf der Hermannstraße in Berlin-Neukölln statt. Der Eigentümer schaute uns von hinter der Theke gespannt zu. Es komme nicht jeden Tag ein Kamerateam in seiner Bäckerei vorbei, er hatte sogar einen Freund eingeladen, einen älteren Herrn im grauen Anzug, damit sie gemeinsam das Spektakel erleben konnten.

Die junge Journalistin ließ die Scheinwerfer auf uns richten, dann stellte sie mir dramatische Fragen am laufenden Band: Bedrohen dich die krassen Jungs von Neukölln, du weißt schon, die Araber? Hast du nach den antisemitischen Terroranschlägen in Paris und Kopenhagen keine Angst, in Europa zu wohnen? Überlegst du, nach Israel zu ziehen?

Ich schaute die Frau hinter dem grellen Licht verblüfft an. Will sie, dass ich Berlin verlasse? Wünscht sie sich ein judenfreies Europa? Arbeitet sie im Wahlkampfteam von Benjamin Netanjahu, der nicht müde wird zu betonen, uns europäische Juden nach Israel holen zu wollen?

Nach dem Anschlag in Kopenhagen, bei dem ein verstörter palästinensischer 22-Jähriger einen jüdischen Wachmann vor einer Synagoge erschoss, bildeten in Oslo 1300 Muslime einen Friedensring um das jüdische Gotteshaus. Darüber sprach die Journalistin nicht. Auch meinen muslimischen Freund ignorierte sie während des Interviews, obwohl Freundschaft zwischen Muslimen und Juden in Europa zur Normalität gehört.

Paris und Kopenhagen sind die Ausnahmen, die seltenen Beispiele für das Scheitern jüdisch-muslimischer Beziehungen im großen konfliktgeladenen Kontext. Der Terror richtet sich häufig genug gegen Minderheiten, wenn sie – wie Juden – wichtig für das Selbstbewusstsein Europas sind, dann erst recht. Im koscheren Supermarkt in Paris rettete Lassana Bathily, ein muslimischer Mitarbeiter des Geschäfts, wie selbstverständlich das Leben mehrerer Juden: Als der Geiselnehmer in den Supermarkt eindrang, flüchteten einige Kunden im hinteren Bereich des Geschäfts in den Keller, wo sie Bathily trafen, der sich mitten im Gebet befand. Als er Schüsse hörte, versteckte der junge Mann die Gruppe im Kühlraum des Ladens und betreute die Menschen dort. Auf einer alltäglichen Ebene funktionieren jüdisch-muslimische Beziehungen genauso wie die zwischen anderen Religionen und Kulturen.

Muslime und Juden sind keine natürlichen Feinde. Weder in Frankreich, noch in Deutschland oder anderswo in Europa. Unsere Feinde sind die Chauvinisten, Nationalisten, Fundamentalisten auf allen Seiten, diejenigen die zu Gewalt und Hass aufrufen. Wir dürfen nicht zulassen, dass wir von ihren Konfliktphantasien in unserem Denken und Handeln beeinflusst werden.

Dennoch läuft es immer wieder auf diese Phantasien hinaus. So wie im Juli 2014 in Berlin. Damals kam es in ganz Deutschland zu Demonstrationen gegen Israels Krieg in Gaza. In Berlin gab es praktisch jeden Tag mindestens eine Demo. Die überwiegende Mehrheit dieser Pro-Gaza-Kundgebungen waren friedlich, einige wurden sogar von der progressiven israelischen Gemeinde in Berlin organisiert. Darüber berichteten die deutschen Mainstream-Medien nicht. Aber über die antisemitischen Parolen, die bei *einer* Kundgebung skandiert wurden, schon. Und mehrfach.

Laut Polizeiangaben hatten 50 Männer am Rande einer Kundgebung am Kurfürstendamm »Hamas, Hamas, Juden ins Gas« gerufen. Solche Parolen verurteile ich zutiefst. Aber ich finde trotzdem, man muss die Kirche im Dorf las-

114

sen. Es war eine Aktion von höchstens 50 Leuten. Meine israelische Freundin, die an dieser Kundgebung teilgenommen hat, um sich mit den Opfern in Gaza zu solidarisieren, hat diese Parolen auch mitbekommen. Sie ging aber nicht weg, weil sie wusste, dass es der Mehrheit der Demonstranten nicht ums Vergasen von Juden ging.

Bei dieser Veranstaltung gab es nicht nur Leute, die »Judenschweine« brüllten, sondern in der ersten Reihe ebenso Menschen, die ihr Mitgefühl mit Gaza ausdrücken wollten. Außerdem gibt es fünf Millionen Muslime in Deutschland, und wenn 50 von ihnen antisemitische Parolen verwenden, dann heißt das erst mal nicht viel mehr als: 50 von fünf Millionen. 50 von Zehntausenden, die in diesem Sommer in Deutschland auf die Straße gingen. Eine extremistische Randgruppe, so wie sie (leider) in fast jeder Gesellschaft existieren.

In der *Bild-Zeitung* erklärte Henryk M. Broder, dass die Antisemiten von heute »nicht mehr Heil Hitler, sondern *Allahu Akbar* schreien« würden.[40] Wenige Tage später knüpfte Nicolaus Fest, damaliger Vize-Chefredakteur der *Bild am Sonntag*, genau dort an und sprach von »importiertem Rassismus«.[41] Als ob es im Deutschtum daran je gemangelt hätte. Der Zentralrat der Juden in Deutschland reagiert leider auf diese rassistischen Parolen sehr ähnlich. Dieter Graumann, damaliger Vorsitzender des Zentralrats, sah zum Beispiel das Jahr 2014 als die »schlimmste Zeit seit der NS-Zeit«.[42] Der israelische Botschafter war noch konkreter. Yakov Hadas-Handelsman sagte, dass ihn die Atmosphäre auf den deutschen Straßen an das Jahr 1938 erinnere. In Berlin werden Juden so verfolgt wie damals, erklärte er.[43]

Ich frage mich, was die Eltern von Dieter Graumann oder Yakov Hadas-Handelsman, die den Holocaust am eigenen Leib erlebt haben, zu dieser Feststellung sagen wür-

den. Ich überlegte mir für einen Moment, die beiden Herrschaften wegen Relativierung der NS-Verbrechen anzu-
zeigen – aus pädagogischen Gründen. Spielt nicht mit der
Schoa! Am Ende entschied ich mich gegen diesen sehr deutschen Impuls, ab und zu sollte ich mich mehr mit meinem
Studium an der Universität und am Rabbinerseminar beschäftigen.

In diesem Sommer 2014 war ich noch neu in Berlin und
am Abraham-Geiger-Kolleg. Schon im ersten Kollegs-
semester hatten wir eine Pflichtveranstaltung mit dem Titel *Antisemitismus in Europa*. Mir wurde gesagt, dass diese
Veranstaltung hauptsächlich unseretwegen, wegen der
neuen Studenten aus Ungarn, stattfinde. Ich saß also mit
meinen neuen Kommilitonen in der Bibliothek im dritten
Stock des grauen Charlottenburger Bürogebäudes. Die
Luft stand in diesem Raum und war schwül wie immer.
Da halfen auch die winzigen Fenster zur Außenwelt nicht.

Wir, die zukünftigen Rabbiner Europas, hörten unserem
israelisch stämmigen Dozenten zu, den wir alle lieben, weil
er, kurz gesagt, der Beste ist. Er hatte uns gerade die unterschiedlichen Motivationen von antisemitischen Äußerungen und Handlungen erklärt und fragte nun im Anschluss
nach unseren Erfahrungen. Eine Weile sagte niemand etwas, dann deutete jemand auf mich und sagte, ich sei doch
aus Ungarn, hätte da also bestimmt viele Erfahrungen machen müssen. Daraufhin erhob sich Fabian, ein damaliger
Kommilitone von mir (jetzt schon ordinierter Rabbiner):
»Gibt es wirklich kein größeres Problem in Europa als Antisemitismus?«

Es wurde still, und er fuhr fort: »Sind es nicht die Moscheen, die brennen? Sind es nicht die Afrikaner, die auf der
Flucht im Mittelmeer ertrinken? Sind es nicht die Roma,
die umgebracht werden?« Während er sprach, schloss ich

ihn sofort in mein Herz – rein platonisch natürlich. Fabian stellte genau die Fragen, die mir, seitdem wir in dieser stickigen Kammer saßen, durch den Kopf gingen, die ich mir als Neuling aber noch nicht zu stellen gewagt hatte. Umso überraschter war ich, als sich während der Diskussion herausstellte, dass mehr als ein Drittel der anwesenden Rabbinerstudenten seine Sichtweise teilten.

Nach dem Unterricht fiel mir beim Abendgebet im Gebetsbuch die Zeile »*Emet we-Emuna*« auf: »Wahrheit und Vertrauensgrund ist dies alles und unerschütterlich für uns, dass Er, G'tt, unser G'tt ist und nicht außer Ihm und wir Jisrael sein Volk sind, der uns aus der Hand von Königen frei gemacht hat (…), der uns auf die Höhen unserer Feinde führt und unser Horn über alle unserer Hasser hob (…), da er sein Volk Jisrael aus ihrer Mitte zu ewiger Freiheit führte.« Ja, das ist tatsächlich wahr, es ist *Emet*!

Emet ist das hebräische Wort für Wahrheit – und einer der Namen G'ttes: Auf Hebräisch wird *Emet* mit den Buchstaben Aleph, Mem und Taw geschrieben, dem ersten, mittleren und dem letzten Buchstaben des hebräischen Alphabets. Nach der rabbinischen Auslegung weist das darauf hin, dass die Wahrheit alles umfassen soll, vom Anfang bis zum Ende. Wie der Psalmist schreibt: »Wer weilet, Ewiger, in deinem Zelt, wer wohnt auf deinem heiligen Berg? Der fehlfrei wandelt, rechtens schafft und Wahrheit spricht, in seinem Herzen trägt, was ihm auf der Zunge, nicht herum tut dem Genossen Arges, nicht lädt keinen Schimpf auf seinen Nächsten.« (Psalmen 15:1–3)

Nicht gemeinsames Humus-Essen, sondern Wahrheit zu sprechen ist die Basis eines friedlichen Zusammenlebens: Wenn wir den Buchstaben Aleph vom Anfang des Wortes Emet wegnehmen, bekommen wir ein neues Wort: *Met* – Tod.

Leider wird die Wahrheit, die »am objektivsten« ist, die Wahrheit der Wissenschaftler im Großen und Ganzen ignoriert. »Einige haben blödsinnige Parolen gerufen. Das wird von Interessenten mit großem Medienhall als Wiederaufflammen des Antisemitismus dargestellt, als sei es so schlimm wie nie zuvor«[44], kommentierte der Antisemitismusforscher Wolfgang Benz die Aussagen von Graumann und Hadas-Handelsman. Wolfgang Benz, Juliane Wetzel, Peter Ullrich und andere angesehene Antisemitismusforscher betonen vergeblich in zahlreichen Studien, Büchern und Interviews immer und immer wieder, dass antisemitische Parolen auf einigen wenigen Demonstrationen nicht nur aus wissenschaftlicher Perspektive keinen Anlass geben, die Lage im Jahr 2014 mit dem Schrecken vom Jahr 1938 zu vergleichen. Es gehe weder um einen Haufen Idioten, die man einfach ignorieren könne, noch um eine Antisemitismus-Lawine, so Benz. »Zwar kann im Vergleich mit anderen politisch motivierten Delikten nicht von einem besonders hohen Ausmaß antisemitischer Straftaten gesprochen werden. Gleichwohl stehen solche Taten für ein kontinuierlich präsentes Alltagsphänomen in Deutschland«, steht im Antisemitismusbericht des Deutschen Bundestages aus dem Jahr 2012, der diese Einschätzung mit statistischen Daten belegt. Die Methode zur Datenerhebung scheint dabei doch deutlich akkurater als eine Online-Umfrage zu sein.

Der Antisemitismusbericht des Bundestages erklärt, dass 20 Prozent der Bürger in Deutschland offen für antisemitische Gedanken sind, also jeder fünfte Deutsche latent antisemitisch ist. Entgegen den vielen Behauptungen gibt es aber keinen Anstieg von antisemitischen Straftaten in Deutschland. (Alle Angaben in absoluten Zahlen:)

Antisem. Straftaten	2001	2002	2003	2004	2005	2006	2007	2008	2009	2010
Rechtsextremisten	1929	1594	1226	1346	1682	1662	1561	1496	1520	1192
Linksextremisten	2	6	6	4	7	4	1	5	4	1
Ausländer	31	89	53	46	33	89	59	41	101	53
Sonstige	29	82	59	53	26	54	36	17	65	22
Gesamt	1691	1771	1344	1449	1748	1809	1657	1559	1690	1268

(Angaben vom Antisemitismusbericht 2012)

Antisem. Gewalttaten	2001	2002	2003	2004	2005	2006	2007	2008	2009	2010
Rechtsextremisten	27	30	38	40	50	44	61	44	31	31
Linksextremisten	0	1	0	1	1	0	0	2	0	0
Ausländer	1	7	7	3	3	7	3	1	9	6
Sonstige	0	1	1	1	2	0	0	0	1	0
Gesamt	28	39	46	45	56	51	64	47	41	37

(Angaben vom Antisemitismusbericht 2012)

	2013	**2014**	**2015**
Straftaten	1224	1551	1330
Gewalttaten	51	45	36

(Angaben der Bundesregierung 2016)

Daraus geht auch hervor, dass im Bereich der Antisemitismusbekämpfung noch viel Arbeit vor uns liegt. Denn es gibt ihn, den Antisemitismus. Was aber anhand dieser Zahlen hervorgehoben werden muss: Mehr als 95 Prozent aller antisemitischen Gewalt- und Straftaten werden in Deutschland durch Deutsche ohne Migrationshintergrund verübt. Dabei wird in absoluten Zahlen eine deutliche Mehrheit der registrierten antisemitischen Übergriffe von Rechtsextremen, nicht von Migranten begangen. Zum Beispiel stammten im zweiten Quartal 2014 86 von 90 registrierten antisemitischen Straftaten aus dem rechtsextremistischen Milieu, und nur hinter vier Fällen standen »Ausländer«, nach Angaben der Bundesregierung. Migranten und Deutsche aus Einwandererfamilien tauchen in der Statistik kaum auf, wenn es um antisemitische Gewalt- und Straftaten geht. Normalerweise kommen jährlich ein bis drei Prozent aller Straftäter aus dem migrantischen Milieu. Wenn es in Nahost brennt, ist ihr Anteil in der Tat höher, wie das auch im Jahr 2014 der Fall war: allerdings nicht höher als in anderen »Kriegsjahren«, zum Beispiel 2009. Eine Regel, die schon im Mittelalter durch Rabbi Mosche von Coucy erkannt wurde: Wenn Juden Nicht-Juden beschädigen, wird der Hass auf die jüdische Gemeinschaft größer. Aber so wurden auch im Jahr 2002, zur Zeit der Massaker in Dschenin, oder 2006 im Zuge des Libanon-Krieges, oder 2009 beim Gaza-Krieg nicht mehr als fünf bis sechs Prozent der Angriffe von Migranten begangen.[45]

Leider wissen das nur wenige, und deswegen kann zum Beispiel eine russischstämmige jüdische Bekannte von mir sagen, dass sie nie im Leben mit der Linie U7 fahren würde, weil die U-Bahn dort voll mit »Arabern aus Neukölln« ist. Wenn jemand trotzdem behauptet, dass die sogenannten muslimischen Gegenden für Juden gefährlich seien, schürt er antimuslimische Vorurteile und verhindert einen ehrlichen

Dialog über den Antisemitismus der Gesamtgesellschaft: die Mehrheit und Minderheiten inbegriffen.

Im November 2014 organisierten wir mit der jungen interkulturellen Berliner Initiative Salaam-Schalom eine Podiumsdiskussion mit dem Titel *Zwischen Antisemitismus und antimuslimischem Rassismus* in der Werkstatt der Kulturen in Neukölln, unter anderem mit Juliane Wetzel, Forscherin am Zentrum für Antisemitismusforschung an der Technischen Universität Berlin. Für mich persönlich war das ein großes Erlebnis, sie dabeizuhaben, weil ich seit längerer Zeit aus ihren klugen Publikationen zitiere.

Vor dem Podiumsgespräch trafen wir uns in dem gemütlichen Café der Werkstatt. Nachdem wir mit den anderen Referenten den Ablauf der Diskussion gemeinsam besprochen hatten, konnte ich mir die Frage erlauben, die ich ihr schon immer stellen wollte: Konsultiert Daniel Alter, der damalige Antisemitismusbeauftragte der jüdischen Gemeinde zu Berlin, der ganze Stadtteile zu No-go-Areas für Juden erklärt hatte, oder jemand aus dem jüdischen Establishment überhaupt gelegentlich die Antisemitismusforscherin oder ihre Kollegen, bevor sie vor die Öffentlichkeit treten und von »Antisemitismus-Lawinen« erzählen? Sie schüttelte den Kopf. Nie. »Das erklärt einiges«, dachte ich mir. Niemand aus dem jüdischen Establishment Deutschlands befragt Wissenschaftler zum Thema Antisemitismus. Die Zahlen sagen nämlich etwas anderes aus, als der Zentralrat stets behauptet. Frau Wetzel seufzte. Es steckte viel Unausgesprochenes in diesem Seufzer. Würde man die Angaben der Experten ernst nehmen und nicht mit den subjektiven Eindrücken der Betroffenen arbeiten, könnte man nicht von einer Antisemitismus-Lawine sprechen. Unser Land wäre ein Stück ruhiger.

Trotz der klaren Zahlen des Bundestages werden Muslime immer und immer wieder für Antisemitismus verantwortlich gemacht. Sündenböcke zu finden, statt die eigenen gescheiterten Strategien zu überprüfen, ist ein sehr alter Trick. Wir Juden litten jahrhundertelang im christlichen und später im christo-normativen Abendland darunter. Als im August 2014 Andrew Walde, Mitglied der Berliner SPD, durch Kreuzberg und Neukölln mit einer israelischen Fahne am Auto fuhr, war dies der gezielte Versuch, Migranten pauschal als judenfeindlich zu brandmarken. Er wurde »beschimpft, bespuckt, bedroht«, schrieb er und beschwerte sich in den Medien über den »besonderen Antisemitismus« der Migranten. Walde fragte sich, was Juden und Israelis wohl machen könnten, da sie ja »täglich an Leib und Leben« bedroht seien. Ich habe die Antwort auf diese Frage.

Als ich Andrew Waldes Erzählung in der Zeitung las, war ich zunächst empört. Damals war ich in Jerusalem, wo ich Hebräisch studierte, und sah mit meinen eigenen Augen, wie unausgeglichen dieser Konflikt ausgefochten wurde – und wie unausgeglichen der Widerhall in den Mainstream-Medien war. Während ich mit Niv und Noam, zwei einheimischen Freunden, an der Jafo Straße in der Jerusalemer Innenstadt in einem Café saß, wurden Hunderte Menschen ein paar Kilometer südwestlich von uns von der israelischen Armee umgebracht. Kurz danach bekam ich eine Anfrage vom Online-Magazin *Neukoellner.net*, um die Geschichte des SPD-Genossen mit der Israelfahne zu kommentieren. Ich musste meinen Kommentar mindestens fünfmal umschreiben, nicht weil meine Grammatik so schlecht wäre, nein, einfach weil ich so wütend war. »Ármin, nicht hyperventilieren!«, urteilte mein Freund bei den ersten vier Versionen, die er gegenlas, was bei Weitem nicht so einfach war, wie es klingt.

Denn Walde hat nicht mit uns Juden von Kreuzberg und Neukölln gesprochen. Er spricht nur *über* uns. Typischer Parteipolitiker? Wir, die jüdischen Mitglieder der Salaam-Schalom-Initiative, haben ihm deswegen unsere Antworten auf seine Frage zukommen lassen. »In einer Zeit, in der der Staat Israel den Tod von fast 2000 Palästinensern verursacht hat, mit einer israelischen Fahne zu winken, ist eine stumpfe politische Aktion. Gegen diese Geste zu protestieren, ist keine antisemitische Tat«, schrieb Uri, ein Israeli aus Neukölln. Viele von uns sind ein bisschen empfindlich, wenn uns die Enkel der Täter in einem paternalistischen Ton erklären wollen, was Judenhass ist und wie wir Juden uns in Neukölln verhalten sollen.

Egal wie intensiv Broder, Fest, Walde und die anderen versuchen, Migranten exklusiv für Antisemitismus verantwortlich zu machen, die Statistik wird immer ein anderes Bild zeigen. Genauso wie wir Juden aus dem »Problembezirk Neukölln« es jeden Tag tun.

Die Fokussierung auf die Ausnahme, also auf die islamische Bedrohung und auf die antisemitischen Straftaten begangen von Muslimen, nutzt vor allem dem Wahlkampf von Benjamin Netanjahu. In »Eurabia« sei es für Juden gefährlich, wiederholt Netanjahu immer wieder. Die israelischen Mainstream-Medien verbreiten seine Ansicht. Für diese Argumentation wird eine schwarz-weiße Welt gemalt, in der Juden und Muslime per se Feinde sind. Netanjahu, Hadas-Handelsman und das israelische Establishment versuchen, den Nahostkonflikt nach Europa zu exportieren, Juden automatisch als bedingungslose Unterstützer der israelischen Regierung und Muslime automatisch als Feinde des Staates und Volkes Israel, also als Antisemiten darzustellen.

Ein friedliches Miteinander von Juden und Muslimen in Europa, namentlich in Deutschland passt nicht ins Bild der offiziellen israelischen Narrative. Hadas-Handelsman weiß höchstwahrscheinlich, dass es keinen Anstieg von antisemitischen Straftaten in Deutschland gibt, er muss die Zahlen kennen, es gehört zu den Pflichtaufgaben seiner Position. Trotzdem verwendet er weiterhin den Begriff der Antisemitismuslawine, so wie viele andere Vertreter des jüdischen und israelischen Establishments es über Jahrzehnte getan haben: Das israelische Außenministerium sprach 2013 von einem »Antisemitismus-Tsunami« – genauso wie die *Guardian*-Autorin Carol Gould schon zehn Jahre davor, im Jahr 2003 –, 1993 sprach die Antidiffamierungsliga über einen bisher nie dagewesenen Anstieg antisemitischer Vorfälle. 1990 redeten alle über den zunehmenden Antisemitismus in Osteuropa. Der Begriff »Antisemitismus-Lawine« rollt und rollt und rollt: »Seit 30 Jahren wird damit Politik und Stimmung gemacht. Natürlich gibt es in Deutschland Antisemitismus. Das ist beklagenswert. Aber es ist ein konstanter Bodensatz in der Gesellschaft und keineswegs eine Lawine, die größer und größer wird«[46], erklärt Wolfgang Benz in einem Interview 2014. Aber wozu soll es einen »jüdischen« Staat geben, wenn es keine Antisemitismus-Tsunami in Europa gibt? Natürlich behaupten das weiterhin die Vertreter und die bedingungslosen Unterstützer der israelischen Regierung. Deswegen redet zum Beispiel der israelische Botschafter davon, dass das Jahr 2014 für Juden so war wie 1938, obwohl die Zahl antisemitischer Angriffe eigentlich stagniert und im Vergleich zu anderen Jahren – zum Beispiel zu den Jahren von 2005 bis 2009 – sogar niedriger ist.

Was sich tatsächlich verschärft, sind die Hetze und Angriffe auf Menschen nichteuropäischer Herkunft und Kultur: auf Migranten, Muslime, Geflüchtete. Das jüdische Establishment hätte die Möglichkeit, sich gegen diese Hetze zu erheben. Wir werden nie vergessen, wie deutlich Stephan J. Kramer, damaliger Generalsekretär des Zentralrats, das Buch von Thilo Sarrazin direkt nach Erscheinen öffentlich verurteilt hat. Solche Stellungnahmen würde ich mir öfter wünschen! Denn die Zeit ist mehr als reif für gegenseitige Solidarität auf oberster institutioneller Ebene, nicht nur auf der Karl-Marx-Straße und auf der Sonnenallee in Neukölln.

Der neue Vorsitzende Josef Schuster rief stattdessen 2015 die Juden Deutschlands auf, keine Kippot in den sogenannten muslimischen Vierteln zu tragen. Er kannte wahrscheinlich das Video des *Vice-Magazins* nicht, in dem ein Jude mehrere Stunden lang in Neukölln und Kreuzberg mit einer Kippa problemlos herumläuft. Schuster konsultierte natürlich keine Juden, die in solchen Gegenden ansässig sind. Etwa eine halbe Stunde nach Schusters Aufruf erreichte mich die E-Mail einer Bekannten. Für sie war sein Aufruf der berühmte letzte Tropfen. Sie müsse jetzt bei Salaam-Schalom mitmachen. Es gebe noch viel zu erledigen, schrieb sie.

Ich war enttäuscht, weil ich zu diesem Zeitpunkt großen Respekt für den neuen Präsidenten des Zentralrates hatte: Schuster verurteilte die Pegida-Bewegung und hatte seine Stimme gegen antimuslimischen Rassismus erhoben. Und auf einmal dieses Interview, in dem Muslime und Juden erneut als Feinde dargestellt werden. In so einer Welt würde ich nicht gerne leben. Zum Glück sieht die Realität anders aus.

Trotzdem reden Vertreter des jüdischen Establishments von einem neuen Exodus westeuropäischer Juden nach Israel und machen dafür den »neuen« Antisemitismus der Muslime verantwortlich. Die progressive israelische Zeitung *Haaretz* recherchierte im Jahr 2014, dass es bei den meisten Israelauswanderern »hauptsächlich finanzielle Gründe« für ihren Umzug gab.[47] Nur 15 Prozent der Auswanderer begegneten Antisemitismus in ihrem Heimatland laut Daniel Benhaim, Direktor des Pariser Büros vom *Sochnut*, der offiziellen Einwanderungsorganisation des Staates Israel. Die jährliche Zahl von 5000 Juden, die aus Westeuropa nach Israel auswandern, kann nicht als Exodus bezeichnet werden. In diesem Tempo würde es mehrere Jahrhunderte lang dauern, bis alle europäischen Juden in Israel leben. Der Begriff »Exodus« wird erstrecht dann ungültig, wenn wir in Betracht ziehen, dass nach Angaben der israelischen Verwaltung jährlich mehr als 4000 Israelis nach Westeuropa ziehen. Uns wird so oft erzählt, dass es in Frankreich bald keine Juden mehr geben wird, obwohl Frankreich die drittgrößte jüdische Einwohnerzahl auf der Welt hat und das sich noch immer nicht ändert. Es geht uns gut in Europa, danke für die Frage.

Im März 2014 nahm ich an einer Podiumsdiskussion über jüdisches Leben in Europa in einer Luxusvilla in Hannover teil: Der Anlass war der 70. Jahrestag der Besetzung Ungarns durch die Wehrmacht und damit der Anfang der Deportation 600 000 ungarischer Juden in die Konzentrationslager der Nazis. Trotz der aktuellen Differenzen zwischen der deutschen und ungarischen Regierung, und obwohl die ungarische Botschaft die Veranstaltung austrug, waren alle dabei: Politiker, Journalisten, Künstler. Der Raum war voll mit älteren weißen, vermutlich heterosexuellen Herren. Ich hatte mir meine schönste Krawatte umgebunden, eine weinrote, die ich von meinem Vater geerbt habe. Ein feierliches Ereignis in der prachtvollen Villa am Rande der Landeshauptstadt. Der niedersächsische Ministerpräsident stand vor uns und eröffnete den Abend mit einer Rede, in der er unter anderem seine Freude ausdrückte, dass jüdisches Leben in Deutschland wieder *normal* sei. Ich saß in der ersten Reihe des Publikums und sah

Csaba, mit dem ich gleich vor dem Publikum große Fragen des jüdischen Lebens diskutieren würde, in die Augen. »Normal?«, fragten wir uns beide.

In der späteren Diskussion stellte uns der Moderator die Frage, ob wir das auch so sähen wie der Ministerpräsident, dass jüdisches Leben in Deutschland tatsächlich wieder Normalität sei. Ich überlegte, wie ich antworten sollte: »Nein, jüdisches Leben in Deutschland ist alles andere als normal«, fing ich ruhig mit meiner Argumentation an. Ich hörte, wie die deutschen Politiker schluckten. Auch Imre, der Sekretär des Botschafters, fing an, auf seinem Stuhl hin und her zu rutschen. Der ungarische Botschafter mit seiner Goliath-Statur in der ersten Reihe beugte sich gespannt vor. Auf seinem Gesicht ein geheimnisvolles Lächeln, wie immer.

»In Deutschland ist jüdisches Leben nicht normal, weil es von Übersensibilität gezeichnet ist«, fuhr ich fort. Die deutschen Referenten auf dem Podium, die vorher die ganze Zeit nur über Antisemitismus unter Muslimen sprachen, guckten mich überrascht an. »In der Öffentlichkeit wird manchmal so lobend von Juden gesprochen, dass es schon nervt«, erklärte ich. »Wenn ich morgens beim Frühstück das Radio einschalte, geht es fast immer um den Holocaust oder um den Staat Israel. Das Judentum bzw. dessen historische Abwesenheit in Deutschland wird so häufig thematisiert, als ob wir in einem Staat leben würden, in dem 50 Prozent der Einwohner jüdisch sind und nicht nur 0,001 Prozent«, sagte ich. Der greise Ministerpräsident saß kerzengerade auf seinem Stuhl und folgte meinen Worten, als ob ich sein Vorgesetzter wäre. Der Botschafter guckte mich mit großen Augen an. Die hochgezogenen Augenbrauen hinter der Brille des Moderators sprachen ebenfalls für sich. »Juden werden in Deutschland wie heilige Kühe behandelt. Normalität kommt erst dann, wenn uns gegenüber dieselben Standards verwendet werden wie gegenüber anderen Minderheiten.« Unsicherer Beifall aus dem Publikum. Später musste ich mich mehrfach am Buffet erklären, das natürlich nicht koscher war, weil gute Juden ~~assimiliert~~ integriert sind und mit Freude ein Bacon-Käse-Sandwich essen.

Ich erlebte dieses übertriebene, nicht ganz authentische Interesse am Judentum, auch auf Salaam-Schalom-Veranstaltungen. Einmal hatten wir zu einer offenen Diskussionsrunde eine alte Dame zu Besuch, die sich öffentlich, mit ihren Tränen kämpfend, vor uns allen »für die Sünden der Deutschen« entschuldigte und um Vergebung bat. Ein anderes Mal kam eine baptistische Frau und schlug vor, die jüdischen Mitglieder unserer Initiative irgendwie zu markieren, so dass die Deutschen die Juden direkt ansprechen könnten. Kurz danach fragte uns ein älterer Herr, warum wir überhaupt muslimische Mitglieder hätten und keine rein jüdische Gruppe seien, Juden seien ja viel wichtiger für Deutschland als Muslime. Eine Journalistin der *FAZ* spricht immer über »die Deutschen und die Juden«, als ob keine Überlappungen möglich wären, egal wie oft ich ihr das schon erklärte. Genauso störend fand ich, als in einem *rbb*-Beitrag über das Engagement einer Synagoge für Geflüchtete der Leiter des Heims der Geflüchteten sich dazu äußerte, dass jüdisches Engagement wichtig sei, weil so die Geflüchteten »sehen, wie leben die hier, wie werden Juden hier *behandelt* im Land«. Als ob wir Außenseiter wären und nicht Teil der Gesellschaft. Ich fühle mich bei solchen Konversationen immer wie im Zoo: »Meine Damen und Herren, schauen Sie sich das hier an: ein lebender Jude!«

Ich weiß, dass der Philosemitismus und der Antisemitismus Hand in Hand gehen: Beide nehmen an, dass wir Juden ein homogenes Kollektiv seien, dass wir alle eine Haltung teilen. Trotz meiner Skepsis nutze ich dieses Interesse der Menschen aus. Es ist mir klar, dass die große Medienaufmerksamkeit, die meine Tätigkeiten und die Aktivitäten der Salaam-Schalom-Initiative begleitet, auch teilweise an dieser Übersensibilität liegt. Viele werden mein Buch auch nur deswegen kaufen, weil es irgendwie um Juden in Deutschland geht. Ich lebe mit dieser Möglichkeit, um die Botschaft der Tora zu verkünden: »Du sollst nicht untätig bei dem Blut deines Nächsten stehen« (Vajikra 19:16) – Ich möchte über die Menschen reden, deren Blut jetzt fließt, die jetzt unterdrückt werden, und dafür brauche ich Öffentlichkeit. Manchmal setze ich auch auf Provokation, die ich aber immer mit Argumenten oder meinem Glauben unterfüttere. Ich spreche über das Blut der Opfer der NSU-Morde, der Tausenden Geflüchteten, die als Folge unserer Arroganz im Mittelmeer ertrinken, und aller Menschen, die in der Bundesrepublik wegen ihrer Hautfarbe oder ihres »Anders-Seins« angegriffen werden.

Natürlich gibt es antisemitische Straftaten in Frankreich, in Schweden, in Ungarn, in Deutschland und überall dort, wo es Juden gibt. Wahrscheinlich auch da, wo es keine gibt. Aber sind sie tatsächlich so tragisch, dass wir jetzt alle diese Länder verlassen sollten, um nach Israel zu ziehen? Laut Bundesinnenministerium handelt es sich in in der Bundesrepublik im überwiegenden Teil der Fälle um Propagandadelikte, Sachbeschädigungen, Volksverhetzung oder Verstöße gegen das Versammlungsgesetz. Man muss differenziert damit umgehen. Nicht so wie das jüdische Establishment.

Die »Antidiffamierungsliga« (ADL), eine Organisation aus den USA, hat im Jahr 2007 über 1500 antisemitische Straftaten in den USA registriert. Der preisgekrönte israelische Dokumentarfilmer Yoav Shamir recherchierte im Jahr 2009 für seinen Film *Haschmatza*, dass es sich bei den drei schlimmsten Fällen jeweils um denselben Sachverhalt handelte: jüdische Angestellte, die an jüdischen Feiertagen arbeiten mussten. Das passiert im selben Land, in dem Schwarze erschossen werden, weil sie einen Kapuzenpulli tragen.

Es gibt antisemitische Straftaten überall und täglich. Das heißt aber nicht, dass wir nicht im Mainstream angekommen wären. Die afroamerikanische Gemeinde gehört ja heute nach 244 Jahren Sklaverei und 87 Jahren Rassentrennung auch zum Establishment in den USA, mit Barack Obama stellen sie sogar den Präsidenten. Trotzdem gibt es noch immer rassistische Angriffe auf Schwarze, und trotzdem existieren viele Vorurteile gegen sie in der weißen Mehrheitsbevölkerung. Zum Mainstream zu gehören bedeutet nicht, dass Hass gegen eine spezielle Gruppe aufhört zu existieren. Zum Mainstream zu gehören, bedeutet aber eine neue Art von Verantwortung, die die Juden früher, als sie nicht einmal Bürgerrechte genossen und von der nichtjüdischen Gesellschaft isoliert lebten, nie hatten.

Mit Personen wie Marx, Freud oder Einstein formen wir seit dem Ende des 19. Jahrhunderts die Weltgeschichte aktiv mit. Seit dem Ende des Holocaust und dem Anfang der Aufarbeitung gehören wir ohne Frage zu Europa. Wer sich heute antisemitisch äußert, verliert seinen Job schon am nächsten Morgen. Es gibt keine politischen Debatten über das Existenzrecht jüdischen Lebens in Europa, vom linken Parteienspektrum bis hin zu rechtspopulistischen Parteien verurteilen alle Parteien antisemitische Straftaten. Es gibt sogar einen Wettbewerb unter Politikern, wer sich zuerst gegen diese Angriffe positioniert. Dabei kommt es zu kurios übereilten Kommentaren: Wie zum Beispiel, als 2004 das jüdische Zentrum in der Rue Popincourt in Paris in Flammen stand. Danach sprachen viele französische Politiker von einem »antisemitischen« Vorfall, obwohl der Täter – wie sich später herausstellte – ein jüdischer Mitarbeiter des Zentrums war.[48] Es gibt keine Schulkinder, die die dunkle Geschichte Deutschlands nicht kennen. Und seit der Gründung des jüdischen Staates, der Atomwaffen besitzt und dessen Armee von *Business Insider* als die elftstärkste Armee der Welt eingestuft wurde[49] und der die größte Weltmacht als Hauptverbündeten hat, ist es nicht ehrlich, zu behaupten, die Juden seien »die ewigen Opfer«.

Die Juden der USA genießen schon länger diese privilegierte Position. Das Selbstverständnis jüdischer Identität ist in den USA anders. Dort waren die Juden schon immer emanzipiert, ein integraler Teil der Gesellschaft. Wie das berühmte Motto der amerikanischen Juden schon im 19. Jahrhundert lautete: *America is Our Zion*. Jüdisches Leben ist kontinuierlich, sie erlebten nicht den Bruch, den Schmerz, die Katastrophe der Schoa.

Lange Zeit wusste ich nichts vom amerikanischen Judentum. Im Frühling 2012 war es so weit: Obgleich ich erst im November 2010 erstmals eine Synagoge besuchte, fühlte ich mich schon bereit, um in einer Jeschiwa in Israel während des Sommers in den Talmud einzutauchen. Ich bewarb mich für ein Stipendium, und dank meines Engagements in der jüdischen Gemeinde zu Budapest bekam ich die finanzielle Unterstützung von der United Synagogue of Conservative Judaism, vom Dachverband der konservativen Synagogen in Nordamerika. Sie ermöglichten mir, zwei Monate lang in der Konservativen Jeschiwa in Jerusalem studieren zu können. Nicht allein die Texte, mit denen wir arbeiteten, waren mir neu. Auch das Setting: Dass ich für eine lange Zeit in einer quasi fremden Stadt mit Menschen aus anderen kulturellen Hintergründen zusammen lernen würde, das kannte ich so nicht.

Die absolute Mehrheit der Studenten stammte aus den Vereinigten Staaten, nur wenige kamen aus anderen Ländern. Das ergab teilweise skurrile Situationen, zum Beispiel als beim Hebräisch-Unterricht in der ersten Sitzung ein Mann aus New York die Lehrerin fragte, wie er diese »Zeichen« erkennen sollte. Er meinte die hebräischen Buchstaben. Es war erstaunlich, erwachsene Menschen zu treffen, die buchstäblich keine Ahnung von Grammatik hatten, die 30, 40, 50 Jahre ohne Fremdsprachenkenntnisse lebten und trotzdem erfolgreich in ihren Bereichen waren – und bestimmt mehr verdienten, als ich je verdienen werde. Obwohl ich am Gymnasium zwei Fremdsprachen neben meiner Muttersprache beherrschen musste.

Die damalige Direktorin der Jeschiwa, Rabbinerin Gail Diamond – eine Frau, die später eine der wichtigsten Personen in meinem Leben wurde –, rief mich und die wenigen anderen nicht-amerikanischen Studenten dazu auf, uns an einem runden Tisch mit dem Titel *Jewish Communities in Europe* zu beteiligen.

Die Veranstaltung fand in der Mittagspause eines Mittwochs in einem Lehrsaal statt. Sechs Studenten saßen am Tisch: eine Frau aus Schweden, ein junger Mann aus Großbritannien, eine Frau aus Frankreich, eine junge Frau aus der Tschechischen Republik, ein Mann aus Italien und ich, der »Ungar«. Rund um uns die angespannt kichernden Amis.

Ich hatte bis dahin die Lücke zwischen amerikanischem und europäischem Judentum nie so stark wahrgenommen. Bis zu diesem Tag. Die Amerikaner hörten erstaunt zu, manchen fiel glatt die Kinnlade herunter. Für sie war es unfassbar, dass junge Juden nicht über ihre Herkunft Bescheid wussten. Sie fanden es unvorstellbar, dass es in einer durchschnittlichen Gemeinde nur ein paar hundert Mitglieder gibt und nicht Tausende. Sie verstanden auch nicht, warum der Holocaust noch immer so eine wichtige Rolle bei uns spielte. Unsere europäische Normalität sah für sie ziemlich abnormal aus, und nach der Gesprächsrunde stand Cynthia aus Los Angeles auf: »I'm totally depressed now«, sagte sie. Ich hatte ein völlig anderes Gefühl in mir: Nicht Depression, sondern Neid. Ich wünschte, ich hätte damals schon gewusst, wie man so locker und klug mit Antisemitismus und dem Trauma des Holocaust umgehen kann. Ich lernte es mit der Zeit. Es tut gut.

Später verstand ich besser, warum es für die Amerikaner so viel leichter war. Sie hatten schon immer eine andere Position in der Gesellschaft. Der erste Hollywood-Film, der sich mit dem Holocaust auseinandersetzte, entstand erst 14 Jahre nach dem Ende des Zweiten Weltkriegs, im Jahr 1959: Das Tagebuch der Anne Frank. Der Film basiert auf dem gleichnamigen Broadway-Stück, das ein großer Erfolg war – hauptsächlich, weil Anne nett lächelt. Es ist nicht ihr Schicksal, das die Theaterkritiker und Journalisten interessant fanden. »Beinahe alle Figuren in *Das Tagebuch der Anne Frank* sind (…) zum Tode verurteilt. Dennoch ist die große Kraft dieses neuen Stückes am Cort, dieses leuchtende, unzerstörbare Leben – Leben mit all seiner Wärme, seinem Zauber, seinen Ängsten und seinem natürlichen, schallendem Witz«, so die Zeitung *New York World Telegram and Sun* am 15. Oktober 1955.[50] Kein Journalist in Europa hätte im Jahr 1955 gewagt, den speziellen Humor eines Anne-Frank-Stückes zu betonen. »Zu viel« über das Leid zu reden war unamerikanisch. Wie William Helmreich, ein Holocaust-Überlebender, sich später erinnerte, lernte er nach seiner Ankunft in Amerika schnell: Wenn er Freunde unter den US-Amerikanern gewinnen will, darf er nicht über seine Erfahrungen in den Konzentrationslagern reden.[51] In den fünfziger Jahren wollten doch alle erfolgreich sein: »Je amerikanischer du dich fühlst, desto weniger stellst du dich ins Licht der Hilflosigkeit«, sagte der Rabbiner Michael Lerner.[52] Ganz so kategorisch sollte es natürlich nicht sein, aber in dieser Haltung steckt etwas sehr Interessantes für das europäische Judentum von heute. Wir könnten manches von ihr lernen.

Im Jahr 1993 hat das American Jewish Committee ein Forschungsprojekt in mehreren europäischen Ländern und in den USA durchgeführt. Den Teilnehmern wurde die Frage gestellt, ob sie wissen, was der Holocaust ist: 38 Prozent der Befragten in den USA wussten die richtige Antwort nicht. In Europa gab es kaum jemanden, der es falsch beantwortete.[53] Absurderweise war es schon kurz nach dem Weltkrieg der jüdischen Gemeinde in den USA unangenehm, über den Holocaust zu reden. Viele Forscher wie Tim Cole, Norman Finkelstein und Peter Novik sehen hinter dieser Haltung politische Motive. Ihrer Meinung nach wollte sich das jüdische Establishment während des Kalten Krieges einfach dem öffentlichen Diskurs anpassen. Der Feind war die Sowjetunion und nicht mehr Deutschland. Den Fokus auf die Verbrechen des neuen deutschen Verbündeten zu legen, wäre gegen die Außenpolitik der USA gewesen. Der Holocaust wurde seitens des jüdischen Establishments ausschließlich im Kontext der sowjetischen Arbeitslager und totalitären Tendenzen thematisiert.[54]

In den Vereinigten Staaten wird die Schoa anders behandelt als in Europa: teilweise aus ideologischen, teilweise aus politischen Gründen. Zeichentrickserien wie South Park (seit 1997) oder Family Guy (seit 1999) – seit meinen Teenagerjahren meine persönlichen Lieblingsshows – spotten fast in jeder Folge über Juden und oft auch den Holocaust in einer Art und Weise, die in Europa einfach unvorstellbar wäre. Der Hauptdarsteller von *South Park*, Eric Cartman, ist klar antisemitisch und macht sich, immer wenn es passt und vor allem wenn es weniger passt, über seinen jüdischen Freund Kyle Broflovski lustig. Ja, die Serie respektiert

Christen, Muslime, Scientologen genauso wenig, aber diese Witze sind nicht fester Bestandteil der Beziehung von zwei Hauptdarstellern.

Bei *Family Guy* hängen die meisten antisemitischen Fälle an der gierigen, feigen, weinerlichen Goldman-Familie. In einer Folge rief der Hauptdarsteller, Peter Griffin, als ihm ein Jude mit der Buchhaltung half: »My God! Is there anything you people can't do? I mean, other than manual labor?« In einer anderen Szene wird behauptet, dass Hollywood-Schauspieler und überhaupt alle Mitarbeiter in der Traumfabrik beschnitten sein müssen. Ein anderes Mal reißt Stewie das klopfende Herz ihrer Schwester aus ihrer Brust und flucht dabei auf Pseudo-Hebräisch. Diese Witze entsprechen allen klassischen antisemitischen Vorurteilen: Trotzdem würde niemand auf die Idee kommen, die Autoren der Serie als antisemitisch zu bezeichnen. Sie treiben einfach mit allen Gruppen einen Scherz und machen dabei keinen Unterschied zwischen der Ehre der Juden, der Schwarzen oder Schwulen. Im Gegenteil: Sie machen sich lustig über Antisemiten, Rassisten und Homophobe.

Und wie reagiert das US-amerikanische Publikum? Bis auf ein paar verrückte Ultrakonservative kriegen die Macher dieser Serien nur positive Rückmeldungen. Ihre Shows sind erfolgreich, beide Serien wurden mehrfach preisgekrönt. Auf Facebook haben diese Shows mehrere Millionen Anhänger aus aller Welt, hier gibt es sogar eine Fanseite für die jüdischen Witze von Eric Cartman. Einer der Macher von *South Park*, Matt Stone, ist übrigens jüdisch. So wie sämtliche Autoren von *Family Guy*. Und nein, höchstwahrscheinlich handelt es sich in diesem Fall nicht um selbsthassende Juden, sondern um Leute, die über sich lachen können. Die wissen, wie man Antisemiten wirklich ärgern kann.

Diejenigen, die sich über diese Shows ärgern, sollten mehr rabbinische Literatur lesen. Es ist kaum zu glauben, aber der

Talmud, die größte Sammlung von rabbinischen Weisheiten, eines der bedeutendsten Schriftwerke der jüdischen und der menschlichen Zivilisation, enthält viele witzige und geistreiche Geschichten, die manchmal fast so lustig sind wie die soeben genannten Shows. Eine wichtige Lehre durch eine lustige Geschichte zu vermitteln war eine beliebte Unterrichtsmethode der Rabbiner: »Ein Mann hatte zwei Frauen, eine jüngere und eine ältere. Die Jüngere pflegte, seine weißen Haare auszureißen (sie wollte, dass alle seine Haare schwarz werden), während die Ältere pflegte, seine schwarzen Haare auszureißen (sie wollte, dass all seine Haare weiß werden). Am Ende blieb nur seine Glatze übrig.« (Baba Kama 60b) Der Text könnte einfach sagen, dass man nicht alle glücklich machen kann – stattdessen bringt er eine Geschichte. An einer anderen Stelle vergleichen die Rabbiner ihre Geschlechtsteile miteinander – ganz wie in einem Umkleideraum einer Fußballmannschaft –, um zu sehen, wer recht hat (Baba Metzia 84). Genauso wie *South Park* und *Family Guy*: Sie packen ihre Lehre in Humor. Und das verstehen die amerikanischen Juden sehr gut.

Angstmache ist nichts für amerikanische Juden. Das Pew-Forschungszentrum hat im Jahr 2013 eine Studie zur jüdischen Identität mit knapp 6000 US-Juden durchgeführt. Die zentrale Frage lautete: »Was halten Sie für das wichtigste Element in Ihrem Jude-Sein?« 73 Prozent nannten die Erinnerung an den Holocaust. Direkt danach folgen die Antworten »ethisches Leben« (69 Prozent) und »soziales Engagement« (56 Prozent). Wenn die Forscher den Holocaust nicht als Identitätsaspekt angeben, sind die Zahlen noch merkwürdiger. Zum Beispiel im Fall einer Studie des American Jewish Committee aus dem Jahr 2004. Da haben 20 Prozent der Befragten »commitment to social justice« als den wichtigsten Aspekt des Judentums bezeichnet. Das hat nur die Kategorie »being part of the Jewish people« mit

43 Prozent überholt. Und nur 6 Prozent der Befragten haben bei dieser Umfrage »support for Israel« als das Wichtigste in ihrem Jude-Sein erkannt.

Im Gegensatz zu den europäischen Juden finden die amerikanischen Juden, dass Lesben und Schwule viel mehr Diskriminierung erfahren als sie. Nach Zahlen einer Gallup-Umfrage über die Akzeptanz der muslimischen Amerikaner aus dem Jahr 2011 sehen Juden sogar mehr antimuslimische Diskriminierung in den USA (66 Prozent) als die Muslime selbst (60 Prozent). Und ja, auch amerikanische Juden begegnen antisemitischer Hetze: 15 Prozent haben bestätigt, dass sie schon mal antisemitisch beschimpft wurden. Das ist sogar eine höhere Zahl als die aus der zuvor zitierten EU-Umfrage und bestätigt, dass Antisemitismus auch in den USA eine aktuelle Herausforderung ist. Anscheinend halten die Befragten, anders als die europäischen Juden, das nicht für das größte Problem in ihrem Land.

Wir können den Geist von New York nach Berlin bringen: In den letzten Jahren zogen zahlreiche Juden aus den angelsächsischen Ländern und aus Israel in die deutsche Hauptstadt. Menschen, die mit ihrer progressiven Weltanschauung ein Gegengewicht bilden zur konservativen Einstellung der jüdischen Institutionen in Deutschland.

Die jüdische Landschaft Berlins ist so vielfältig geworden wie an kaum einem anderen Ort in der Bundesrepublik, sogar verglichen mit ganz Kontinentaleuropa. Darin steckt enorm viel Potenzial für uns progressive Juden, die sich abgewendet haben von der Selbststigmatisierung und sich einsetzen für ein Judentum, das aktiver Teil der gesellschaftlichen Entwicklungen ist. Nicht in Tel Aviv, nicht in New York, sondern 80 Jahre nach der Schoa in Berlin, Hitlers ehemaliger Hauptstadt – was für eine Genugtuung.

Antisemitismus – eine »islamische Importware«?

Wir [Juden] sind mit der muslimischen Gemeinschaft in den USA und überall auf der Welt solidarisch. Wir tolerieren nicht, wenn Politiker oder andere den Muslimen pauschal Vorwürfe machen. Wir wissen, wie es sich anfühlt, stigmatisiert zu sein. (…) Wir Juden müssen alle als Schöpfungen Gottes anerkennen, alle sind in seinem Antlitz erschaffen, alle sind gleich wertvoll.

Michael Lerner (*1943), Rabbiner und Publizist

»Also, ich könnte hier an Ort und Stelle 20 antisemitische *Spiegel*-Titelseiten nennen!«, sagt Volker Beck mit Empörung in seiner Stimme. Er habe eine Sammlung antisemitischer Zeitungsartikel zu Hause, sagt er und deutet mit seinen Händen an, wie groß der Stapel sei: sehr groß.

Das Büro von Beck hatte die Salaam-Schalom-Initiative im Sommer 2015 kontaktiert und bat um ein persönliches Gespräch: Wir kamen der Anfrage gerne nach und trafen uns an einem Oktoberabend in einem geräumigen Neuköllner Café. Allerdings mit großen Bedenken. Viele von uns schätzten Becks Engagement gegen die Zwangssäkularisierung, wenn, ausgehend von der Annahme, säkular sei »neutral«, eine bestimmte und als religiös markierte Praxis marginalisiert / unterdrückt / kriminalisiert wird. Als religionspolitischer Sprecher der Grünen kritisierte er oft das Berliner Neutralitätsgesetz. Er ist ein wichtiger Verbündeter in dieser Hinsicht. Aber als ehemaliger Vorsitzender der deutsch-israelischen Parlamentariergruppe des Bundestages ist er auch bekannt dafür, dass er Antizionismus per se als eine Form von Antisemitismus definiert.

Volker Beck ahnte wahrscheinlich, dass er sich in unserer Gegenwart, was diesen Aspekt betrifft, etwas zurückhalten sollte. Auch wir sprachen das Thema Nahostkonflikt nicht explizit an und redeten lediglich über Antisemitismus und antimuslimischen Rassismus in Deutschland. Das allein ist ja schon ein abendfüllender Gesprächsstoff. Erst als Iskandar, ein engagiertes Salaam-Schalom-Mitglied (und mein Lieblingsnachbar), darauf hinwies, dass Zeitungen immer häufiger mit antimuslimischen Titelseiten aufmachen, kamen wir auf das Thema Antizionismus. »Ich finde es richtig, dass Antisemitismus ein Tabu ist, missverstehen Sie mich nicht«, erklärte Iskandar. »Aber antimuslimischer Rassismus sollte genau so tabuisiert werden!« Daraufhin erwiderte Volker Beck, dass *Der Spiegel* schon mindestens 20-mal mit einem antisemitischen Cover aufgemacht hatte, unsere Kritik also nicht berechtigt sei.

Ich weiß nicht, welche konkreten Titelseiten er meinte, aber ich nehme an, dass sie mehrheitlich nicht antisemitisch waren, sondern schlicht der israelischen Identitätspolitik kritisch gegenüberstanden. Meinte er vielleicht den Titel, auf dem Merkel hinter Netanjahu steht und im Vordergrund deutsche U-Boote zu sehen sind mit dem Untertitel *Wie Deutschland die Atommacht Israel aufrüstet*? Oder den mit dem großen Davidstern und mit der Schrift *Militärstaat Israel*? Ich bin für Erklärungen offen, befürchte aber, dass in Deutschland jegliche Kritik an der israelischen Identitätspolitik als antisemitisch wahrgenommen wird. Wie das hebräische Sprichwort sagt, wer einen Hammer in seiner Hand hat, sieht überall Nägel. Und das fand ich an diesem Treffen ein wenig beunruhigend: Wenn nicht einmal einem Bundestagsabgeordneten klar ist, wo die Grenzen liegen, dass Antizionismus nicht pauschal als antisemitisch bezeichnet werden darf, was sollen wir von den »normalen« Bürgern erwarten?

Im März 2015 gewann der Rechtspopulist Benjamin Netanjahu die Wahlen. Ich fühlte die Enttäuschung meiner israelischen und jüdischen Freunde am Wahlabend auf Facebook. Hunderte von deprimierten Posts und Kommentaren fluteten meine Chronik. »Wie könnte ich heute das Gebet *Sim Schalom* (Bring Frieden) aufsagen, wenn die Juden in Israel den größten Gegner des Friedens wiedergewählt haben?«, schrieb ein liberaler Rabbiner aus England. »Sogar das linksliberale Wahlbündnis wäre besser gewesen, auch wenn ihr Spitzenkandidat Herzog im Wahlkampf davon sprach, dass Netanjahu der Hamas gegenüber nicht stark genug auftrete«, äußerte sich ein Bekannter von mir aus Jerusalem.

Ein Kommentar traf mich aber besonders hart: »Das Schlimmste, was jetzt passieren könne, ist, wenn die progressiven Juden außerhalb Israels genug haben und sich einfach abwenden.« Es sind Wörter von Rabbiner Daniel Burstyn aus dem Kibbuz Lotan in der Negev-Wüste. Ich klicke auf Gefällt-mir, obwohl ich nicht gerade optimistisch bin. Ich lag auf meinem Bett im dunklen Zimmer meiner sicheren Wohnung in Neukölln und las die zahlreichen deprimierenden Kommentare auf dem hellen Bildschirm meines Laptops und war sicher, Herzl drehe sich in Jerusalem in seinem Grabe um.

»Die zionistische Bewegung wurde immer von zwei Säulen getragen: einem gerechten Weg und einer besonnenen Führung. Keine von diesen hat mehr Bestand«, schrieb 2003 Avraham Burg, der ehemaliger Sprecher der Knesset. »Der Staat Israel wird heute zusammengehalten von einem Gerüst der Korruption und einem Fundament aus Unterdrückung und Ungerechtigkeit. Als solches ist das Ende der zionistischen Bewegung besiegelt. Es ist wahrscheinlich, dass unsere auf lange Zeit die letzte Generation des Zionismus sein wird. Es wird dann einen jüdischen Staat geben, aber er wird anders sein, fremd und hässlich.«[55]

Ich hielt es für nötig, zu einem öffentlichen Austausch über Burgs Gedanken einzuladen, bevor es zu spät wäre.

Denn seitens der jüdischen Institutionen wird dieser Austausch verweigert, stattdessen werden wir aufgerufen, mit Israel-Fahnen durch die Straßen von Berlin zu ziehen.

Im August 2014 war es so weit: Nach den antisemitischen und antiisraelischen Ausschreitungen bei den Pro-Gaza-Demonstrationen in Deutschland rief der Zentralrat der Juden »alle Menschen im Land« auf, »sich der Welle von Hass auf Juden entgegenzustellen«. Plakate überall in der Stadt kündigten die Kundgebung am 14. September vor dem Brandenburger Tor an, mit der Teilnahme des Bundespräsidenten, der Kanzlerin und anderen Repräsentanten aus Politik und Gesellschaft. Allerdings wurden keine muslimischen, arabisch- oder türkischstämmigen Redner eingeladen. 4000 Menschen fanden sich am Pariser Platz ein.

Ich hätte Nummer 4001 sein können, nahm aber bewusst nicht teil. Die Demonstration war »eine verpasste Chance«, wie Daniel Bax in der *taz* formulierte,[56] um gemeinsam gegen alle Formen von Diskriminierung und gegen alle Ideologien der Ungleichwertigkeit in der Bundesrepublik zu protestieren. Ich ging nicht hin, weil ich ahnte, dass der damalige Zentralratspräsident Dieter Graumann auch diese Gelegenheit nutzen würde, um für Israels Krieg zu werben: Ich erinnerte mich gut an seinen Beitrag zum 65. Geburtstag des Staates Israel in der *Welt*, in dem er erklärte, dass ein Jude immer »pro-Israel« sein muss. Meine Ahnung bestätigte sich. Es gab mehr israelische Fahnen auf dem Platz als Menschen. Dabei ging es theoretisch um eine Mahnwache gegen Antisemitismus und nicht um die Unterstützung von Israels Krieg. Als ich mir später die Fotos anschaute und die Rede von Graumann las (»Ja, wir Juden stehen zu Israel«, »Unsere Herzen werden (…) immer (…) mit den Menschen in Israel [sein]«)[57], war ich sehr erleichtert, nicht vor Ort gewesen zu sein. Wie der israelische Historiker Moshe Zimmermann sagen würde: Die Mehrheit der europäischen Juden sind die Geiseln des israelischen Establishments. Und diese Geiseln kooperieren freiwillig – jubelnd und fahnenschwenkend.[58]

Joey[59], ein engagierter Mitarbeiter der US Botschaft, war bei der Kundgebung am Brandenburger Tor dabei. Er sollte dort beobachten und berichten. Wie er mir später erzählte, konnte er kaum glauben, wie sehr das Judentum in Deutschland an Israel gebunden sei. Er kenne das so nicht aus den USA: »Haben die deutschen Juden einen Komplex, dass sie dauernd mit israelischen Fahnen herumlaufen?«

J Street, eine der größten jüdischen Lobbyorganisationen in den Vereinigten Staaten, zitiert Präsident Obama mit einer kritischen Bemerkung gegenüber der Netanjahu-Regierung auf der Titelseite ihrer Webseite. Die israelische Menschenrechtsorganisation *Rabbis for Human Rights*, die sich für das Ende der Besatzung in Palästina einsetzt, deren Aktivisten in Lagern der geflüchteten Palästinenser Englisch unterrichten, die Ölbäume im Westjordanland pflanzen, hat Hunderte von Rabbinern und Rabbinerinnen aus den USA als offizielle Unterstützer. Hätte das Abraham-Geiger-Kolleg mich nicht rausgeworfen, wäre ich der erste Rabbiner *Made in Germany*, der auf die Liste der unterstützenden Rabbis gekommen wäre. Die US-amerikanische *Jewish Voice for Peace*, mit berühmten jüdischen Intellektuellen wie Judith Butler, Noam Chomsky, Tony Kushner oder Naomi Klein im Vorstand, unterstützt seit 1996 mit ihrer enorm erfolgreichen Öffentlichkeitsarbeit die Befreiung der palästinensischen Gebiete. Und in Deutschland marschieren »die Juden« und ihre Freunde mit Israel-Fahnen gegen Antisemitismus.

Die Stärkung der progressiven jüdischen und nicht-jüdischen Stimmen in den USA ist mit dem Auftritt des jüdischsten US-Präsidenten aller Zeiten offensichtlich geworden: Mit Barack Obama. Seine *Jiddischkeit* besteht darin, dass er ein Protegé vieler progressiver jüdischer Intellektueller ist. Unter anderem von Rabbiner Arnold Jacob Wolf, einem Pionier der Menschenrechte, der regelmäßig Martin Luther King in seine Synagoge in Chicago einlud und öffentlich gegen den Vietnamkrieg protestierte.[60] Außerdem ist er unter amerikanischen Juden unbestreitbar populär.

Bei den Wahlen 2008 bekam Barack Obama 74 Prozent der jüdischen Stimmen, vier Jahre später erhielt er immerhin noch 69 Prozent aller jüdischen Stimmen. Seine kritischen Bemerkungen gegenüber dem Staat Israel kosteten ihn nur fünf Prozent. 2014 führte das Meinungsinstitut *GBA Strategies* im Auftrag von *J Street* eine Befragung durch, in der sie die Meinung der US-Juden zu Israel analysieren. Sie stellten fest, dass die Popularität von Obama unter Juden mit 57 Prozent rund 15 Punkte höher liegt als unter nicht-jüdischen Amerikanern. 80 Prozent der Befragten unterstützen einen unabhängigen palästinensischen Staat im Westjordanland und Gaza, und mehr als 80 Prozent erwarten von der amerikanischen Regierung, sich beim israelisch-palästinensischen Friedensprozess einzubringen.

»Amerikanische Juden, die sich stark mit Israel verbunden fühlen, betrachten ebenfalls die Politik der israelischen Regierung mit großer Sorge«, so fasst Jeremy Ben-Ari, Präsident von *J Street,* das Ergebnis der Studie zusammen. »Sie unterstützen in wichtigen Fragen nicht nur eher die Haltung der US-Regierung, sie befürchten außerdem, dass Netanjahus Regierung die Beziehung zwischen Israel und den USA beschädigt.«[61]

Die amerikanischen Juden glauben noch immer an ein liberales, säkulares Israel, neben einem unabhängigen palästinensischen Nachbarland. Ihnen ist die Beziehung zum zionistischen Staat wichtig: Aber sie unterstützen ihn und seine Identitätspolitik nicht bedingungslos. Sie werden auch nicht so gern von israelischen Politikern gesehen: Der Botschafter der Netanjahu-Regierung nahm deshalb 2009 an dem ersten landesweiten Treffen von *J Street* nicht teil.[62]

Jüdische Zivilisation ist mit Fremdenhass unvereinbar. Und da das Judentum in Amerika keineswegs auf Holocaust, Antisemitismus und Israel beschränkt ist, wissen sie auch noch eher, dass zu Zeiten des Tempels in Jerusalem bis 70 n. d. Z. die Juden siebzig Ochsen für G'tt opferten, um die Sünden der siebzig Völker der Welt wiedergutzumachen (Sukka 55b). Sie kennen die Tora, die es verbietet, den Edomiten, den Anderen, zu verabscheuen, weil sie unsere Brüder und Schwestern sind (Devarim 23:8). Sie lernten das Gebot, dass, wenn ein Jude versucht, einen Nicht-Juden umzubringen, wir uns auf der Seite des Nicht-Juden positionieren müssen (Sefer Chassidim 13C). Man braucht aber nicht religiös zu sein, um den Unterdrückten helfen zu wollen. Man muss einfach ein Mensch sein. So wie der säkulare Jude Albert Einstein, der schon 1938 sah, wogegen heute die amerikanischen Juden ihre Stimme erheben: »Ich würde eher ein vernünftiges Abkommen mit den Arabern auf der Basis eines friedlichen Zusammenlebens befürworten als die Schaffung eines jüdischen Staates. Meiner Einschätzung nach ist die essentielle Natur des Judentums mit Grenzen, mit einer Armee, mit all diesen Machtstrukturen nicht vereinbar, egal wie bescheiden diese wären. Ich habe Angst davor, dass dies dem Judentum schaden würde – und ich befürchte besonders die Entwicklung eines engstirnigen Nationalismus unter uns, gegen den wir die ganze Zeit gekämpft haben.«[63]

Der Chauvinismus, der inzwischen im Staat Israel herrscht, verursacht großen Schaden für die jüdische Identität weltweit, die nach der Auffassung von vielen Juden nur mit einer wachsenden Distanzierung vom »jüdischen« Staat geheilt werden kann. Im Jahr 2007 führten die Forscher Cohen und Kelman eine Studie über die Entfremdung der jungen Juden in den USA vom Staat Israel durch. Ihrer Studie zufolge definieren sich 22 Prozent der befragten US-Juden unter 35 als Zionisten, 45 Prozent empfinden hingegen nicht einmal den Gedanken eines jüdischen Staates als *comfortable*. Zum Vergleich: Unter US-Juden über 65 sind es nur 20 Prozent, die der Idee des jüdischen Staates mit Skepsis begegnen. Während 50 Prozent der Befragten über 65 »immer stolz« auf Israel sind, beträgt dieser Wert unter jungen Erwachsenen nur 20 Prozent.[64] Nach Angaben des Pew-Forschungszentrums von 2013 denken 26 Prozent der jungen Juden, dass die israelische Regierung Frieden will (unter älteren Juden sind 45 Prozent dieser Meinung).[65] Wir leben nicht mehr in dem Idyll des egalitären jüdischen Staates, wie ihn sich sein geistiger Vater Theodor Herzl vorstellte. Wir sehen die Realität – und wie sie missbraucht wird. Plötzlich entstehen überall Antisemitismus-Lawinen, Kritiker der israelischen Identitätspolitik werden pauschal als Antisemiten bezeichnet: In den arabischen Ländern, in den USA – und bei uns in Deutschland.

Ich saß auf einer rot lackierten Holzbank am Ufer der Düssel. »So viele Schwule hier …«, dachte ich mir im Stillen beim Blick auf die Fußgänger. Ich hatte noch anderthalb Stunden bis zu meiner Rückfahrt nach Berlin. Die Sonne schien, ich zog meine Schuhe aus und fragte mich, ob ich wohl wieder Sonnenbrand bekommen würde, als mich Ozan anrief: »*Habib*, ich habe eine Bitte an dich: Einer Schwester aus NRW haben die Jusos den Krieg erklärt, und sie braucht deine Beratung. Kann sie sich bei dir melden?« Na klar, versicherte ich ihm. Kurz danach erreichte mich eine E-Mail von Hatice.[66] Die kopftuchtragende, muslimische Studentin bat mich um Rat.

Hatice war Referentin im AStA (Allgemeiner Studierendenausschuss) ihrer Universität, und in dieser Funktion organisierte sie zahlreiche Veranstaltungen. Der AStA setzt sich aus den Hochschulgruppen von Campusgrün und den Jusos zusammen – Hatice ist eine Grüne. Die »Sozialisten« machten ihr Antisemitismusvorwürfe, schrieb sie.

Jemanden als Antisemiten zu bezeichnen, ist eine ziemlich schwerwiegende Sache. Im Fall Hatice war die Begründung, dass sie eine postkolonialistische theologische Auslegung von Dr. Hatem Bazian auf Facebook geteilt hatte. Ein Klick, der Hatice zur Antisemitin machte. Der Post war angeblich deshalb antisemitisch, weil der palästinensischstämmige Dozent für Near Eastern Studies an der Universität Berkeley darin den Staat Israel als Kolonialmacht, beziehungsweise als »die letzte Bastei des Kolonialismus im Nahen Osten« bezeichnete.

Nach der Veröffentlichung seines Gedichtes *Was gesagt werden muss* musste sich Günther Grass monatelang erklären. Er habe doch nichts anderes geschrieben, außer dass der Staat Israel dem palästinensischen Volk grundlegende Rechte verwehre. Ist das Antisemitismus?

So wurde auch der Publizist Jakob Augstein (*1967) von einem Tag auf den anderen zu einem Antisemiten. Zu dieser Meinung kam das Simon-Wiesenthal-Zentrum in Jerusalem im Jahr 2013, das jährlich ein Ranking der »Top Antisemiten des Jahres« herausgibt. Die Sünde des angesehenen deutschen Journalisten war, dass er in einer Kolumne die Ultraorthodoxen in Israel mit den Islamisten der Nachbarländer verglich und Gaza als ein Gefängnis und Lager bezeichnete. Es ist vielleicht ein unglücklicher Vergleich, aber direkt mit Antisemitismus zu kontern, führt sicherlich auch zu keiner Lösung. Im Jahr 2015 schoss das

Zentrum noch weiter am Ziel vorbei, als es Augstein wieder als einen der gefährlichsten Antisemiten des Jahres titulierte. Diesmal wegen seiner *Spiegel*-Kolumne, in der er die Rhetorik der Netanjahu-Regierung mit der Rhetorik der deutschen Rechtspopulisten verglich. »So rechts wie die deutschen Rechtspopulisten ist die Regierung von Benjamin Netanjahu allemal.« Augsteins Vergleich ist ein bloßes politisch-philosophisches Gedankenspiel, aber anscheinend gefällt es unseren Brüdern und Schwestern beim Simon-Wiesenthal-Zentrum nicht, wenn Menschen laut denken. So einfach ist es, als Antisemit bezeichnet zu werden. Ich bin gespannt, wann meine Wenigkeit auf ihre Liste kommt.

Warum werfen die Jusos Hatice Antisemitismus vor? Hatice zufolge, weil sie sie loswerden wollen. Sie ist eine verschleierte Muslima – und das rassistische Vorurteil, dass Antisemitismus unter Muslimen weit verbreitet ist, legt das nahe. Um das beweisen zu können, zitiert der Juso-Leiter einen Blog namens *Campus-Watch*.

Dieser Blog möchte öffentliche und weniger öffentliche Äußerungen von Dozenten an US-amerikanischen Hochschulen zum Thema Israel dokumentieren. Wenn jemand die Palästinapolitik Israels kritisiert, wird er auf *Campus-Watch* schnell als Judenhasser bezeichnet. So geschah es auch mit Hatem Bazian und seinen postkolonialen Theorien, die Hatice zitierte.

Campus-Watch, wie die Pro-Israel-Lobby in den USA allgemein, gehört zur nationalkonservativen Rechten im Land. Wie Joel Beinin, Professor für Middle East History an der Universität Stanford schreibt, die Methoden des Blogs, zum Beispiel die Sammlung von »antisemitischen« und »unpatriotischen« Dozenten, erinnern ihn an das McCarthy-System.[67] Daniel Pipes, der Chefredakteur von *Campus-Watch*, wird von Kristine McNeil, Autorin der

Wochenzeitschrift *The Nation*, als anti-arabischer Propagandist eingeordnet.[68]

In Deutschland gibt es einen ähnlichen Blog, *Achse des Guten* des Publizisten Henryk M. Broder: Ich warte schon auf den Moment, wenn der Juso-Vorsitzende Broder-Texte als Argument zitiert. Was kommt danach? *PI News?* Die »Genossen« Sarrazin, Buschkowsky und Walde können gut als gemeinsame Nenner funktionieren.

Ein anderes Wort, das sehr häufig im Kontext der Israel-Diskussionen vorkommt, ist das Wort »Nazi«. Auf beiden Seiten. Die pro-palästinensischen Aktivisten vergleichen die Umstände in Gaza mit Auschwitz, der Vorsitzende der Palästinensischen Befreiungsorganisation, Mahmoud Abbas, schreibt in seiner Doktorarbeit über die Verbindungen von Nazismus und Zionismus. Die pro-israelischen Aktivisten klagen ihre Gegner an, sie würden einen zweiten Holocaust gegen die Juden vorbereiten, und erinnern die Menschheit gerne daran, dass die arabischen Zeitschriften voll mit antisemitischen Karikaturen sind. Niemand kann aber die Phantasie des antideutschen »Politikwissenschaftlers« Matthias Küntzel erreichen, der in seinem Buch *Jihad und Judenhass* das ganze Phänomen des Islamismus auf reinen politischen Antisemitismus reduziert. Um das zu beweisen, vergleicht er Hitler mit Bin Laden, dafür zitiert er aus Albert Speers Tagebuch: »Nie habe ich Hitler so außer sich gesehen wie gegen Ende des Krieges, als er wie in einem Delirium sich und uns den Untergang New Yorks in Flammenstürmen ausmalte.« Küntzel analysiert Speer: »Er beschrieb, wie sich die Wolkenkratzer in riesige brennende Fackeln verwandelten, wie sie durcheinanderstürzten, wie der Widerschein der berstenden Stadt am dunklen Himmel stand.«[69] Plötzlich besteht unsere Welt ausschließlich aus israelischen/jüdischen und palästinensischen/arabischen/muslimischen Nazis. Hitler wäre stolz auf euch, Jungs!

Wir sehen ein konstantes Spiel mit der Schoa: Ich muss zugeben, früher duldete ich so was. Obwohl ich persönlich, G'tt sei Dank, nie Nazi-Vergleiche verwendet und gemacht habe. Aber einmal wies ich in einem Artikel von mir auf Sir Gerald Kaufman hin, auf den jüdischstämmigen britischen Labour-Abgeordneten. In einer Rede gegen die israelische Besatzung in Gaza 2009 erklärte er, seine Großeltern seien von den Nazis nicht umgebracht worden, »so dass jetzt der jüdische Staat palästinensische Großeltern umbringt«.[70] Heute widert mich so was an. Wenn Hamas-Politiker oder der antizionistische Aktivist Norman Finkelstein behaupten, dass Israel die Einwohner von Gaza so behandelt wie die Nazis die Häftlinge in den Konzentrationslagern, relativieren sie die Judenvernichtung im selben Maße wie die israelischen Regierungschefs, die in den antiisraelischen Kriegen der arabischen Nachbarstaaten einen zweiten Versuch globaler Judenvernichtung sehen. Die Märtyrer des Holocaust werden immer wieder ungerechterweise instrumentalisiert. Wie die jüdische *Guardian*-Kolumnistin Anne Krapf fordert: »Lasst die Märtyrer der Schoa endlich in Ruhe!«[71]

Ich schrieb also Hatice zurück, während sich meine Käsefüße in der Sonne rot färbten: Ich schrieb, dass Juden und Israel nicht ein und dasselbe seien. Keinen Unterschied zwischen Juden in der Welt und dem Staat Israel zu machen, ist allein im Sinne des rechten Zionismus. Der damalige israelische Ministerpräsident Ehud Olmert behauptete 2006 während seines USA-Besuchs, dass die Intervention gegen den Libanon nicht nur ein Krieg Israels sei, sondern ein Krieg aller Juden. Zehn Jahre später hielt Netanjahu vor dem US-Kongress als selbsternannter Vertreter der Juden auf der Welt seine Rede. Rechte Zionisten vermischen Kategorien wie »Jude« und »Israeli« absichtlich. Wenn sich ein

Nicht-Jude trotzdem wagt, diese Trennung zu machen, wird er in ihren Augen zum Antisemiten. Wenn sich ein Jude so äußert, gibt es zwei Wege, ihn zu diskreditieren: einen Beweis dafür zu finden, dass er kein Jude ist, oder ihn als »selbsthassenden Juden« zu stigmatisieren.

Neulich versuchte Henryk M. Broder, meine Jiddischkeit in Frage zu stellen. Broder fragte sich im entsprechenden Beitrag im Blog *Achse des Guten*, wie es möglich sei, dass ein Jude den Namen eines germanischen Fürsten trage. Ich muss also kein echter, sondern ein »Gefühlsjude« sein. Schon im Talmud steht, dass die meisten Juden im Exil nicht-jüdische Namen tragen (Gittin 11b). Broder interessiert sich aber nicht für den Talmud oder im Allgemeinen für jüdische Kultur und Geschichte, er beendet also seinen kleinen Essay mit einer Geschichte über eine deutsche Konvertitin, die 1984 den Kölner Judaistik-Professor Hermann Greive erschoss, der am Freitagabend, am Schabbat, einen Kurs halten wollte.[72] Seltsamer Humor und verwirrte Gedanken.

Aber verstehen Sie? *Henryk* findet den Namen Ármin zu germanisch. Hätte er nun recherchiert, wie es dazu kam, dass so viele ungarische Juden den Namen Ármin tragen, zum Beispiel der Turkologe Ármin Vámbéry (1832–1913), die Rabbiner Ármin Kecskeméti (1874–1944), Ármin Frisch (1866–1948), Ármin Perls (1853–1914) oder Ármin Schnitzer (1836–1914), der Industrielle Ármin Herz! Das alles interessiert Broder nicht, er will nur seine Rippchen essen, wie er sich einmal bei einer veganen Veranstaltung der Salaam-Schalom-Initiative beschwerte. Das Ziel ist Diskreditierung, und dafür ist er bereit, selbst zu diskreditieren.

Wenn die Herkunft des progressiven Juden nicht mehr in Frage gestellt werden kann, kommt das zweite Gegenargument: Er sei ein selbsthassender Jude. Dieser Begriff wird ziemlich oft verwendet. Am Anfang war es eigentlich nur unter Theologen gängig: Für orthodoxe Juden waren die liberalen Juden »selbsthassend« und vice versa. Seit der Entstehung des israelischen Staates trägt dieses Wort aber eine ganz andere Bedeutung: Hannah Arendt sei eine selbsthassende Jüdin gewesen, weil sie 1963 den Eichmann-Prozess als Schauprozess bezeichnet hatte. Dem Satiriker Jon Stewart wurde dasselbe vorgeworfen, nachdem er die israelische Regierung wegen ihrer Angriffe auf Gaza verurteilte. Stewart machte dann keinen Witz: »Ich habe mehrere Mitglieder meiner Familie im Holocaust verloren, ich bin einfach ... Geht und fickt euch. Was fällt euch ein?!«[73] Mitglieder der »Jüdischen Stimme für Frieden« (*Jewish Voice for Peace*) werden automatisch als selbsthassende Juden bezeichnet.[74] G'tt sei Dank ist die am schnellsten wachsende jüdische Organisation in den USA genau dieser Verein. Im Jahr 2008 hatten sie noch 23 000 Mitglieder, 2010 schon 100 000. Und heute gibt es keine andere Gruppe in Berlin, in der sich so viele Juden engagieren, wie bei der Salaam-Schalom-Initiative. Uns wurde auch schon alles vorgeworfen, von Holocaust-Relativierung bis zum Antizionismus. Eigentlich sollte es uns nur eine Ehre sein, mit Hannah Arendt und Jon Stewart gemeinsam in einer Schublade zu landen.

Emma Clyne, ehemalige Vorsitzende der jüdischen Gesellschaft an der Universität London, schrieb: »Man kann Schweinefleisch essen (…), nie eine Synagoge von innen gesehen haben, kein einziges jüdisches Fest im ganzen Leben gefeiert haben, solange man bereit ist, die Besetzung der palästinensischen Gebiete zu rechtfertigen (…), wird niemand die jüdische Identität in Frage stellen.«[75]

Ich kenne das Gefühl, das Emma Clyne beschreibt. Im

Jahr 2013 begleitete mich eine internationale Film-Crew von morgens bis abends, sie waren mit mir in der Uni, im Gemeindehaus, auf der Straße, und stellten dann später einen Kurzfilm über mich online. Es gibt eine Szene von einer Demonstration, bei der wir für die Freilassung eines palästinensischen politischen Gefangenen protestierten: »Free, free Palestine«, rufe ich in dieser sehr kurzen Sequenz, um gleiche Rechte für Palästinenser und Juden in Israel-Palästina zu fordern.

Als ich später im selben Jahr für den Preis *Super Jew* der jüdischen Gemeinde zu Budapest nominiert wurde, teilte ein lokaler zionistischer Aktivist auf Facebook dieses Video mit dem Kommentar: »Diesen selbsthassenden Juden wollt ihr auszeichnen?« Dass ich im Kurzfilm zu Hause morgens betend zu sehen bin, dass ich in der Aufnahme traditionelle jüdische Lieder im Gemeindehaus lehre, dass ich am Ende des Filmes *Hawdala*, eine jüdische Zeremonie, die am Samstagabend bei Nachteinbruch das Ende des Schabbat und den Beginn der neuen Woche kennzeichnet, mit Freunden und Bekannten in meiner eigenen Wohnung feiere, war ihm völlig egal. Das Einzige, was zählte, war, dass ich eindeutig und laut hörbar *Free, free Palestine* gerufen habe. Am Ende bekam jemand anderes den Preis, der es meiner Einschätzung nach auch mehr verdiente als ich. Ich arbeite noch daran, ein *Super Jew* zu werden.

Als ich einst einen Vortrag über die Herausforderungen des Staates Israel im Bereich Menschenrechte im jüdischen Gemeindehaus von Budapest hielt, kam eine ältere Frau am Ende zu mir. Die Musikpädagogin, die manchmal auch die Gottesdienste in meiner Synagoge besuchte, bedankte sich, mit den Tränen kämpfend, schrieb nachher sogar einen Brief, in dem sie meine Positivität und mein Engagement ausdrücklich lobte. Mit meiner frischen, unabhängigen

Stimme sei ich die Hoffnung der europäischen Juden, meinte sie. Es war schön, auch Unterstützung zu bekommen.

Ein paar Monate später, nachdem ich meinen ersten kritischen Artikel zu Israels Palästinapolitik veröffentlicht hatte, erreichte mich ein zweiter Brief von ihr. Ein sehr langer Brief. Dieses Mal war der Ton nicht mehr so freundlich. Ich fühlte Enttäuschung und Verzweiflung zwischen ihren Zeilen. »Warum musstest du das machen? Jetzt wissen es alle! *Du gibst eine Waffe in die Hand der Gojim!*« Sie war der Ansicht, ich würde die jüdische Gemeinde verraten.

Das war nicht das erste Mal, dass ich einer solchen Situation begegnete. Sogar der Leiter eines zionistischen Verbandes in Budapest meinte zu mir einmal in der Kaffeepause bei einer Tagung, dass er eigentlich meine politischen Einstellungen teile. Allerdings hielte er es für sehr problematisch, dass ich meine Kritik auch öffentlich äußere. Während diese Menschen still bleiben, wandelt sich der »jüdische Staat« in einen unheimlichen Ort für Juden.

»Du hast mich verführt, Ewiger, und ich habe mich verführen lassen; du hast mich gepackt und mir Gewalt angetan. Nun spotten sie immerzu über mich, alle lachen mich aus. Denn sooft ich in deinem Auftrag rede, muss ich Unrecht anprangern. ›Verbrechen!‹, muss ich rufen, ›Unterdrückung!‹ Und das bringt mir nichts als Spott und Hohn ein, Tag für Tag«, schreibt Jeremia (20:7–8). Sogar die Propheten wurden in ihrer Loyalität zu Jisrael in Frage gestellt. Wir, die Kritiker von heute, dürfen uns also nicht beschweren. Obwohl sie dieselbe Motivation hatten wie wir: Die Sorge um die Zukunft des Volkes Jisrael.

An dieser Haltung, die alle Taten des israelischen Staates bedingungslos bejubelt, leiden am Ende nur wir Juden vor allem in Europa und den USA. Also fast zwei Drittel der Juden auf der Welt, die sich bis heute weigern, dem praktischen Ziel des Zionismus zu folgen und nach Israel umzusiedeln.

Gesellschaftliches Engagement ist für Juden nicht nur eine Alternative, eine Option, es ist ein religiöses Gebot. »Derjenige, der gegen die Sünden der Welt protestieren könnte und das nicht tut, soll für die Sünden der Welt bestraft werden«, lautet das Urteil des Talmuds (Schabbat 54b). Warum erheben trotzdem viele in den Gemeinden ihre Stimme nicht? Sie haben Angst davor, als selbsthassende Juden bezeichnet zu werden. Es gibt genug Menschen, die uns von ganzem Herzen hassen – warum sollte ein Jude sich auch noch selbst hassen? Wie Rabbiner Lerner im Jahr 2007 schrieb: »Wir treffen stets auf junge Juden, die uns erzählen, dass sie sich mit ihrer Jiddischkeit nicht mehr identifizieren können, weil ihnen immer gesagt wird, dass ihre intuitive Abscheu gegen die israelischen Siedler, gegen die Menschenrechtsverletzungen der IDF oder die Besatzung von den palästinensischen Gebieten an sich Beweise für den jüdischen Selbsthass seien.«[76] Ich selbst habe auch mehrere Freunde, die sich jetzt als »de-chosen« definieren. Sie gaben ihr Judentum auf. Danke, Benjamin Netanjahu!

Die deutsche Presse liebt es, über die Israelis und jüdische Zuwanderer in Berlin zu berichten. Sie lieben es so sehr, dass, wenn ich ihnen auf eine Interviewanfrage einen nichtisraelischen Vertreter unserer Initiative als Gesprächspartner anbiete, sie manchmal zurückschreiben: »Danke für das Angebot, lieber Herr Langer, aber wir würden eher mit einem israelischen Mitglied reden wollen.« Die Rede ist schon von einer »jüdischen Renaissance«, basierend auf der hohen Zahl der israelischen Migranten. Halten sich aber diese Migranten für Israelis – oder überhaupt für Juden?

Das beste Wort, um die Situation zu beschreiben, ist der jiddische Ausdruck *Balagan* (Chaos[77]).

Je erfolgreicher die Salaam-Schalom-Initiative wurde, desto mehr Anfragen sind in meinem elektronischen Postfach gelandet. So kam es auch dazu, dass ich mich an einem kalten Septemberabend in einer typischen mitteleuropäischen Kneipe in Britz, auf der Abteilungsversammlung der SPD, einfand. Sie luden mich ein, um über die Initiative zu reden – und im Allgemeinen über Judenkrams.

Es gab unter den Teilnehmern ein sympathisches, junges SPD-Mitglied. Sie hieß Derya: »Wow, er ist der Referent? Der ist doch total jung!«, rief sie spontan, als ich den Raum betrat.

Ich verwirrte die SPD anscheinend ein bisschen mit meiner Vorstellung. Ich sprach darüber, dass circa ein Drittel unserer Aktivisten Juden, aber viele von ihnen nicht religiös seien. Es gebe sogar welche, besonders unter den israelischen bzw. israelischstämmigen Aktivisten, die sich nicht für jüdisch halten, erklärte ich. Das war ihr anscheinend zu detailliert, und sie fragte erschöpft: »Sind nicht alle Juden Israelis, oder was?« Diese Frage wird mir oft gestellt.

An einem späten Nachmittag im März 2015 wurde mir während eines Telefonats übel: Eine Mitarbeiterin des Bundespräsidialamts rief an und gab mir lächelnd Bescheid, dass sich die israelische Botschaft gleich bei mir melden werde, weil Reuven Rivlin, das Staatsoberhaupt von Israel, die Salaam-Schalom-Initiative bei seinem Deutschlandbesuch im Mai für ein ungefähr einstündiges Gespräch treffen wolle. Mir wurde übel vor Aufregung und Verwirrung.

Einerseits freute ich mich: Rivlin – im Gegensatz zu Netanjahu – gehört nicht zum nationalistischen Flügel des Likuds. Als Sohn eines Koran-Übersetzers hat er einen differenzierteren Blick auf die arabischen Israelis und die Pa-

lästinenser. Er opponierte heftig gegen den Verfassungs-
vorschlag eines Parteigenossen, der Israel als einen jüdischen
Staat definieren wollte und Arabisch nicht mehr als offizielle Landessprache anerkannt hätte. Er wäre bestimmt ein
guter Gesprächspartner für unsere Mitglieder gewesen. Außerdem ist er ein modern-orthodoxer Jude, der offen für
das Gespräch mit Nicht-Orthodoxen ist.

Andererseits ist es egal, ob Rivlin nett ist oder nicht, ob er
differenziert ist oder nicht. Er repräsentiert den Staat Israel.
Und auf den in Szene gesetzten Fotos, die in den Medien
herumzirkulieren wären, würde man nur eine Botschaft mitbekommen: Die SaSchas, wie Salaam-Schalom oft abge-
kürzt wird, trafen Rivlin und hatten dabei Spaß. Nur progressive Gutmenschen machen sich so viele Gedanken.

In der Facebook-Gruppe des Koordinationsteams kam
es zu einer hochintensiven Diskussion: Sollen wir ihn treffen? »Ich verstehe, wenn wir Gauck treffen, wir sind ja eine
deutsche Initiative, aber wir befassen uns nicht mit Kon-
flikten außerhalb der Bundesrepublik, warum sollte Rivlin
zu uns kommen?«, argumentierte die eine. »Er ist ein orthodoxer Jude, das wäre eine Möglichkeit, ihn darauf hin-
zuweisen, dass sich die jüdischen Institutionen in Deutschland mehr mit Israel beschäftigen als mit der Tora«, schrieb
der andere. »Wir werden eine enorme mediale Aufmerksamkeit kriegen, wir müssen aufpassen, dass er nicht Salaam-
Schalom-Washing mit uns macht«, meinte eine dritte.
»Treffen wir dann auch Erdoğan, wenn er uns anschreibt?«,
fragte der vierte zynisch. Es war eine der spannendsten Diskussionen im internen Forum. Am Ende trafen wir den
Entschluss, dass, falls wir ihn nicht empfangen sollten und
die israelische Botschaft das öffentlich ankündigen würde,
wir automatisch als antizionistische Gruppe stigmatisiert
werden könnten. Die bisherigen Erfolge wären im Hand-
umdrehen ruiniert. Wir entschieden uns für das Treffen,

auch wenn wir dadurch viele Unterstützer verlieren könnten.

Wir hätten das Gespräch mit ihm bestimmt genossen. Es hätte uns aber auch geschadet. Wir waren erleichtert, als uns zwei Wochen später ein Brief von der Botschaft erreichte, in dem sie das Treffen offiziell aufgrund von Zeitgründen absagten.

Es tat mir dann doch leid, dass ich dieses Mal nicht die Möglichkeit hatte, mich mit dem israelischen Staatspräsidenten zusammenzusetzen. Ich hatte mir heimlich schon die internationalen Schlagzeilen vorgestellt: »Herr Präsident, Sie vertreten uns nicht, und wir erklären Ihnen gerne, warum.« Ich sah in diesem Treffen eine gute Chance, der Idee von der Trennung von Israel und nicht-israelischen Juden medial endlich Gehör zu verschaffen.

Zurzeit wirkt diese Trennung noch eher wie eine Utopie. Bei einer Partie in der Vorrunde der Basketball-Euroleague Ende 2014 verlor Alba Berlin gegen das Team von Maccabi Tel Aviv 89 zu 95. Die *Jüdische Allgemeine Zeitung* mit Sitz in Berlin, die angeblich für die Juden in Deutschland schreibt, freute sich in den sozialen Medien, *we are going to the #Top16*. Ginge es um eine deutsch-türkische Zeitung, die Galatasaray Istanbul die Daumen drücken würde, wäre es ein »klares Integrationsdefizit«. Der Jude hat anscheinend wie so oft keine Wahl, er *muss* Israel unter allen Umständen unterstützen.

Im Sommer 2014 hatte ich ein Gespräch mit zwei Dozenten am Rabbinerseminar. Ich wollte mit ihnen über die israelische Fahne in unserem Gebetsraum reden. Ich sehe keinen Grund, sie in der Synagoge zu haben. Nicht dass ich ein Antizionist wäre, aber wir sind nicht in Israel, sondern in Deutschland. Wir studieren nicht an einer Einrichtung, die irgendwie vom israelischen Staat finanziert wird, sondern an einem Institut, gefördert durch deutsche Steuergelder. Die Fahne stört mich, seit ich am Kolleg studiere. Ich stehe damit aber anscheinend alleine. Beziehungsweise unter den Studenten alleine, die Pioniere des Reformjudentums wären auf meiner Seite. So wie Rabbiner Abraham Geiger (1810–1874). Es ist kein Zufall, dass Geiger in dem Gebetsbuch, das er 1854 zusammenstellte und 1870 neu schrieb, alle Hinweise auf Zion und auf die Rückkehr ins Gelobte Land ausließ. Die Zionisten wurden von Geiger mit viel Skepsis betrachtet. Er brachte im Jahr 1870 folgende Beobachtung aufs Papier: »Der Blick in die Zukunft soll die frohe Hoffnung erwecken auf die Vereinigung des ganzen Menschengeschlechts in die Wahrheit, die Gerechtigkeit und den Frieden. Der Glaube an die Wiederherstellung eines jüdischen Staates in Palästina und dementsprechend an den Aufbau eines Tempels in Jerusalem als eines Einigungspunktes für das Volk Israel, an die Sammlung der Zerstreuten und Alles, was mit einer solchen Restauration entschwundener Zustände zusammenhängt, ist in unserem Bewusstsein gänzlich erloschen.«[78]

Kruder Nationalismus ist dem Judentum, an das ich glaube, etwas Fremdes. Eine weitverbreitete Strömung des Zionismus vertritt allerdings das Gegenteil davon. Sie setzt sich für das National-Judentum ein, einen späteren Auswuchs des Nationalismus des 19. Jahrhunderts. Es wurde damals von den jüdischen Intellektuellen abgelehnt: »Solange die Juden nun, wenn auch nicht im eigentlichen Sinne verfolgt, doch als Fremdlinge betrachtet und behandelt wurden; (…), solange man sie nicht bloß fühlen ließ, sondern deutlich heraus sagte: Sie waren nur geduldet, sie gehörten nach Palästina hin, so lange war kein Grund und keine Veranlassung, Inhalt und Sprache der Gebete zu ändern«[79], schrieb David Friedländer (1750–1834), deutschjüdischer Autor der Aufklärung, im Jahr 1812. In diesem

Jahr veränderte sich die Lage der Juden in Preußen durch die Emanzipation: Sie wurden Inländer und preußische Staatsbürger, sie wurden nicht mehr als Fremde angesehen. Es war eine gute Zeit für die jüdische Gemeinde. Die Hoffnung auf die Befreiung schien näher zu sein als jemals zuvor.

Friedländer und Geiger beweisen, dass die Hoffnung auf ein freies jüdisches Leben außerhalb Europas dann nachvollziehbar ist, wenn in Europa selbst kein freies jüdisches Leben gewährleistet werden konnte. Vor der Schoa war die Mehrheit der Juden nicht zionistisch. Die Wende kam erst nach dem Holocaust. Ab dem Ende des Zweiten Weltkrieges unterstützte sogar die früher azionistische liberale jüdische Bewegung das Experiment Israel: Die europäischen Juden fühlten sich von Europa alleingelassen, an dessen Sitten sie sich anpassen wollten, angepasst hatten.[80] Sie wollten Europa verlassen. In die USA, nach Australien, nach Palästina, egal wohin. Hauptsache weg. Auch Jahrzehnte später war es weiterhin verständlich, dem Staat Israel dankbar zu sein: Die Existenz eines »jüdischen« Staates, nur ein paar Flugstunden entfernt, wirkte und wirkt wie ein Beruhigungsmittel gegen die schrecklichen Erinnerungen des Holocaust. Deswegen werde ich das Existenzrecht des Staates Israel nie in Frage stellen können. Heute ist die Lage allerdings völlig anders. Juden sind stark in Europa – könnten auch ohne den Staat Israel im Hinterkopf ruhig leben. Ich, beispielsweise, könnte wahrscheinlich viel ruhiger leben.

Das jüdische Establishment im kontinentalen Europa empfindet aber anders. Sowohl israelische Fahnen auf Anti-Antisemitismus-Demos oder in einigen Synagogen als auch die Unterstützung israelischer Sportmannschaften anstelle der ortsansässigen Teams werden als angemessen angesehen.

Eine Zeitlang wurde der Staat Israel als die ultimative Lösung für die »Judenfrage« betrachtet – stattdessen hat er sich zu einem Risikofaktor für die Juden außerhalb Israels entwickelt. Die Prämisse, dass Juden und der Staat Israel eine untrennbare Einheit bilden, steckt paradoxerweise auch in den Köpfen der Israelfeinde, der Antisemiten, ja sogar derjenigen, die gegen uns Juden Gewalt anwenden. Diese Prämisse steckt auch in den Köpfen der Terroristen. Der Anschlag auf den koscheren Supermarkt *Hyper Cacher* an der Porte de Vincennes in Paris kostete vier unschuldige Juden das Leben. Der Attentäter sah in Philippe Braham, Yohan Cohen, Yoav Hattab und Francois-Michel Saada Vertreter der israelischen Palästinapolitik. Dabei wollten sie doch nur Brot für den Schabbat kaufen. Einige Wochen später tötete der 22-jährige arabischstämmige Jugendliche Dan Uzan einen ehrenamtlichen Wachmann vor der Synagoge in Kopenhagen, ein Racheakt gegen den Staat Israel. Und jedes Mal, wenn auf den Straßen von Berlin Juden von arabisch- oder türkischstämmigen Menschen angegriffen werden, ist die Frage zu stellen, ob sie wegen ihrer angeblichen Unterstützung für den Staat Israel oder wegen ihrer jüdischen Herkunft angegriffen wurden, also ob das Motiv politisch oder rassistisch war. Die Gewalt gegen uns Juden ist zu unterbinden. Die Motive dafür geben aber Aufschluss, wie man ihre Ursachen am wirksamsten mindern könnte. Vielleicht durch einen Stopp der israelischen Besatzung im Westjordanland oder durch das Rückkehrrecht für Palästinenser nach Israel-Palästina?

Der Antisemitismus und der Antijudaismus, die religiös begründete Ablehnung des jüdischen Glaubens, der christlich dominierten Mehrheitsbevölkerung in Europa hingegen, sind Teil der sogenannten abendländischen Kultur. Indem das Christentum sich durch seine Distanzierung vom Judentum definierte, wurde »das negative Bild der Andersartigkeit des Juden, wie es sich in der Heiligen Schrift findet, zum Hauptbezugspunkt aller Definitionen von ›Andersartigkeit‹ innerhalb der westlichen Welt«[81], schreibt der US-amerikanische Germanist und Historiker Sander L. Gilman (*1944). Das Bild des habgierigen, bösen Juden, der nach dem Blut Jesu lechzt, ist längst integraler Teil von Europa und weckt Judenhass weiterhin in den neuen Generationen, auch wenn es seine religiöse Prägung verloren hat. Denn die Rhetorik der europäischen Kultur hat ihre Wurzeln im Christentum, selbst noch in ihrer säkularisierten Form.

Der Antisemitismus der arabischen und türkischen Gemeinden hat aber eine andere Natur. Es wurde schon im Mittelalter gegen Juden gehetzt auch in den muslimischen Ländern, dies nennen die Forscher aber nicht antisemitisch – im Gegensatz zu den christlichen Ländern wurde hier nicht über das »kosmische Böse« gesprochen.[82] Auch wenn das berühmte *Convivencia* von Juden und Muslimen im mittelalterlichen Andalusien nicht mehr als eine schöngefärbte Idylle war, wurden Juden unter muslimischen Herrschern doch größtenteils besser behandelt als unter den Christen.

Es gibt deshalb durchaus Gründe, den Antisemitismus unter Muslimen als europäische Exportware zu begreifen. Zu den Vertretern dieser These zählt auch der in progressiven Kreisen umstrittene britische Orientalist Bernard Lewis (*1916). Die Muslime benutzten das Bild des Ewigen Juden, um ihre Wunden nach 1948 zu heilen: Es sei für sie zu beschämend gewesen, von den komischen, unschuldigen Juden besiegt worden zu sein. Lewis berichtet darüber, dass die muslimische Welt Europa Rassismus vorwarf, als 1894 die Dreyfus-Affäre bekannt wurde. Nach der Staatsgründung Israels sind in ein paar Jahrzehnten die bekannten Elemente des europäischen Antisemitismus Teil des Alltags in der arabischen Welt geworden.[83] Wenn wir heute auf den Straßen von Casablanca, Kairo oder Ramallah laufen, finden wir Bücher über die jüdische Weltverschwörung, Exemplare der *Protokolle der Weisen von Zion* und Hitlers *Mein Kampf.* Ich erinnere mich noch sehr gut an das Buchgeschäft in der Innenstadt von Ramallah, in dem ich fast nur antisemitische Bücher sah über Hitlers Zeit und heutige Verschwörungstheorien. Es passte nicht ins Stadtbild. Wäre *er* wieder da, würde er sich bestimmt nicht nur auf die Juden von Deutschland fokussieren, sondern auch auf die Muslime und die Geflüchteten – u. a. auf die palästinensischen Neuankömmlinge –, wie es die Rechte von heute tut. Wer weiß, vielleicht säßen wir dann im selben Boot, Juden und Muslime.

Wenn arabischstämmige Jugendliche in Frankreich Juden angreifen, machen sie es nicht, weil sie für ein ethnisch sauberes Frankreich kämpfen, sie sind auch nicht der Meinung, dass französische Juden nicht zu Europa gehören, eine Vorstellung, die europäischstämmige Antisemiten antreibt. Im Gegenteil, argumentiert der Kulturanthropologe Matti Bunzl, Direktor des Wien Museums: Diese Juden werden als Teil der europäischen Hegemonie gesehen, die sie in Frankreich unterdrückt. Die Juden sind die *Insider*, die arabischstämmigen Franzosen die *Outsider*. Noch dazu kommt die Erfahrung mit dem Kolonialismus: Palästina wird als die letzte westliche Kolonie und Israel als die letzte Kolonialmacht im Nahen Osten wahrgenommen. Jugendliche aus marokkanischen, algerischen oder tunesischen Einwandererfamilien sehen in den Juden auch den Vertreter des Kolonialismus, unter dem sie und ihre Vorfahren litten. Sie zeigen sich mit ihren palästinensischen Brüdern solidarisch. Dabei projizieren sie die Geschichte ihrer Eltern und Großeltern auf die Unterdrückung des palästinensischen Volkes. Es geht dabei nicht wirklich um die romantische und viel verbreitete Vorstellung einer pan-arabischen *Umma* (Gemeinschaft). Besonders stark ist dieses Gefühl in Frankreich, wo die Erinnerungen an den Algerien-Krieg noch frisch sind.[84] Diese teils unkritische Solidarität mit den Palästinensern kann man nicht mit der jahrhundertealten antisemitischen und antijüdischen Tradition des Abendlandes gleichstellen, auch wenn das Ergebnis dasselbe ist: Angriffe auf Juden und jüdische Einrichtungen.

Dieser »exportierte Antisemitismus« ist im Vergleich zur abendländischen Version durchaus überwindbar. Der erste Schritt wäre ein Judentum, das sich für die Unterdrückten von heute einsetzt. Der zweite Schritt: die Klärung der Beziehung zwischen Israel und Jisrael, Staat und Volk. Ohne dass sich alle Juden Europas vom Staat Jisrael distanzieren müssen, gilt es klarzumachen, dass ein Jude oder ein Ex-Israeli nicht automatisch ein Unterstützer der israelischen Identitätspolitik ist. Es geht nicht darum, das Existenzrecht Israels zu leugnen, sondern kritisch mit der Gewalt zwischen Mittelmeer und Jordan umzugehen. Wie der israelische Journalist und ehemalige Knesset-Abgeordnete Uri Avnery (*1923) nach den Anschlägen von Paris schrieb: »Wenn sich jüdische Institutionen (…) vollkommen und unkritisch mit der Politik Israels und dessen Handlungen identifizieren, wie beim jüngsten Gaza-Krieg, machen sie sich selbst zu potentiellen Opfern von Racheakten.«[85]

»Ich dachte, die Juden stehen alle immer zu Israel!«, meinte überrascht das junge, kopftuchtragende Mädchen in der Ernst-Abbe-Oberschule in der Neuköllner Sonnenallee. Wir, jüdische und muslimische Aktivisten der Salaam-Schalom-Initiative, stellten uns vor als Berliner, die in Berlin für ein friedliches Zusammenleben stehen. Für zwei Stunden ließen wir den Nahostkonflikt hinter uns – und es fühlte sich gut an. Unsere Initiative wurde von ihrem Lehrer der Politik AG eingeladen, um an einem Projekttag über muslimisch-jüdisches Zusammenleben in Berlin zu sprechen. Sechs Aktivisten unserer Gruppe, drei Juden und drei Muslime, trafen auf 60 Jugendliche in der großen Aula des alten Gymnasiums. 95 Prozent der Schüler hier sind arabisch- oder türkischstämmig. Eine Institution, über die in den Medien nur als »Brennpunktschule« berichtet wird. Wir teilten uns in drei Gruppen, die mit jeweils zwei Sascha-Scha-Aktivisten ihre Fragen und Anmerkungen besprechen konnten.

»Wie viele von euch haben jüdische Freunde?«, fragte mein muslimischer Tandempartner. Die Teenager blieben stumm. »Nun, jetzt habt ihr alle einen jüdischen Freund: Ármin!« Gelächter. Der Student Emre Çakir, der selbst aus einem ähnlichen Milieu stammt wie die Mehrheit der Teenager vor uns, hatte sehr schnell einen Draht zu ihnen. Und da die Schüler bemerkten, dass wir befreundet waren und uns vertrauten, bauten sie auch zu mir schnell Vertrauen auf. Wir unterhielten uns anderthalb Stunden lang locker und ehrlich. Und hinterher war ich so froh wie selten, es war ja keine öffentlichkeitswirksame Aktion, aber ich hatte das untrügliche Gefühl, dass wir etwas in diesen jungen Menschen bewirken konnten.

Umso mehr mediale Wellen schlug Shahak Shapira, ein israelischstämmiger Lebenskünstler und Freund von mir aus Berlin. Shahak wurde in der Neujahrsnacht 2015 von arabischstämmigen Jugendlichen in der deutschen Hauptstadt bedroht, angespuckt und leicht verletzt. Die Täter schimpften auf Israel. Ich frage mich, ob die Jungs ihn losgelassen hätten, wenn er die Chance gehabt hätte, zu erklären, dass er selbst ein Kritiker der israelischen Palästinapolitik ist, dass er unter anderem deswegen nicht nach Israel zurückkehrt. Shahak weigerte sich, öffentlich instrumentalisiert zu werden. Er wollte nicht, dass die Rechten seinen

Fall verwenden, um der muslimischen Gemeinschaft Anti-semitismusvorwürfe machen zu können. Ein echter Mann des Friedens, des Salaam-Schaloms! Shahak ist mit seiner Einstellung, G'tt sei Dank, unter den (Ex-)Israelis in Berlin überhaupt nicht allein.

Antisemitische Gewalt ist durch nichts zu entschuldigen, die Täter, die mal mit kleinen Beleidigungen, mal mit Schlägen, mal mit Kalaschnikows umherlaufen, gehören bestraft. Es kann aber nicht sein, dass die Juden in Paris, in Toulouse, in Brüssel, in Berlin für die Palästinapolitik Israels geradestehen müssen: Judentum und Israel sind nicht eins. Auch wenn einige das behaupten, wie zum Beispiel der israelische Ministerpräsident.

Ich lag im Bett und guckte das Video zum fünften Mal an: Inbrünstig singen sie Benjamin Netanjahu die Marseillaise ins Gesicht. Kurz nach den Terrorangriffen von Paris war der israelische Premierminister in der größten Synagoge der Stadt zu Besuch. Netanjahu hielt eine Rede. Er rief die Juden Frankreichs auf »heimzukehren«. Die anwesenden Gläubigen antworteten mit der berühmten Strophe ihrer Nationalhymne: »Auf, Kinder des Vaterlands, der Tag des Ruhmes ist gekommen!« Benjamin Netanjahus verwirrter Blick sprach für sich. Er als israelischer Regierungschef im Wahlkampf, der sich für alle Juden der Welt verantwortlich fühlt, er verstand diese Juden vor ihm nicht.

Ich hatte dieses Video auf der Facebook-Seite von *AJ+* entdeckt, das zu *Al Jazeera* gehört. Ja, ich weiß, dieser Kanal gehört den Kataris, und der Staat Katar hat eine klare politische Agenda in Hinsicht auf Israel: Sie unterstützen die Hamas, sie sind pro-Muslimbrüder, obwohl sie gleichzeitig auch pro-USA sind. Aber diese Aufnahme hatte für mich fast die Kraft einer Offenbarung: Nicht einmal diejenigen französischen Juden, die extra zu einer Veranstaltung mit dem israelischen Ministerpräsidenten gehen, sind so Israel-besessen, dass sie auf so einen Aufruf direkt die *Hatikva*, die israelische Nationalhymne, singen würden. Ich teilte das Video auf Facebook – und die »Gefällt-mir«-Angaben kamen so schnell wie selten.

Der Aufruf wurde von vielen Leitfiguren des europäischen Judentums kritisch kommentiert. »Nach jeder Terrorattacke erneut so einen Aufruf vorzubringen, ist nicht akzeptabel«, sagte Rabbiner Menachem Margolin, Kopf der europäischen Chabad-Bewegung.[86] Der Meinung des Brüsseler Anwalts Sydney Schreiber nach klingt das Statement von Netanjahu, als ob Juden nicht nach Europa gehörten.[87] Sollen wir jetzt aus unseren relativ sicheren Heimatländern in ein Land ziehen, das ständig mit seinen Nachbarn im Krieg ist?

Dass Israel keine säkulare Demokratie ist, dass dort Nicht-Juden, Vaterjuden und nicht-orthodoxe Juden staatlich diskriminiert werden, widerspricht den moralischen Werten der jüdischen Tradition. Alija ist keine Option, nicht nur für mich.

Wenn man aus ideologischen oder wirtschaftlichen Gründen nach Israel zieht, kann ich nur *Behatzlacha*, viel Glück wünschen. Als Vilja, meine Schwester, mir eines Tages ankündigte, dass sie Alija machen will, wünschte ich ihr nicht einfach viel Glück, sondern half ihr auch mit Papieren, so ihr Prozess schneller bearbeitet wird. Sie zog hin, um was Neues zu erfahren, in ein Land, das sie verzaubert – ein nachvollziehbarer Grund. Sollten aber wirklich Terroristen der Grund für eine »Flucht« sein? Außerdem brauchen wir auch nicht zu gehen. Manuel Valls, der französische Ministerpräsident, machte seinen Standpunkt nach den Anschlägen von Paris sehr deutlich: »Ohne seine Juden wäre Frankreich nicht mehr Frankreich.«[88] Helle Thorning-Schmidt, dänische Premierministerin, meinte nach dem Anschlag in Kopenhagen: »Ihr [Juden] seid nicht allein. Ein Angriff auf dänische Juden ist ein Angriff auf Dänemark – auf uns alle.«[89] Angela Merkel reagierte ähnlich: »Wir möchten gerne mit den Juden, die heute in Deutschland sind, weiter gut zusammenleben.«[90] Kein Regierungschef mag es, wenn ein Ministerpräsident eines anderen Landes seine Bürger aufruft, sein Land zu verlassen.

Eine zentrale Aufgabe der jüdischen Gesellschaft in Europa ist, das Zugehörigkeitsgefühl, dass wir Teil der europäischen Gesellschaft sind, unter uns Juden zu verbreiten. Wir bleiben in Europa als Juden. Wir bleiben *dafke* (trotz alledem) in Europa, wie man trotzig auf Jiddisch sagt. Trotz und gerade wegen der Gewalt, die uns direkt und indirekt angetan wird. Wenn uns der Wahlkämpfer Benjamin Netanjahu aufruft, nach Israel überzusiedeln, sollten wir antworten: »Nein danke, wir wollen kein judenfreies Europa.«

Es ist die Aufgabe der nicht-jüdischen Gesellschaft, Mehrheiten und Minderheiten inbegriffen, zu gewährleisten, dass Juden ohne Angst und Gefahr in Europa leben können. Denn wir Juden sind hier zu Hause. Sowohl in Berlin als auch in Paris oder in Budapest: Wir sind die europäischen Juden.

Der engagierte Jude

Er [G'tt] verschafft Waisen und Witwen ihr Recht. Er liebt die Frem-
den und gibt ihnen Nahrung und Kleidung – auch ihr sollt die Frem-
den lieben, denn ihr seid Fremde in Ägypten gewesen.

Tora, Devarim 10:18

Zwei Juden sitzen auf dem grünen Teppich der Şehitlik-
Moschee in Berlin-Neukölln. Der Teppich ist flauschig und
dick, die Akustik ist gedämpft. Der israelischstämmige
Filmregisseur David, mit der Kamera, und ich sprechen mit
den Gemeindemitgliedern. Ahmad, ein Besucher aus
Uganda, nimmt neben uns Platz. Der junge Mann lauscht
aufmerksam unseren Gesprächen, obwohl er kein Deutsch
versteht. Er starrt noch ein paar Minuten und stellt eine
Frage: »Ihr seid also Juden?«, für ihn ist es nicht das Nor-
malste auf der Welt, dass zwei Juden auf dem Teppich einer
Moschee Platz nehmen.

Ahmad hat noch nie in seinem Leben Juden gesehen. Er
hat bestimmt ein Bild davon, wie ein Jude so sein kann. Sein
Bild von uns war bis zu diesem Tag aber nicht besonders positiv, er assoziierte das Wort »Jude« mit dem Wort »israelischer
Soldat«, wie er später erklären wird. Nach der Begegnung in
der Şehitlik-Moschee verspricht er aber, seine Haltung zu
überdenken. »Ich werde in Uganda allen von euch netten
Juden erzählen.« Selbstkritisch beteuert er, dass er vorher nie
gedacht hätte, dass es außerhalb von Israel auch Juden gebe.
Und weil es in Uganda irgendwo auch Juden gibt, verspricht
er uns, zu ihnen Kontakt aufzunehmen. Er wolle auch in
seinem Land für etwas mehr Salaam-Schalom sorgen.

David, der Regisseur, ist ein sehr angenehmer Mensch,
manche sagen das auch über mich, auch wenn ich selbst

nicht in der Position bin, das zu bestätigen. Doch unsere Persönlichkeiten an sich wären wahrscheinlich nicht genug gewesen, um Ahmads Einstellung gegenüber den Juden so schnell zu ändern. Es lag hauptsächlich an unseren Fragen, die wir an diesem Tag auf dem Teppich der Moschee an die Gläubigen stellten: Wie fühlt ihr euch, wenn ihr die Aussage hört, dass Neukölln eine No-go-Area für Juden sei? Sind »zu viele Muslime« ein Grund für Juden, diesen Ort zu meiden? Was geht euch durch den Kopf, wenn gesagt wird, dass Juden Angst vor euch haben sollen?

Meine Lieblingsantwort gab eine Neuköllner Muslima aus der Emser Straße: »Mein größtes Problem mit Juden ist, dass, wenn ich meine jüdischen Nachbarn zum Essen einlade, ich immer darauf achten muss, dass ich Fleisch- und Milchgerichte nicht zusammen koche.«

Also machten wir uns auf, und streiften durch die Straßen auf der Suche nach jüdischen Neuköllnern. Wir trafen vor allem auf Menschen, die hier sehr glücklich sind und gern leben, es waren so viele, dass wir genug Material für eine flott geschnittene Stunde YouTube-Video hatten. Aber wer schaut sich schon eine ganze Stunde an mit immer derselben Botschaft? »Ich bin Jude und lebe gerne und sicher in Neukölln«? Nach einer Weile ist das ja auch langweilig.

So entstand die Salaam-Schalom-Initiative: aus den Leuten, die durch die improvisierten Dreharbeiten mobilisiert wurden. Wir waren auch irgendwie süß, wie wir da auf dem Teppich versuchten, möglichst ruckelfreie Videos mit unserer kleinen Digitalkamera aufzunehmen. Wir reagierten mit den Filmchen in erster Linie auf eine öffentliche Aussage von Daniel Alter. Sie hatte uns alle sehr getroffen.

An einem Nachmittag im Oktober 2013 lag ich auf meiner schmutzigen Matratze, die ich vom Vormieter geerbt hatte. Sonst war mein Zimmer in meiner neuen Wohnung in der Richardstraße in Berlin-Neukölln leer. Ich war gerade erst von einem langweiligen Seminar über jüdische Geschichte an der Universität nach Hause zurück, aß einen leckeren Gemüse-Döner, den ich im Imbiss neben unserem Haus gekauft hatte. Es war ein anstrengender Tag, auch wegen des langen Pendelns zwischen meiner Wohngemeinschaft und der Uni in Potsdam. Meine Universität in Budapest hatte nur zwanzig Minuten von meiner Wohnung entfernt gelegen. Zu Fuß. Jetzt reise ich täglich drei Stunden. Falls sich die Bahn nicht fünf, zehn oder 15 Minuten verspätet, wie üblich. Oder ausfällt. Echt, eine meiner größten Enttäuschungen kurz nach meinem Umzug war, dass die Deutsche Bahn nicht pünktlich ist. Aber ich lernte schnell, dass sich über die Bahn aufzuregen den Vorteil hat, dass es sehr zur allgemeinen Verbrüderung aller Reisenden beiträgt.

Mein Handy piepte. Ich blickte auf eine Facebook-Nachricht von Mohamed, einem Freund von mir. Er schickte mir einen *ARD*-Beitrag über Antisemitismus in Deutschland. Ich öffnete das Video. »50 Minuten?! Das guckt sich doch keine Sau an«, dachte ich und spulte also gelangweilt hin und her im Video, während ich den Döner in der anderen Hand balancierte. Plötzlich sah ich einen deprimiert schauenden, bleichen Mann mit Kippa, der erklärt, Neukölln sei eine No-go-Area für Juden – wegen der hohen Anzahl von Muslimen. »*What the fuck*, wer ist dieser Mensch?!« Ich spulte zurück, legte den Döner auf den Parkettboden. Es war Daniel Alter, damaliger Antisemitismusbeauftragter der jüdischen Gemeinde zu Berlin, der im Sommer 2012 selbst Opfer einer antisemitischen Gewalttat geworden war. Niemand darf wegen seines Glaubens Opfer von Gewalt werden, und er hat mein größtes Mitgefühl für diese schreckliche Attacke. Aber was er in dieser Dokumentation erzählte, dafür hatte ich kein Verständnis.

Dass diese Feststellung die Erfahrung der Neuköllner Juden, unter anderem meine persönlichen Beobachtungen, gänzlich überging, war das geringere Problem. Einige tragen Kippa, andere sprechen Hebräisch auf der Straße, keiner von uns muss seine jüdische Identität in Neukölln verstecken. Als ich meinem libanesischstämmigen Friseur Osama erzählte, dass ich Rabbinerstudent bin, schnitt er mir nicht die Kehle durch, wie einige denken würden, sondern erkundigte sich im Verlauf lediglich danach, ob Rabbiner heiraten dürften. Als ich die *Jüdische Allgemeine* beim »Türken« an der Ecke kaufte, warf er mir keine bösen Blicke zu, sondern sagte einfach: 1,60 Euro, bitte. Als ich vor fünfhundert Menschen auf dem Sommerfest der Neuköllner Şehitlik-Moschee eine Rede hielt, drückte mir ein Hodscha 20 Euro als Spende für meine Kiez-Projekte in die Hand. Und nein, ich verbarg meine jüdische Identität auch in diesem Fall nicht. Ich sehe keinen Grund, das zu tun.

Aber es gibt ein größeres Problem mit der Aussage von Herrn Alter. Sie stigmatisiert unsere muslimischen, vor allem unsere arabisch- und türkischstämmigen Nachbarn. Qua Name auch meinen Freund Mohamed, der im Übrigen ein unverbesserlicher Atheist ist. Trotzdem trifft er stets auf antimuslimischen Rassismus. Also in genau der Situation, die Sartre für die Juden so definiert: »Der Jude [ist] in der Situation des Juden, weil er in einer Kollektivität lebt, die ihn für einen Juden hält.«[91] So wie ich damals in der Grundschule zum Juden gemacht wurde, bevor ich meiner Herkunft überhaupt bewusst gewesen war, so ergeht es Mohamed heute. Und Aussagen wie die von Daniel Alter tragen dazu bei, dass heute in der Bundesrepublik antimuslimische Ressentiments nicht als Rassismus verbucht werden.

Ich als progressiver, schwuler Jude, der in Osteuropa aufwuchs, habe mehrmals am eigenen Leib erfahren, wie es sich anfühlt, diffamiert und dämonisiert zu werden. In Ungarn las ich regelmäßig homophobe und antisemitische Hetztiraden in den Zeitungen, ich wurde wegen meiner politischen Aussagen mehrmals von Rechten als »Heimatverräter« tituliert. Ich wurde zigmal von Unbekannten und von Bekannten antisemitisch und homophob angegriffen, sowohl verbal als auch physisch. Das waren die Diffamierungen von heute.

Wegen der Diffamierungen von gestern wurden viele meiner Verwandten in den Konzentrationslagern des Dritten Reiches umgebracht. Übrigens als Folge einer Konferenz, die genau auf halbem Weg zwischen Berlin und Potsdam stattfand: am Wannsee. Ich erinnere mich daran jedes Mal, wenn ich mit der S-Bahn zum Potsdamer Hauptbahnhof fahre und aus dem Fenster die Tafel *Berlin – Wannsee* in Frakturschrift erblicke. Und ich denke daran, was hier am 20. Januar 1942 passiert ist, was für Folgen das für meine Familie hatte – und was das für mich heute bedeutet.

Die Wannseekonferenz, die NSDAP und die Konzentrationslager sind Geschichte. Aber der Rassismus in Deutschland ist nicht vorbei. Ich wollte gegen diese rassistischen Normalzustände etwas unternehmen – und fand dazu sehr schnell weitere Mitstreiter aus allen religiösen und kulturellen Kreisen. Solidarität zwischen Minderheiten funktioniert – und das ärgert viele dermaßen, dass wir viel Gegenwind bekommen. In den Augen vieler Deutschen gehört nämlich nur derjenige zum Volke in dessen Adern deutsches Blut fließt. Als ob deutsches Blut anders aussähe als das Blut der Araber und Juden. Anderswo, zum Beispiel in Großbritannien, kann man gleichzeitig britisch und muslimisch oder jüdisch sein:

»Also wenn ein Gardist eine rote Rose an seiner Uniform trägt, kommt er aus England. Die Schotten tragen am Kragen eine blaue Distel und die Waliser eine weiß-grün-weiße Feder in der ikonischen Bärenfellmütze«, erklärte mir Jeromé begeistert. Wir saßen im geräumigen Wohnzimmer des 80-jährigen Herrn und guckten die Übertragung der Militärmärsche vor dem Buckingham-Palast auf dem größten aller Flachbildschirme. Es war der offizielle Geburtstag der Königin. »Es lohnt sich nicht, da hinzufahren«, erklärte seine Frau Louise. »Es gibt einfach zu viele Schaulustige, du siehst fast nichts. Im Fernsehen sieht es viel besser aus.« Die majestätische Frau mit der großen himmelblauen Brille saß im gemütlichen Sessel neben uns und machte stets zynische Kommentare zu den Erklärungen ihres Mannes: »Das hat gerade der Moderator schon erklärt, Jeromé … Elisabeth ist 1926 geboren, nicht 1927, das wisst nur ihr Buben nicht.«

Ich saß auf einer Couch zwischen diesen zwei wunderbaren Menschen und hörte erstaunt zu. Jeromé und Louise sind Vorstandsmitglieder einer Londoner Synagoge, in der ich an diesem Schabbat den Gottesdienst leitete. Als ich die Einladung bekam, das Wochenende bei ihnen zu verbringen, rechnete ich nicht damit, dass ich mich in einem liebevollen Monty-Python-Sketch wiederfinden würde. Bis zu diesem Samstag im Juni 2015 wusste ich nicht einmal, dass die Königin neben ihrem wirklichen Geburtsdatum – der, wie Louise erläuterte, im April stattfindet – auch einen offiziellen Geburtstag zelebriert: Ihren feiert sie zu Hause im kleinen Kreis, den offiziellen mit dem Volk auf den Straßen von London, umgeben von Tausenden von Gardisten. Was für ein Theater, was für ein Spektakel.

»Ich wünsche mir, dass die Queen bis September aushält, dann wird sie die am längsten regierende britische Monarchin aller Zeiten sein«, meinte Louise. Währenddessen spielten die walisischen Gardisten den Militärmarsch *Preußens Gloria* von Johann Gottfried Piefke. Deutsche Militärmärsche auf einer britischen Militärparade? Für Jeromé ist das nichts Neues: »Die Deutschen und die Engländer besiegten Napoleon gemeinsam. *Wir* waren ja 1815 auf derselben Seite!«, fügte er zwinkernd hinzu.

Die Tatsache, dass Jeromé mich als Deutschen identifizierte, obwohl er über meine Herkunft und meine ungarische Staatsangehörigkeit Bescheid wusste, überraschte mich noch mehr als *Preußens Gloria* im britischen Fernsehen. In England bin ich ein Bundesrepublikaner. Ich erklärte ihnen, dass auf meinem roten Pass *Magyarország* (Ungarn) steht und (noch) nicht *Bundesrepublik Deutschland*, aber das störte sie nicht. Du bist in München geboren? Du lebst, studierst und arbeitest in Berlin und Potsdam? Du sprichst die Sprache? Dann bist du Deutscher. That's pretty obvious.

Ich weiß jetzt, dass ich mich auch deswegen in der Gesellschaft von Jeromé und Louise so wohl fühlte, weil sie in Bezug auf ihre jüdische Identität eine große Geborgenheit ausstrahlen. Sie sind Juden und Briten: Die Entscheidung, ob sie sich als Juden in Großbritannien oder britische Juden definieren, wird ihnen überlassen. Aber diese Entscheidungsfreiheit ist auch erst eine jüngere Errungenschaft. Vor der Emanzipation der britischen Juden im Jahr 1858 wären Louise und Jeromé geduldete Juden in England gewesen.

Die französischen und deutschen Juden wurden sogar früher gleichgestellt als die im Vereinigten Königreich. Wieso ist dieser Patriotismus unter kontinentalen Juden so unbekannt? Warum heißt der Verband der jüdischen Gemeinden in Deutschland »Zentralrat der Juden in Deutschland« und nicht »Zentralrat der deutschen Juden«? Warum nennt sich der Dachverband in Ungarn »Bündnis der jüdischen Gemeinden in Ungarn« und nicht »Bündnis der ungarisch jüdischen Gemeinden«? Die britischen Juden mussten keinen Zivilisationsbruch erleben wie die ungarischen und deutschen Juden. Sie können sich als Teil der Gesellschaft fühlen, ohne rigorosen Nationalismus zu feiern: Ihre Vertretung heißt deshalb auch »Board of Deputies of British Jews«.

Die Situation der kontinentalen Juden ändert sich langsam, aber radikal: Die Unterdrückung, die unsere Eltern und Großeltern erlebten, ist Geschichte, die wir nie vergessen, die uns aber nicht alleine ausmacht. In dieser Erinnerung steckt zugleich ein Handlungsgebot: Wir wissen, dass die antimuslimische Hetze von heute nur das Ergebnis einer Neuauflage der antisemitischen Parolen des 19. Jahrhunderts ist.

»Jehova! Hast Du Dein Wort gebrochen? Du hattest uns Juden die Welt versprochen. Soll diesmal in all dem Völkersterben, von Dir verlassen, auch Juda verderben?«[92], ruft ein religiöser Jude, auf Leichen stehend, in einer Karikatur des antisemitischen Hetzblattes *Der Stürmer* in den zwanziger Jahren. Der deutsche Politiker Otto Böckel (1859–1923), der bei der Reichstagswahl 1887 für den Wahlkreis Marburg-Kirchhain als erster unabhängiger Antisemit in den Reichstag gewählt wurde, sah wie heute Geert Wilders oder Hans-Christian Strache in den Migranten und Neubürgern eine Gefahr. Nur damals waren diese Migranten jüdischen und nicht muslimischen Glaubens. »Die Juden haben sich besonders stark auch durch die Einwanderung vermehrt. Bekanntlich sitzen sie in großer Zahl in Polen, Litauen, Weiß- und Rotrußland, in Podolien und der Ukraine. Dort wohnt beinahe die Hälfte aller europäischen Juden. Hier befindet sich die große *vagina judaeorum*, aus welcher die übrigen Juden Europas Auffrischung und neuen Zuwachs erhalten. Stets in Bewegung, strömen diese polnischen Juden nach Rumänien, Österreich und Deutschland ein.«[93]

Der berühmte Spruch »Deutschland den Deutschen«, der heute in der Agitation gegen Muslime und Geflüchtete verwendet wird, stammt auch von diesem professionellen Antisemiten, aus seiner ominösen Rede *Die Juden – Die Könige unserer Zeit* auf der Versammlung des Deutschen Antisemitenbundes in der Berliner Bockbrauerei vom 4. Oktober 1886. »Es gibt in Deutschland zwei verschiedene Nationen: Deutsche und Juden; erstere sind die Herren des Landes, letztere sind Gäste, die zwar das Gastrecht, aber niemals das Recht der Herren besitzen dürfen. [...] Deutschland den Deutschen, das ist die Parole des Antisemitismus!«[94]

In den 1880er Jahren nahm die Betonung kultureller und religiöser Differenzen zu: Parteien wurden gegründet, deren einziges Ziel darin lag, die »Juden« auf einer politischen Ebene zu bekämpfen. So etwa wie heute die AfD, die eigentlich kein anderes Thema außer einem kruden Islam-Bashing hat. Teile der intellektuellen Elite wurden davon auch angesteckt, so der Historiker Heinrich von Treitschke (1834–1896): »Über unsere Ostgrenze (...) dringt Jahr für Jahr aus der unerschöpflichen polnischen Wiege eine Schaar strebsamer hosenverkaufender Jünglinge herein, deren Kinder und Kindeskinder dereinst Deutschlands Börsen und Zeitungen beherrschen sollen.« Ähnlich wie Sarrazin oder Wilders war auch Treitschke davon überzeugt, dass er im Namen des Volkes redet und lediglich ein Tabu bricht: »Täuschen wir uns nicht. (...) Bis in die Kreise höchster Bildung hinauf, unter Männern, die jeden Gedanken kirchlicher Unduldsamkeit oder nationalen Hochmuths mit Abscheu von sich weisen müssen, ertönt es heute wie aus einem Munde: Die Juden sind unser Unglück.«[95] Dieser ominöse letzte Satz wurde später zum Motto der antisemitischen Zeitschrift *Der Stürmer*. Der angesehene Intellektuelle Treitschke betonte dabei seine Objektivität. Er schreibe über die Juden mit dem Anspruch auf Wissenschaftlichkeit, nicht einfach eine Polemik. Seine Aussagen hatten deswegen für seine Zeitgenossen einen besonderen Stellenwert. Treitschke bekam von vielen Großkopferten Unterstützung, wie zum Beispiel dem Bismarckreferenten Julius Hermann, dem Publizisten Moritz Busch oder dem Berliner Professor Wilhelm Endner.[96] Ähnlich wie im Fall Sarrazin, der ebenfalls seine »wissenschaftliche Art« unterstreicht und dessen Aussagen unter anderem vom SPD-Altkanzler Helmut Schmidt und anderen SPD-Größen wie Klaus von Dohnanyi oder dem BDI-Präsidenten Hans-Olaf Henkel verteidigt wurden. Sarrazin sei ja ein begabter Ökonom, wie Matthias, ein Freund von mir, mal erklärte, als ich ihn mit der Frage konfrontierte, warum er ein Buch von ihm über den Euro besitzt. Er mag ein angesehener Ökonom sein, setzte Matthias fort, das bedeutet aber nicht, dass wir über seine rassistischen Statements schweigen müssen. Man sollte auf Sarrazins Statements über Muslime mit einer Empfindlichkeit reagieren, als ob er das Gleiche über Juden geschrieben hätte. Das passiert leider nicht. Die Unterstützung Treitschkes damals und Sarrazins heute seitens vieler Intellektueller führte in den beiden Fällen dazu, dass der Antisemitismus im 19. Jahrhundert und der antimuslimische Rassismus im 21. Jahrhundert in den gebildeten Schichten salonfähig wurden.

»Die Aufregung [z. Z. von Treitschke] war riesengroß, der ›Antisemitismus-Streit‹ brach in Presse, Politik und Wissenschaft los – nur gab es gar keine nennenswerte Einwanderung von Juden aus Osteuropa!«, erklärt Wolfgang Benz in einem *Zeit*-Interview. »Das war ein Phantom. Es gab eine Transit-Immigration von Juden aus dem russischen Herrschaftsgebiet in Polen; sie flohen vor den Pogromen im Zarenreich. Die Juden wollten nach Amerika, nur wenige blieben in Deutschland. Hysterie gegenüber einem vermeintlichen ›Ansturm von Fremden‹ existiert schon lange.«[97] Kommen diese Narrative auch Ihnen bekannt vor?

Damals ging es um die sogenannte »jüdische Landnahme«. Im Jahr 2015 guckt der ehemalige Neuköllner Bezirksbürgermeister Heinz Buschkowsky aus seinem Büro auf die Karl-Marx-Straße hinab und diagnostiziert »den Versuch einer allmählichen Landnahme des Fundamentalismus mit dem Ziel, eine andere Gesellschaftsordnung zu schaffen als die, die wir westliche Demokratie nennen«. Auf der Straße vor dem Neuköllner Rathaus sieht er »nur verschleierte Frauen.«[98] Ich fragte mich, als ich seinen Artikel beim Berliner Informationsdienst *Der Hauptstadtbrief* las, ob Buschkowsky und ich über dieselbe Karl-Marx-Straße sprechen. Ich sehe da eher viele Hipster und Wochenendtouristen. Als die Jusos-Neukölln – die G'tt sei Dank keine Buschkowsky-Fans sind – die Fußgänger auf der Karl-Marx-Straße fragten, was sie von den ominösen Buschkowsky-Zitaten halten, dachten nicht wenige, dass diese von einem NPD-Politiker stammen. »Das klingt aber total braun«, meint eine junge Mutter in dem Video, das auf YouTube zu finden ist. Ich wünsche mir oft, dass die SPD Neukölln mehr auf ihre Jugendorganisation hören würde. So wie ich mir auch wünschen würde, der Zentralrat der Juden höre etwas mehr auf uns junge Juden. Die Jusos hätten Buschkowsky erklären können, dass 72 Prozent der Musliminnen in der Bundesrepublik kein Kopftuch tragen – und das trifft auch auf die Neuköllner Musliminnen zu, die auf der Karl-Marx-Straße herumbummeln. Außerdem ist Verschleierung eher unter älteren Frauen verbreitet, für die neue Generation ist es nicht mehr so üblich, den Kopf zu bedecken. Laut der Studie *Muslimisches Leben in Deutschland* (2008) vom Bundesamt für Migration und Flüchtlinge tragen lediglich 22 Prozent der Musliminnen zwischen 16 und 25 Jahre ein Kopftuch, währenddessen unter Frauen über 66 Jahre diese Zahl bei 50 Prozent liegt.

Trotzdem redet Buschkowsky, der Neukölln-Erklärbär, weiterhin über die Muslime als ob sie eine physische, spirituelle und finanzielle Gefahr für Deutschland bedeuteten. Wir Juden waren damals die Parasiten, jetzt sind es die Muslime, und die Geflüchteten aus Syrien. In der Biologie versteht man unter dem Begriff Parasitismus laut *Wikipedia* »den Ressourcenerwerb mittels eines in der Regel erheblich größeren Organismus einer anderen Art, meist dient die Körperflüssigkeit dieses Organismus als Nahrung«. Seit dem Mittelalter wird der jüdische Broterwerb durch Geldverleih als Parasitentum eingeordnet. Juden durften keine Bäcker, keine Schmiede, keine Richter, keine Lehrer werden. Es gab Juden, die andere Berufe als Geldverleiher ausübten, und Christen, die als Banker an Geld kamen: Vorurteile kennen aber keine Logik, der Jude wurde zum Schmarotzer. Die Judenverfolgungen des 20. Jahrhunderts waren logische Folgen dieser Stigmatisierung: Wenn die Juden Schmarotzer sind, gehören sie ausgerottet.[99]

Der deutsch-österreichische Mediziner und Professor für Chirurgie in Wien, Theodor Billroth (1829–1894), der auch ein Lehrer von Freud war, schreibt mit großer Herablassung in seinem 1876 Werk über die Juden aus Galizien und Ungarn, die »absolut gar nichts haben und denen man die wahnsinnige Idee beigebracht hat, sie könnten in Wien zugleich Geld erwerben«. Uns osteuropäischen EU-Ausländern wird immer vorgeworfen, dass wir wegen der Sozialleistungen nach Deutschland ziehen: ähnlich wie den Geflüchteten, die pauschal als Wirtschaftsflüchtlinge bezeichnet werden. Billroth distanziert sich gleichzeitig von den »Judenschimpfern«. Er sei einfach ein objektiver Beobachter, seine Ansichten stünden im Rahmen der Wissenschaft.[100] Wir kennen diese Haltung auch aus unseren Tagen: »Ich bin kein Rassist, aber ...«

Die *Bild-Zeitung* ist natürlich auch nicht rassistisch, trotzdem berichten sie über Roma aus Bulgarien und Rumänien, die nach Deutschland kommen, als »Hartz-IV-Schmarotzer«. Als würden ihnen die sozialen Dienstleistungen allein nicht reichen, reproduzieren sie sich dazu auch noch überproportional, denken viele Leser. »Ich muss niemanden anerkennen, der vom Staat lebt, diesen Staat ablehnt, für die Ausbildung seiner Kinder nicht vernünftig sorgt und ständig neue kleine Kopftuchmädchen produziert«, schreibt Thilo Sarrazin. Das gelte für 70 Prozent der türkischen und 90 Prozent der arabischen Bevölkerung in Berlin.[101] Kein Wunder, dass Sarrazins Argumentation in der Wochenzeitung *Die Zeit* als »eugenisches Projekt« gewertet wurde. Es weckte Assoziationen an das alte antisemitische Gedankengut.

Vor 100 Jahren war es der Jude, der »unsere« Gesellschaft zerstören wollte, heute soll es der Muslim sein: »Kein anderes Volk hatte solche Prophezeiungen. Kein anderes Volk würde sagen, dass es auserwählt wurde, um andere Völker zu vernichten und ihre Sitten zu verderben«, schrieb Julius Streicher (1885–1946), Gründer und Herausgeber des Blattes *Der Stürmer*, über die Juden. Heute liest man sprachlich und inhaltlich ähnliche Zeilen über Muslime, ihnen wird nun die rassistische Rolle des Sündenbocks für alle Probleme zugewiesen: So wie vor 100 Jahren über Berlin als die »verjudete« Stadt gesprochen und gegen neu gebaute Synagogen protestiert wurde, wird heute von einer angeblichen Islamisierung des Abendlandes gesprochen. Gegen den Bau von Moscheen gehen besorgte Bürger auf die Straße.[102] Und gleichzeitig beschweren sie sich über Hinterhof-Moscheen. Die »verjudete« Bevölkerung bildet einen »Staat im Staate«, wie die Antisemiten vor 100 Jahren feststellten. Heute spricht man von »Parallelgesellschaften« von Muslimen, die »uns« bedrohen.[103] Dieses Schlagwort, das seit den 2000ern gängig ist, konstruiert ein Bild von Migranten, die sich sowohl räumlich als auch sozial von der Mehrheit abschotten. Klar, es gibt Stadtteile mit einem hohen Anteil von Einwanderern: Dafür ist aber in der Regel der Wohnungsmarkt ursächlich. Und trotz dieser wenigen »Ghettos« herrscht in Deutschland laut der repräsentativen Umfrage des Integrationsbarometers 2016 zwischen Menschen unterschiedlicher Herkunft und Weltanschauung ein stabiles Vertrauensverhältnis, so wie häufige Kontakte vor allem am Arbeitsplatz, in der Nachbarschaft und im Freundeskreis.

Die jüdische Bevölkerung des Deutschen Reiches stellte nie mehr als ein Prozent, die muslimische Bevölkerung ist mit unter fünf Prozent weiterhin eine Minderheit. Dennoch brennen Heime der Geflüchteten, dennoch marschiert Pegida in Dresden, dennoch bekommt die Alternative für Deutschland bis zu zwölf Prozent der Wählerstimmen in Brandenburg. Die Muslime hätten aus Neukölln ein Islamabad gemacht und in fünf Jahren passiere dasselbe mit Dresden, so Henryk M. Broder in der *Welt*. Ob es auch in Islamabad so viele schwul-queere Kneipen, betrunkene Spanier und israelische Lebenskünstler gibt wie in Neukölln, zieht Broder nicht in Betracht. Dass in Dresden insgesamt 0,2 Prozent der Bevölkerung muslimisch sind – währenddessen in Islamabad 94 Prozent –, ist auch total irrelevant.

»Wenn man nun an unzähligen Beispielen bestimmte Rasseneigenthümlichkeiten feststellen kann und diese derart sind, dass ein gemeinsames Zusammenleben nicht möglich ist, nun, dann glaube ich, da wir hier doch eingeboren sind, den Boden urbar gemacht und gegen alle Feinde verteidigt haben, dass es unsere Pflicht ist, gegen die Juden, die eben ganz anderer Natur sind, Stellung zu nehmen. (…) wir Germanen stehen auf dem Kulturboden der Arbeit (…) Die Juden stehen nicht auf dem Kulturboden der Arbeit, sie wollen nicht selbst Werte schaffen, sondern sich ohne Arbeit die Werte aneignen, die Andere geschaffen haben; das ist der Kardinalunterschied, der uns leitet bei allen unseren Erwägungen«, sagte Hermann Ahlwardt (1846–1914), Reichstagsabgeordneter in einer Rede im Parlament von Weimar.[104] Würden wir in seiner Rede das Wort Jude mit dem Wort Muslim ersetzen, die Rechtschreibung ein wenig anpassen, könnte dieses Zitat aus dem Buch *Deutschland schafft sich ab* stammen.

Sarrazin behauptet, dass Muslime dumm, faul und nicht produktiv seien, dies sei »genetisch vererbt«. Seine Schlussfolgerung besteht darin, dass Deutschland bald nicht mehr existieren wird, weil Muslime sich schneller als alle anderen Gruppen vermehren. Am klügsten reagierten auf diese pseudowissenschaftliche Analyse »die jüngsten deutschen Rapper«, Kamyar und Dzeko, in ihrem Lied »Generation Sarrazin« aus dem Jahr 2014: *Laut Sarrazin übernehmen wir bald Deutschland, / doch warum sieht mich der Joachim dann als Freund an? / Denkt ihr, dass wir mit dem ganzen Reden hier noch weiter komm'. / Wir sind hier geboren, Deutschland wir sind ein Teil davon. / Ihr wollt uns ständig sagen, dass wir nicht dazugehören. / Eure Scheißdebatten, dass wir diese Jugend stören. / Bruder, wenn du wirklich weißt, wovon ich rede, dann komm' mit. / Wir sind hier der Sündenbock für die verfickte Politik.*

Entgegen aller Vernunft und trotz aller Unvernunft im Text war *Deutschland schafft sich ab* das erfolgreichste Buch in der Geschichte der Bundesrepublik. Nach dem Zweiten Weltkrieg hat sich kein anderes Werk besser verkauft als

der Rassismus des SPD-Mitglieds Sarrazin. Wir Juden erinnern uns gut an ein anderes Buch von einem gewissen
A. Hitler, das vor dem Krieg ähnliche Popularität genossen
hat. Auch dieses Buch hielt eine Menschengruppe für all
die Probleme in Deutschland verantwortlich. Ein Glück,
dass Sarrazin nicht Hitler ist, *Deutschland schafft sich ab* ist
allerdings eine Kampfschrift gegen Rechtsstaat, Demokratie und ein friedliches Zusammenleben.

Diese Parallelen gelten nicht nur für die deutsche Öffentlichkeit. Wenn ich in US-amerikanischen und britischen
Zeitungen lese, dass »sich Muslime überall mit gleicher
Wildheit verhalten« oder Einschätzungen wie diese: »Muslime sind und waren immer auf einer Mission gewesen, zu
erobern und Ungläubige zu töten«, habe ich das Gefühl,
dass ich das alles schon gelesen habe, nur mit dem Wort
»Jude« anstelle des Wortes »Muslim«. Damals war es der
Jude – Martin Luther bezeichnete Hebräisch als die Ge-
heimsprache der Kriminellen[105] –, in dessen Blut Kriminalität floss, heute sind es die arabisch- und türkischstämmigen Jugendlichen, die per se qua Herkunft als kriminell und
für »das Abendland« als gefährlich bezeichnet werden.

Sarrazin bezeichnet die kriminelle Szene als die eigentliche Heimat vieler junger muslimischer Migranten. Laut
einem Bericht der Berliner Polizei für das Forschungsprojekt HEYMAT der Humboldt-Universität aus dem Jahr
2009 gingen lediglich 8,7 Prozent der Gewalttaten von
Tätern türkischer oder arabischer Herkunft aus. Arabische
und türkische Staatsbürger bilden zusammen genau neun
Prozent der Berliner Bevölkerung. Also ist unter ihnen die
Zahl der Gewalttaten weder höher noch niedriger als unter Deutschen. Arnold Mengelkoch, Migrationsbeauftrag-
ter des Bezirks Neukölln und guter Kenner der Neuköllner Gang-Szene, bestätigt selbst, dass Kriminalität nichts
mit der Herkunft zu tun hat: »Früher gab es die deutschen

Rowdys. Neukölln hatte schon immer eine Straßenszene von Kriminellen. Vor dreißig Jahren haben schwere Jungs aus Berlin anderen auf die Schnauze gehauen. Heute ist das Milieu dominiert von Menschen nicht-deutscher Herkunft. Eigentlich hat das alles aber wenig mit Herkunft zu tun. Die Rocker mischen übrigens auch mit.«[106] Das heißt aber schlichtweg nicht, dass es gefährlich wäre, in diesem Bezirk zu verweilen. Wie der lokale Polizist Karlheinz Gaertner sagt, um Angst auf den Straßen Neuköllns zu haben, »muss man ein bestimmter Opfertyp sein«.[107] Gaertner muss es wissen, er war 44 Jahre lang im Dienst.

»Der Umstand, dass sich die Türken und die Araber kaum Mühe geben, Deutsch zu lernen, ist ein Ausdruck fehlenden Interesses an der Mehrheitskultur und mangelnder Bildungsbereitschaft«, schreibt Sarrazin. Laut der Studie *Fortschritte der Integration* des Bundesamts für Migration und Flüchtlinge aus dem Jahr 2010 hätten 70 Prozent der Frauen und 83,5 Prozent der Männer der zweiten Generation mit türkischem Migrationshintergrund gute bis sehr gute Deutschkenntnisse. Sarrazin erfand nicht das Rad neu, er verwendete einfach die alten antisemitischen Klischees über den Juden, der nicht richtig Deutsch kann. Die Antisemiten schufen sogar neue Wörter, um die Art und Weise des jüdischen Sprachgebrauches abwertend zu beschreiben: Mauscheln (aus *Mosche*, dem hebräischen Wort für Moses) und Jüdeln. Schon das Grimm-Wörterbuch aus dem 18. Jahrhundert kennt diese Begriffe.

Richard Wagner (1813–1883) unterstellte den Juden, dass sie wegen ihrer Sprache nie an der kulturellen Entwicklung ihres »Gastvolkes« einen Anteil haben könnten: »Zunächst muss im Allgemeinen der Umstand, dass der Jude die moderne europäische Sprache nur wie eine erlernte, nicht angeborene redet, ihn von aller Fähigkeit, in dieser Sprache sich seinem Wesen eigentümlich und selbständig kundzugeben, im höheren Sinne gefasst, ausschließen. Der Jude stand (…) einsam mit seinem Jehova in einem zersplitterten, bodenlosen Volksstamm, dem alle Entwicklung aus sich versagt bleiben musste, wie selbst die eigentümliche hebräische Sprache dieses Stammes ihm nur als eine tote erhalten ist!«[108] Stattdessen machte er sie für eine »Verjudung« des deutschen Kulturlebens verantwortlich. Konkret veröffentlichte Wagner Hasstiraden gegen jüdische Komponisten wie Felix Mendelssohn Bartholdy oder Giacomo Meyerbeer.

Heinrich von Treitschke beschrieb die Juden einfach als »deutsch redende Orientalen«, die auf ihren traditionellen Unterschieden beharrten und die sich nicht integrieren wollten: »Sie sollen Deutsche werden, sich schlicht und recht als Deutsche fühlen.«[109] Er meinte damit nicht nur die Ostjuden, sondern auch die jüdischstämmigen deutschen Intellektuellen, die »heimatlosen Journalisten«, wie den Dichter Heinrich Heine (1797–1856) und den Journalisten Ludwig Börne (1786–1837). Sie seien für den »sittlichen und geistigen« Untergang Deutschlands verantwortlich gewesen. Seit Anfang des 19. Jahrhunderts, mit Erscheinen der ersten jüdischen Journalisten, wurde die Presse mehr und mehr beschuldigt, dass sie allein den Interessen der Juden diene und dass sie überproportional viele jüdische »Schreiberlinge« beschäftige. Heute wird die türkischstämmige *Zeit*-Redakteurin Özlem Topçu regelmäßig von den Verfassern ihrer Leserbriefe aufgefordert, Deutschland zu verlassen, weil sie »ein muslimisches U-Boot der Lügenpresse« sei.[110] Die Rechtspopulisten von heute benutzen beängstigend ähnliche Denkschemata wie ihre Vorgänger.

Sowohl Wagner als auch Treitschke verstanden sich als Liberale, als Verteidiger der Aufklärung: Sie traten im Namen einer historischen, nationalen und säkularen Gesellschaft auf. Heinrich von Treitschke war sogar führender

Politiker der Nationalliberalen Partei und Mitglied des Reichstags von 1871 bis 1884. Wenn sie die Juden »kritisieren«, tun sie dies, um die deutsche Nation zu stärken. Sie können sich ein friedliches Zusammenleben von Menschen unterschiedlicher religiöser Praktiken nicht vorstellen. So wie die Rassisten von heute: Sarrazin forderte im Jahr 2014 eine liberal-konservative Partei in Deutschland, Frauke Petry beschreibt den Vorstand der AfD als eine Versammlung von liberalen und konservativen Politikern.[111] Wolfgang Kubicki, FDP-Politiker, seit 2013 stellvertretender Bundesvorsitzender seiner Partei, sieht kein Zeichen von Ausländerfeindlichkeit bei den Pegida-Märschen. Er forderte öffentlich, dass die Sorgen der Anti-Islam-Bewegung ernst genommen werden sollten. Er selbst teile ihre Äußerungen. Er mache sich Sorgen um die liberalen Werte seiner Heimat.[112]

Die Hasser, deren breites Spektrum von den Wächtern der Aufklärung bis zu den Kämpfern der Nation reicht, finden aber oft ganz leicht Beispiele für ihre Thesen. Goebbels bewies die gewalttätige Natur des Juden mit dem Attentat von Herschel Grynszpan (1921–1940), einem religiösen jüdischen »Terroristen«, der am 7. November 1938 in Paris ein Attentat auf den deutschen Diplomaten Ernst vom Rath verübte. Unter Anarchisten und Revolutionären waren auffällig viele Juden zu finden, noch ein Indiz für die Gewalttätigkeit der Juden.[113] Die damaligen Antisemiten nahmen die ganze jüdische Gemeinschaft in Haftung, als sich jüdische Anarchisten im Jahr 1911 in London mit der Polizei und dem Militär konfrontierten.[114] Alice Schwarzer, antimuslimische Aktivistin, verweist auf die zwei Männer, die in Paris Karikaturisten brutal umgebracht haben, und wirft der Mehrheit der französischen Muslime Sympathie mit den Terroristen vor. Den Islam oder die muslimische Gemeinschaft für islamistische Terroranschläge verantwortlich zu machen, ist genauso falsch, als wegen dem IDF-Offizier Baruch Goldstein, der 1994 29 Palästinenser in einer Moschee umbrachte und 150 verletzte, das gesamte Judentum zu beschuldigen. Der katholischen Kirche soll keine Schuld gegeben werden, weil die Terroristen der IRA ebenfalls Katholiken waren, und der Buddhismus ist auch nicht per se gewalttätig, unabhängig von den buddhistischen Mönchen in Myanmar, die Muslime umbringen.

Um zu beweisen, dass die Juden wegen ihrer Religion zerstörerisch seien, zitierten die Antisemiten des 19. Jahrhunderts Passagen aus dem Talmud. Laut dem katholischen Theologieprofessor Konrad Martin (1812–1879) sei der ganze Talmud ein Zeugnis des Hasses der Juden gegen die Nicht-Juden, insbesondere gegen Christen. Martin bezog sich auf Sätze im Talmud, die er aus dem Kontext herausriss oder falsch übersetzte.[115] August Rohling (1839 bis 1931), ein Kollege von Martin, war Verfasser des antisemitischen Werkes *Der Talmudjude* und trat in vielen Ritualmordprozessen als Gutachter auf, der evangelische Theologe Christian Frank (1787–1851) schrieb in seinem Werk *Die Juden und das Judenthum. Wie sie sind* von den »Talmudjuden«, die einen revolutionären Umsturz gegen die christlichen Staaten planten.[116] Dabei schließen sich Martin, Rohling und Frank nur der langen Tradition des christlichen Antijudaismus an. Antijüdische Hetze, basierend auf »Talmud-Exegesen«, war im Mittelalter ganz üblich und wird auch heute in unzähligen Internetforen gepflegt. Der deutsche Lyriker Konrad von Würzburg (zwischen 1220 und 1230–1287) schrieb ein polemisches Gedicht über die Blindheit der Juden, dessen antimuslimische Äquivalente heute auf *PI News* kursieren:

Weh den feigen, tauben bösen Juden.
Sie kümmern sich nicht darum,
Sich vor den Qualen der Hölle zu schützen.

Denn der Talmud hat sie betört
und hat bei ihnen die Ehre erstickt.[117]

Allerdings schon im 16. Jahrhundert gab es Stimmen wie den deutschen Philosophen und Humanisten Johannes Reuchlin, die ehrlich zweifelten, dass diese sogenannten »Judentumkritiker« den Talmud richtig verstanden haben.[118] Die Mehrheit der Antijudaisten ließ sich aber nicht davon abbringen und setzte ihre Hetze fort.

Als der deutsche Schriftsteller Ralph Giordano (1923 bis 2014) den Koran als »eine Lektüre des Schreckens und der Fassungslosigkeit, mit (…) unzähligen Wiederholungen, Ungläubige zu töten, besonders aber Juden« bezeichnete, setzte er nur die gute alte europäische Tradition der Andersmacherei fort. Denken Sie nicht, dass sich Giordano und die anderen Rassisten im Koran und in den Hadithen auskennen würden. Ihre pauschalen Behauptungen über die religiöse Literatur des Islam, einer Weltzivilisation von mehr als einer Milliarde Menschen auf der Erde, sind nicht von ihrer Vernunft gesteuert.

Es gibt gewiss Stellen sowohl in den jüdischen als auch in den muslimischen Schriften, die man als gewalttätig einstufen kann. In der Tora zum Beispiel ruft Moses zur Ausrottung der Einwohner kanaanitischer Dörfer auf, und der Prophet Mohammed forderte, Ehebrecher zu steinigen. Diese Schriften müssen aber immer in ihren jeweiligen historischen Kontexten betrachtet werden. Texte werden von Islam- und Judentumkritikern aus dem Kontext gerissen und für Hetze missbraucht. Dabei beziehen sie sich auf konkrete Konflikte vor Tausenden Jahren, Geschichten, die nicht zur Verallgemeinerung taugen. Weder das Judentum noch der Islam sind monolithisch. Auch die positiven Aussagen über Religionen, wie zum Beispiel die Behauptung, dass der Islam eine Religion des Friedens sei, finde ich problematisch. Es sind nicht die Religionen, die friedlich oder aggressiv sind, sondern die Menschen. Die religiösen Fundamentalisten in Israel lesen dieselbe Bibel wie ich, wie zum Beispiel die drei ultraorthodoxen Terroristen, die 2014 den 16-jährigen Abu Khdeir dazu zwangen, Treibstoff zu trinken und ihn dann anzündeten oder die *Kach*-Bewegung, geleitet vom orthodox-nationalistischen Rabbiner Meir Kahane (1932–1990) mit dem Ziel, die Palästinenser aus dem Heiligen Land zu vertreiben. Da in der biblischen Überlieferung die Kanaaniter als Erzfeinde des Volkes Jisrael gelten, wird dies heute auf die Araber übertragen. Als sich 2005 die israelische Armee aus dem Gazastreifen zurückzog, kritisierten viele Rabbiner die Armee: Sie hätten das biblische Konzept von Groß-Israel verraten. Diese Juden benutzten dieselben Zitate, um ihre Ideologie zu unterstützen, wie ich – nur legen sie die Stellen anders aus. Von den Verbrechen, die von Christen im Namen ihrer Religion begangen wurden, möchte ich hier gar nicht erst anfangen.

Die Antisemiten und Rassisten finden leider schnell auch Verbündete unter (Ex-)Juden und (Ex-)Muslimen. Dieser Hass auf die eigene Herkunftsgruppe ist nichts Neues, schon im Mittelalter gab es Juden, die nach ihrer Konversion zum Christentum den Inquisitoren bei den Judenverfolgungen halfen. Diese Menschen verabscheuen ihre eigene Herkunftsgruppe und machen sie für die Diskriminierung verantwortlich und öffnen damit weiterer Diskriminierung Tür und Tor. Ein Teufelskreis.[119] Der Prototyp des selbsthassenden Juden ist der Wiener Philosoph Otto Weininger (1880–1903), der von solchen Denkern verehrt wurde wie Wittgenstein oder Strindberg und gleichzeitig Befürworter von antisemitischen und frauenfeindlichen Ideen war. In seinem Buch *Geschlecht und Charakter* wirft er den Juden Weiblichkeit vor. Männlichkeit könne man nur durch eine Konversion zum Christentum erreichen, argumentierte Weininger, der ein Jahr vor seinem Selbstmord zum Christentum übertrat. Gut für ihn.

Karl Marx (1818–1883), Nachkomme einer bedeutenden Rabbinerfamilie, bietet eine ähnliche Lösung für die Judenfrage wie Weininger an. »Die gesellschaftliche Emanzipation des Juden ist die Emanzipation der Gesellschaft vom Judentum.«[120] Nach Marx sollen die Juden mit ihrem Jüdisch-Sein aufhören, erst dann könnten sie Teil der Gesellschaft, des großen Projekts Sozialismus werden. So wie es der getaufte Marx selbst tat.

Diese Ex-Juden wendeten sich oft öffentlich gegen ihre eigene Herkunftsgruppe. »Wenn ein Judenkind reden kann, so werden ihm sogleich solche Prinzipien und Lehren beigebracht und eingeprägt, dass es sich vor den Nicht-Juden, oder vor dem unbeschnittenen Volk so wie vor dem Teufel selbst hüten sollte«, schreibt unter dem Pseudonym J.W. ein Ex-Jude in seinem Buch *Jüdischer Sprach-Meister* (1720). Er gibt darin vor, nichts weniger als die Wahrheit über das Judentum den nicht-jüdischen Lesern zu berichten. »[Der Jude] solle kein unreines Buch berühren, die lateinische Sprache ja nicht lernen, vielweniger mit den Christen essen oder trinken, mit keinem Christen-Bub oder Christen-Mägdlein umgehen, den Mann von Nazareth nicht zu nennen, sonst ist das ganze Paradies verloren.« Und so weiter. Diese selbsthassenden Ex-Juden dienten nur den antisemitischen Vorurteilen: So wie heute die Ex-Muslime den Islamfeinden beistehen, wenn sie Bücher wie *Der islamische Faschismus* oder *Mohamed – Eine Abrechnung* veröffentlichen.

Hamed Abdel-Samed, Autor der letzten zwei erwähnten Bücher, spricht bei Veranstaltungen diverser AfD-Ableger und bei der Burschenschaft Germania in Marburg über mögliche Auswege aus der ~~Verjudung~~ Islamisierung des Abendlandes. Sein Engagement mit den Rechtsextremen wird 2015 von der jüdischen Gemeinde zu Düsseldorf mit einer Josef-Neuberger-Medaille geehrt. Akif Pirinçci verglich bei einer Rede in Dresden sich und seine Mitstreiter mit KZ-Insassen. Pegida dürfe nicht mehr die Wahrheit verheimlichen, dass Muslime die »Ungläubigen mit ihrem Moslemsaft vollpumpen« würden und dass Deutschland zu einer »Moslemmüllhalde« geworden sei. Laut Zafer Şenocak stammt der Terror aus dem Herzen des Islam, Necla Kelek agiert in der *Welt* gegen das Kopftuch und bezeichnet dieses Stück Stoff als Stigma, und laut Ayaan Hirsi Ali ist der Koran für die Ungerechtigkeiten in den ehemaligen europäischen Kolonien verantwortlich. Diese Menschen nützen nur den Rechtsextremen, die währenddessen ihre Gewalt gegen Geflüchtete und Migranten ausleben.

Diese Parallele sehen auch die Betroffenen. Eine französische, verschleierte Muslima, die jeden Tag pauschalen Islam-Verurteilungen ausgesetzt ist, sagte dem *Guardian*: »Ich fühle mich so, dass ich erst jetzt verstehe, was jüdische Frauen bei den Nazi-Razzien in Frankreich erleben mussten. Wenn sie auf die Straße gingen, wurden sie identifiziert, herausgegriffen, diffamiert. Nun passiert das mit uns.«[121] Es gibt entscheidende Unterschiede zwischen 1933 und 2015, hier geht es mir aber um die Empfindung dieser Frau, um den Gebrauch der Sprache und die Konstellation mit Blick auf eine unprivilegierte Minderheit.

Die Motivationen der zwei Feindseligkeiten sind unterschiedlich: Die Antisemiten des 19. Jahrhunderts und zu Beginn des 20. Jahrhunderts wollten ihre Nationalstaaten »ethnisch rein« erhalten – der antimuslimische Rassismus von heute ist ein neues Phänomen, dessen Vertreter die christo-normativen Zustände in Europa verteidigen wollen. Im vereinten Europa wurde der gezielte Hass auf eine Minderheit ebenfalls eine europaweite Angelegenheit. Es heißt nicht »patriotische Deutsche gegen die Islamisierung

Deutschlands«, sondern »patriotische Europäer gegen die Islamisierung des Abendlandes«. Trotzdem bekommen Muslime heute ähnliche Vorwürfe wie wir im 19. Jahrhundert und vor dem Zweiten Weltkrieg.[122]

Im September 2014, ich war gerade zwei Jahre in Berlin, veröffentlichte ich meinen ersten deutschsprachigen Essay im *Tagesspiegel*, mit dem Titel *Muslime sind die neuen Juden*. In dem Artikel ging es genau um diese Parallele, um die Ähnlichkeiten vom damaligen Rassenantisemitismus und heutigen antimuslimischen Rassismus. Und meine Verzweiflung, dass nur wenige die Gefahr dieser rassistischen Gewalt mit Wörtern und Taten erkennen – auch wenn der heutige Rahmen ein ganz anderer ist.

Ich erhielt sehr viele positive Rückmeldungen, sowohl von Juden als auch von Muslimen und anderen. Aber es gab natürlich auch Kritik. In einem weiteren Gastbeitrag, einer Antwort von Professor Jascha Nemtsov, lautete die Argumentation wie folgt: Juden haben nie Probleme gemacht, nicht so wie die Muslime, die andauernd nur Probleme machen würden. Ergo: antimuslimischer Rassismus ist laut Nemtsov, anders als Antisemitismus, immerhin gerechtfertigt. Diese Argumentation wurde dann von zwei folgenden Artikeln von der Islamwissenschaftlerin Lamya Kaddor und der Medienexpertin Sabine Schiffer, G'tt sei Dank, widerlegt. Außerdem meldete sich über Facebook ein Herr, der sich im Vergleich mit mir als »deutlich älter« bezeichnete und schrieb, dass ich erst »20 Jahre« alt sei, also mein Maul halten solle. Jemand schrieb mir in einer anderen empörten Nachricht: »Wenn die Muslime die neuen Juden sind, wer sind wir Deutsche?!« Ein anderer Leser schickte mir an meine private Adresse eine E-Mail, in der er erklärte, dass ich die deutschen Bürger mit meinem unverantwortlichen Beitrag in Gefahr bringe, also mit den Folgen im nächsten Bürgerkrieg leben müsse. Wie ein Freund von mir zu sagen pflegt: »Wenn Rassisten dich im Netz beschimpfen, kannst du beruhigt sein, denn dann stehst du auf der richtigen Seite.« Trotzdem darf man Rassismus nicht zulassen und ihm stets entgegenwirken: auf der Straße, in den Zeitungen und mit Büchern.

Seit Ozan und ich uns vor ein paar Monaten in der Neuköllner Kneipe kennengelernt und über meinen Essay im *Tagesspiegel* gestritten hatten, treffen wir uns regelmäßig, sowohl öffentlich als auch privat: Wir gehen gemeinsam zu Konzerten, ins Kino oder vietnamesisch essen. Wir geben Workshops zum Thema jüdisch-muslimische Konkurrenzen und Bündnisse und wir haben gemeinsam den Bundespräsidenten sowie den Bundesinnenminister getroffen.

Diesmal lud er mich zu sich nach Prenzlauer Berg ein. Ozan hatte kurz zuvor einen Artikel im *Tagesspiegel* veröffentlicht mit dem Titel *Was denken Sie über Frauen im Islam?!* Der Jude aus Neukölln fuhr also zum Muslim in den Prenzlauer Berg.

Wir spazierten durch den Mauerpark, die Temperaturen waren nach dem langen Winter wieder gestiegen und etwas frische Luft würde uns gut tun. Rund um uns Fußgänger, Fahrradfahrer, Skateboarder, die sich über die ersten Sonnenstrahlen des Jahres freuten. Wir setzen uns auf eine alte Holzbank. »Dein Artikel hat mich sehr inspiriert«, fing ich an. »Wir brauchen viel mehr davon in der öffentlichen Debatte.«

Das Kamerateam eines öffentlich-rechtlichen Senders hatte Ozan in Kreuzberg auf der Straße mit der tendenziösen Frage überrascht, was er von der Unterdrückung der Frau im Islam halte. Sein Artikel wollte nun zeigen, wie öffentlich-rechtliche Sender das Narrativ von Pegida zementieren. Denn natürlich ist die Behauptung falsch. Drei von den fünf größten Ländern mit einer muslimischen Mehrheitsbevölkerung hatten schon Frauen als Staatsoberhäupter oder Regierungschefinnen: Indonesien, Pakistan und Bangladesch. Das Parlament von Afghanistan, der Türkei (sogar von Saudi-Arabien) hat prozentual mehr weibliche Abgeordnete als die Nationalversammlungen von Malta, Ungarn oder Rumänien.*

Aber *der* Islam unterdrückt die Frau, nicht einzelne Muslime!

Ich bin auch ein besorgter Bürger. Ich mache mir Sorgen wegen der Berichte und Zeitungsartikel, die Tag für Tag neu erscheinen und in denen Juden und Muslime als Erzfeinde dargestellt, in denen Muslime pauschal als rückständig und gewalttätig beschrieben werden. »All diese Texte sind Hindernisse für ein gutes Miteinander«, sagte ich. »Man muss ihnen entgegenwirken.« Besonders jetzt, da täglich Tausende von überwiegend muslimischen Geflüchteten in Deutschland ankommen.

»Es gibt so viele Geschichten da draußen. Wir könnten Seiten über Seiten füllen, *Habib*«, sagte Ozan und fuhr fort. »Muslime und Juden sollten endlich für sich selbst sprechen, nicht nur Gegenstand der Debatte sein.« Er blieb für einen Moment still. Wie es schien, hatte Ozan eine Idee. Er zwinkerte mir zu.

Ozan und ich engagieren uns aber nicht nur schriftlich, sondern auch verbal. Ozan hielt seine erste politische Rede im Januar 2015 auf einer Anti-Bärgida-Kundgebung am Reichstag, bei der Demonstration gegen den Berliner Ableger der Pegida aus Dresden. Die Salaam-Schalom-Initiative warb für die Kundgebung auf Facebook, Twitter und persönlich bei unseren Freunden und Bekannten. Wir alle wa-

---

* Afghanistan: 28 Prozent, Saudi-Arabien: 20 Prozent, die Türkei: 15 Prozent vs. Rumänien: 14 Prozent, Malta: 13 Prozent, Ungarn: 10 Prozent. Quelle: World Bank DataBank, Stand: 10. 7. 16

ren sehr begeistert, Dutzende unserer Mitglieder kamen, und wir brachten viele zu Hause gedruckte schwarzweiße Flyer über die Zielsetzungen unserer Initiative mit und verteilten sie während der Kundgebung. An diesem einen Tag warben wir 100 neue Unterstützer. Unsere Begeisterung hielt an, wir waren die einzige Gruppe, die über Monate bei jeder Gegendemonstration einen Beitrag beisteuerte, Juden und Muslime, Frauen und Männer, Gläubige und Atheisten waren vereint gegen eine Bewegung, die Hass schürte.

Nachdem Ozan von der begeisterten Moderatorin im Lauti-Wagen vorgestellt wurde – »Liebe antifaschistische Freundinnen und Freunde, jetzt kommt der Redner der Salaam-Schalom-Initiative: Ozan Keskinkılıç!« –, begrüßte er die Demonstranten mit einem lauten *Salaam alejkum* und einem *Schalom aleichem*. Dann fuhr er wie folgt fort:

»Ein Wort taucht in aktuellen Debatten immer wieder auf: ›Aber.‹ Dieses Wort hören wir nicht zum ersten Mal. Es folgt einer alten Tradition, und auch in Rostock, Solingen und Mölln hat dieses Wort vor über 20 Jahren Menschen verfolgt, attackiert und ihre Unterkünfte unter Jubel angezündet. ›Wir haben nichts gegen Ausländer, aber.‹ ›Wir sind nicht rassistisch, aber.‹ Es ist dieses *Aber*, hinter dem sich die Logik rassistischer Ideologie versteckt, sich hinter Meinungsfreiheit und angeblichen Sorgen und Ängsten verbirgt. Was hat Deutschland aus diesem *Aber* gelernt?

Pegida und seine Ableger tragen dieses Aber-Gedankengut weiter. Sie rufen ›Wir sind das Volk‹. Ein *wir*, das andere aufgrund ihrer Hautfarbe, ihrer Kultur und Religion ausschließt. Wenn Menschen zum Anderen gemacht werden und ihnen Merkmale zugeschrieben werden, die ihr Anderssein behaupten, um Ausgrenzung und Diskriminierung zu legitimieren, dann hat das nichts mit Angst und Sorgen zu tun. Es ist ein Spiegelbild einer besorgniserregenden Entwicklung in Europa, wenn Rassismus nicht erkannt wird. Erinnert ihr euch an die Neujahrsansprache unserer Bundeskanzlerin? Sie kritisierte Pegida und sprach von Vorurteilen und Hass in deren Herzen. Aber ein Wort hat sie nicht benannt – ein Wort, das in den Schatten seiner allgegenwärtigen Realität in Deutschland verdrängt wird, ein Wort, auf das es ankommt: Rassismus. Das ist mehr als Vorurteile, und das ist mehr als Hass. Denn Rassismus erfindet Geschichten, die Herrschaft und Unterdrückung legitimieren.

Denn es braucht keinen glatzköpfigen Schläger in Springerstiefeln auf Ausländerjagd, um von Rassismus zu sprechen. Rassismus liegt in der Mitte der Gesellschaft. Rassismus wird auch über Pegida hinaus unser gesellschaftliches Zusammenleben gefährden. Medien sind in der Verantwortung, nicht auf diesen Zug rassistischer Propaganda aufzuspringen. Hetze und Rassismus haben nichts mit Meinungsfreiheit zu tun. Deshalb ist es Hohn, die Ängste und Sorgen von Menschen ernst zu nehmen, die Rassismus schüren. Das braucht kein Verständnis.

Stattdessen müssen wir Ängste und Sorgen derjenigen ernst nehmen, die dieser Rhetorik und diesen Angriffen zum Opfer fallen, die auf offener Straße attackiert werden, deren Gotteshäuser angezündet werden, die im nationalen Narrativ dieses Landes als nicht-deutsch, nicht-westlich, nicht-modern, nicht-Wir ausgegrenzt und diskriminiert werden.

Ihnen müssen wir zuhören und sie sprechen lassen, statt immer wieder über sie zu sprechen. Denn erst wenn Wir, die wir hier Rassismus erfahren, unsere eigene Subjektivität und Stimme fordern, erst dann brechen wir den Teufelskreis der Unsichtbarkeit. Erst wenn das Problem aus seinem Schatten herausgezerrt und beim Namen genannt wird, können wir gemeinsam an dessen Lösung arbeiten. Und dieses Problem, meine Freundinnen und Freunde, heißt Rassismus.«

Großer Beifall. Die nächste Rednerin wurde von der Moderatorin angekündigt. Ozan stieg mit einem strahlenden Gesicht aus dem Lauti-Wagen aus. Ich umarmte ihn stolz. »Wollen wir gemeinsam Politik machen?«, fragte ich ihn schüchtern nach seiner erfolgreichen Rede. »Echt? Meinst du, *Achi*?«, lachte er. Ja, er wollte. Mal schauen, was die Zukunft für uns bereithält.

Es war klirrend kalt, ich musste pinkeln. Eine andere Anti-Bärgida-Demonstration, am Alexanderplatz – diesmal saß nicht Ozan, sondern ich auf dem unbequemen Bierkasten im Lauti-Wagen und trank geduldig eine Tasse Tee, bis ich an der Reihe war. Hannah, die Organisatorin der Kundgebung, reichte mir das Mikrofon. Der Wagen stand still. Rund um uns eine dunkle Masse von Demonstranten, sehr viele in Schwarz gekleidet, wie sich die Berliner normalerweise anziehen, mit roten und bunten Transparenten und Fahnen. Tief einatmen: »Hallo, meine Lieben.« Ja, vielleicht wohnte ich in der Stadt erst seit anderthalb Jahren, ja, vielleicht ist Deutsch nicht meine Muttersprache, aber ich fand es angemessen, dass genau ich bei dieser Demonstration eine Rede halte. Basierend auf dem Beifall und den späteren Reaktionen fanden die Zuhörer das ebenfalls gut.

In meiner Rede warf ich Heinz Buschkowsky, Henryk Broder, Alice Schwarzer und noch vielen anderen wie Thilo Sarrazin, Matthias Matussek oder Daniel Alter eine Mitverantwortung für Pegida vor. Denn Pegida ist überall, nicht nur die paar Dutzend Menschen, die gegenüber von uns G'tt sei Dank erfolglos versuchten, in Berlin einen Ableger der rassistischen Bewegung zu etablieren. Die antimuslimischen Bewegungen wie Pegida entstehen nicht aus dem Nichts: Sie nutzen eine günstige Lage aus, in der antimuslimische Äußerungen seitens der Öffentlichkeit nicht als Rassismus erkannt werden. Nach dem Motto: Das wird man wohl noch sagen dürfen. Sie hätten nur Angst vor islamischem Terrorismus, meinen sie.

Julius und Ethel Rosenberg haben für die Sowjetunion spioniert, also arbeiten alle Juden für den Staatskommunismus.

Bernard Madoff war Finanzspekulant an der Wall Street, also sind alle Juden am Finanzkapitalismus schuld. Und analog dazu sind alle Muslime Terroristen, weil Osama Bin Laden und Abu Bakr al-Baghdadi ein Kalifat des heiligen Kriegs errichten wollten. Alle Muslime unterdrücken ihre Frauen, weil – laut der Frauenrechtsorganisation *Terre de Femme* – ein bis drei Ehrenmorde pro Jahr in Deutschland verübt werden. Wenn Ihnen keine weiteren Beispiele einfallen, geben Sie doch mal bei Google die Kombination »Muslime sind« ein. Die Suchmaschine wird Ihnen folgende Vorschläge für die meistgesuchten Zusammenhänge machen: 1. gefährlich 2. intolerant 3. Abschaum 4. Dreck.

Repräsentation ist mehr als eine symbolische Angelegenheit. Wir dürfen nicht vergessen, zu welchen Tragödien diese Ausgrenzung führt. Sie bietet Rassisten den Nährboden.

Wenn Diffamierung und Dämonisierung im öffentlichen Raum geduldet werden, führt das schnell zu verbaler und dann zu physischer Gewalt. Es gibt kein »Aber«, um Ozan zu paraphrasieren. Auch kein »Wenn«.

AfD, Pegida und Co. sind wie eine Hydra, das vielköpfige Ungeheuer, das aus dem Sumpf kommt und das umliegende Land verwüstet. Wenn es einen Kopf verliert, wachsen an dessen Stelle zwei neue. Herakles konnte die Hydra nur besiegen, indem er Feuer legte und die Halsstümpfe ausbrannte. Der Herakles von heute muss und darf kein Feuer legen, aber die Metapher gilt noch immer. Man muss den Sumpf trockenlegen und die Wurzel bekämpfen, aus der die Pegida-Bewegung, die AfD und die »besorgten Bürger« erwachsen, und diese heißt Rassismus.

Fast täglich werden antimuslimische bzw. rassistische Aktionen in Deutschland dokumentiert. Moscheen werden Opfer von Vandalen, muslimische Bürger werden auf offener

Straße angegriffen, Unterkünfte der Geflüchteten werden sogar in Berlin in Brand gesetzt. In anderen Ländern Europas sieht es genau so oder schlimmer aus: In Großbritannien werden Büros der humanitären Organisation *Islamic Relief* in Brand gesetzt, Anhänger der rassistischen *English Defence League*-Bewegung attackieren Muslime in den Städten; in Frankreich werden muslimische Friedhöfe geschändet. *Racial profiling*, ethnisches Profiling, ist zum Alltag der meisten Muslime und nicht-weißen Europäer geworden.

Im Juni 2014 antwortete die Bundesregierung auf eine kleine Anfrage der Linkspartei zum antimuslimischen Rassismus, dass es im Zeitraum Januar 2012 bis März 2014 in und um Moscheen 78-mal zu antimuslimischen Delikten kam.

Im Großteil dieser 78 Fälle handelt es sich um Vandalismus, Hakenkreuz-Schmierereien an Moscheen und in ihrem Umfeld. Außerdem stehen auf der Liste Taten, bei denen Schweineköpfe auf muslimische Gotteshäuser geworfen wurden beziehungsweise Brandanschläge knapp vereitelt werden konnten. Die *Süddeutsche Zeitung* recherchierte diese Zahl nach. Die Journalisten fanden auf Anhieb Dutzende antimuslimische Straftaten, die nicht auf der Liste der Bundesregierung stehen. Sehr oft werden antimuslimische Gewalt- und Straftaten als »fremdenfeindliche« Taten von der Polizei registriert: Allein im Jahr 2013 gab es mehr als 31 000 Fälle von »Fremdenfeindlichkeit« in Deutschland – obwohl es dabei nicht um »Fremde« geht. Nach Angaben der Menschenrechtsorganisation Pro-Asyl und der Amadeu-Antonio-Stiftung gab es im Jahr 2014 153 Angriffe auf Unterkünfte der Geflüchteten, davon 35 Brandanschläge. Zudem dokumentierten sie 77 tätliche Angriffe auf Geflüchtete.[123]

2015 gab es so viele Übergriffe wie noch nie zuvor, laut dem Bundeskriminalamt kam es zu 924 Straftaten gegen die Notunterkünfte. Laut einer Umfrage der *Tagesschau* wird aber nur ein Viertel der Straftaten gegen Geflüchtete und ihre Heime aufgeklärt.[124]

Die Zahl der antimuslimischen Gewalt- und Straftaten in Europa steigt besonders nach islamistischen Terroranschriffen, wie im Fall des Terror-Anschlags auf die Zeitungsredaktion *Charlie Hebdo* und den koscheren Supermarkt *Hyper Cacher* in Paris im Januar 2015. Im Nachspiel des Attentats eskalierte der Hass auf den Islam und Migranten allgemein. Die Auswirkungen der Diskurse, in deren Fokus ein vereinfachter Gegensatz von Islam kontra Freiheit stand und steht, haben globale, nationale und lokale Konsequenzen und berühren unausweichlich das Leben und die Sicherheit derjenigen, die unter uns in Berlin und anderen Städten der Bundesrepublik und Europas leben. Und: die nichts mit Terror am Hut haben.

Im ersten Monat nach dem Anschlag in Paris registrierten die Behörden mehr als 50 antimuslimische Angriffe allein in Frankreich. Mehr als 20-mal wurde auf Muslime geschossen und wurden selbstgebastelte Bomben auf Moscheen geworfen. Ministerpräsident Manuel Valls sagte, dass nicht nur jüdische, sondern auch muslimische Einrichtungen einen erhöhten Schutz in Frankreich brauchen. Unter islamistischem Terror leidet auch die muslimische Bevölkerung: sowohl im sogenannten Islamischen Staat als auch in Europa.

Die Mitmarschierenden bei Pegida betonten immer, dass sie gewaltfrei seien, es stand sogar auf ihren Transparenten: »Gewaltfrei und vereint gegen Glaubenskriege auf deutschem Boden«. Wenn Geflüchtete oder Menschen aus Einwandererfamilien nach ihren Demonstrationen in Dresden und anderswo in unserem Land attackiert werden, hätten sie damit nichts zu tun. Es sei unabhängig von Pegida gewesen, als am 22. Dezember 2014 Jugendliche in einem Einkaufszentrum in Dresden von 50 Männern angriffen und den 15-jährigen Wadha schwer verletzten.[125] Mitte Januar 2015 wurde ein libyscher Asylbewerber in der Innenstadt von Dresden von vier Männern zusammengeschlagen. Die Täter riefen dabei »Ausländer raus!« und »Deutschland den Deutschen!«.[126] Die Pegida-Vertreter waschen ihre Hände in Unschuld.

Diese Haltung kommt mir bekannt vor. Julius Streicher behauptete im Prozess gegen die Hauptkriegsverbrecher vor dem Internationalen Militärgerichtshof in Nürnberg etwas Ähnliches, als er sich erfolglos zu verteidigen versuchte: »Es ist meine Überzeugung, dass der Inhalt des ›Stürmer‹ an sich nicht aufreizend war. Ich habe selbst in den zwanzig Jahren nie im Zusammenhang geschrieben: Brennt die Häuser der Juden nieder, schlagt sie tot; nicht einmal hat solch eine aufreizende Aufforderung im ›Stürmer‹ gestanden.«[127] Einst *Deutschland über alles*, heute *Deutschland über Allah*.

Nein, ihr habt tatsächlich nie geschrieben, dass die Muslime oder die Juden ausgerottet werden müssen. Ihr schreibt und sagt nur, dass sie Parasiten seien. Aber allen ist klar, was man mit Parasiten machen muss. Wir Juden hatten dabei Unglück im Unglück und wurden von der staatlichen Nazi-Maschine fast ausgerottet. Das »Nie wieder« sitzt also tief in meiner Seele und ist ein Teil meiner Identität, es treibt mich an in meiner Arbeit als praxisorientierter Philologe und Theologe und in meinem Engagement als Jude: Nie wieder Massenmord, aber auch nie wieder Hasskriminalität. Das gilt für alle verletzbaren Minderheiten, das gilt für jeden Ort auf dieser Erde. Ich kehre aber erst mal vor meiner Haustür in Deutschland. Hier gibt es im Bereich Antirassismus auch genug zu tun.

Trotz aller Gleichnisse können wir nicht davon reden,

dass Muslime 1:1 die neuen Juden seien. Muslime werden diskriminiert mit ähnlichen rhetorischen Strategien und aufgrund ähnlicher gesellschaftlicher Mechanismen. Allerdings kann längst nicht von systematisch-staatlichem oder -mehrheitlichem Rassismus gesprochen werden. Wie die Islamwissenschaftlerin Lamya Kaddor schreibt, müsse man »die historische Verankerung, die Ausmaße und Konsequenzen trennen«. Der Antisemitismus habe da »ein Alleinstellungsmerkmal«.[128] Die Schoa, diese furchtbare Folge der antisemitischen Ideologie des Nazismus, kann niemals Grundlage eines Vergleiches sein. Die Muslime haben keinen Genozid zu befürchten. Zum Glück hat die Mehrheit in Europa auch aus der Geschichte gelernt, wir stehen vor keinem neuen, antimuslimischen-»fremdenfeindlichen« Holocaust. Aber es gibt keinen Grund, die aktuelle Lage der Muslime, Migranten und Geflüchteten auf die leichte Schulter zu nehmen. Es betrifft nämlich diese Mitmenschen, die von Nationalsozialistischen Untergründen in Deutschland ermordet werden. Ich erinnere daran, auch wenn es schmerzvoll erscheint, auch wenn es schon oft geschrieben wurde. Es waren in Medien, bei Geheimdiensten, Politikern, bei der Polizei und in der Bevölkerung jahrelang »Dönermörder«, die ihresgleichen töteten. Mohamed ist ja per se kriminell. Hätten wir damals anders reagiert, wären wir auf die richtige Spur gekommen, würden einige von den elf vom NSU ermordeten Menschen jetzt noch leben.

Übrigens, geht es schon längst nicht mehr um den Islam, es geht auch nicht unbedingt um Muslime: Sonst würden »die patriotischen Europäer gegen die Islamisierung des Abendlandes« nicht pauschal gegen Geflüchtete demonstrieren, die sind ja nicht alle Muslime. Deswegen vermeide ich die Wörter Islamkritiker oder Islamophobie absichtlich. Problematisch bei beiden Ausdrücken ist der Fokus auf den Islam statt auf die Muslime als eigentliche

Betroffene. Die deutsche Historikerin Yasemin Shooman befürwortet aus diesem Grund die Verwendung der Bezeichnung »antimuslimischer Rassismus«. Damit sollen Parallelen zu klassischen Rassismen unterstrichen und Muslime – bzw. Menschen, denen diese Religionszugehörigkeit zugeschrieben wird – ausdrücklich als Opfer des Phänomens benannt werden.[129] Diese Bezeichnung verweist auf die Vorstellung von Muslimen als einer homogenen Gruppe, der bestimmte »fremde« Eigenschaften zugewiesen werden. Schließlich geht es um *Othering*, das Fremdmachen. Bis zur Schoa war dieser Fremde der Jude, heute sind es die Migranten, die Geflüchteten, die Muslime.

Es ist die Aufgabe der nicht-muslimischen Gesellschaft, Juden und Nicht-Juden inbegriffen, den antimuslimischen und antimigrantischen Kampagnen in der Öffentlichkeit etwas entgegenzusetzen. Wir werden den Hassern unsere Städte nicht überlassen. Intoleranz darf nicht toleriert werden, diese Menschen soll man nicht »verstehen«. Pegida war dabei nur ein besonders sichtbarer Fall.

Der erste Schritt wäre, dass die Politik endlich erkennt, dass »Islamfeindlichkeit« eine Form von Rassismus ist. Davon sind die meisten Politiker, Entscheidungsträger in der Bundesrepublik meilenweit entfernt. Zweitens, Redakteure dürfen Beiträge mit antimuslimischen Inhalten nicht zulassen. *Der Spiegel* erscheint mit dem Titel »Mekka Deutschland, die stille Islamisierung«, der Focus spricht über »Weltmacht Islam«, »die Multikulti-Lüge« oder »die dunkle Seite des Islam«, die Wochenzeitung *Die Zeit* bietet zum Beispiel Hamed Abdel-Samad, Autor des Buches »Islamischer Faschismus«, überproportional oft ein Forum. Das ist weniger schrill, aber genauso schädlich. Wir brauchen für den antimuslimischen Rassismus dieselbe Sensibilisierung, wie sie beim Thema Antisemitismus besteht. Und bis hierhin habe ich mich noch nicht zur *Bild-Zeitung* geäußert. Der mittlerweile zurückgetretene stellvertretende Chefredakteur der *Bild am Sonntag*, Nicolaus Fest, ließ seine Zeitung regelmäßig von gefährlichen Muslimen und schmarotzenden Geflüchteten berichten. In seinem ominösen Kurzkommentar bezeichnete er den Islam als Integrationshindernis und Abschiebungsgrund. Mittlerweile feiert Fest seine Thesen in der rechtsextremen *Jungen Freiheit*, doch in den demokratischen Redaktionen der Republik sitzen noch genügend Nicoläuse.

Als die österreichischen Juden anfingen zu verstehen, dass der Antisemitismus in den Medien von sich aus nicht nachlassen würde, gründeten sie 1895 das Rechtsschutz-Comité unter der Patenschaft der Österreichisch-Israelitischen-Union, einer politischen Organisation für die Vertretung jüdischer Interessen im Kaiserreich. Das Rechtsschutzbüro sollte neben juristischer Beratung auch auf antisemitische Äußerungen in der Öffentlichkeit aufmerksam machen und Zeitschriften zu Gegendarstellungen auffordern. Sie erfüllten diese Berufung mit so einer Intensität, dass die Mitgliederzahl der Organisation in kurzer Zeit enorm in die Höhe schnellte.[130] Sigmund Mayer, österreichischer Kommunalpolitiker und Aktivist des Rechtsschutzbüros, schrieb in seinen Lebenserinnerungen: »Das erste, was ich mit dem neuen Sekretär [des Comités] in Szene setzte, war der Feldzug gegen die antisemitischen Zeitungen. Sie hatten die infame Taktik, nicht allgemein antisemitische Politik zu predigen, sondern über jüdische Privatpersonen die lügenhaften Berichte zu bringen und hierdurch die Juden überhaupt vor der Welt bloßzustellen. (…) Tag für Tag wurden die antisemitischen Zeitungen vom Sekretär genau revidiert, die Betroffenen aufgesucht, der Sachverhalt geprüft, eine Vollmacht genommen und vorgegangen. (…) die Zeitungen mussten berichtigen oder wurden verurteilt.«[131]

Der Antisemitismus verschwand nicht durch die Arbeit des *Comités* aus der Habsburgermonarchie. Dadurch, dass sie die antisemitischen Hetzen in der Öffentlichkeit beim Namen nannten, konnten diese Aktivisten bis zum Zerfall der Monarchie die Zahl der öffentlichen antisemitischen Agitationen zurückhalten. Das zivilgesellschaftliche Engagement lohnte sich. Es ist ihnen durchaus gelungen, Teile der Zivilgesellschaft zu sensibilisieren. Laut dem Historiker Klaus Richter reagierten die Juden »engagiert, planvoll und vor allem erfolgreich«.[132] Erst nach der Wirtschaftskrise von 1929 brach der Hass durch. Ein Vorbild für uns alle, die gegen jede Art der Hassrede sich erheben wollen. Der erste Schritt: Der Rassismus muss beim Namen genannt und darf nicht geduldet werden.

Ich bin interreligiös, und du?

Kein Mensch heißt gerecht, es sei denn, dass er Gutes tut.
Midrasch Tehillim über Psalm 7:8

»Und wie sieht das Konzept der Nächstenliebe im Judentum aus?«, fragte Pfarrer Gerhard. Der Mittfünfziger, der zwischen einem anderen Pfarrer und mir auf dem Podium saß, guckte mich hoffnungsvoll mit seinen großen grauen Augen an, als müsste ich nun die größte Frage seines Lebens beantworten. »Echt jetzt?«, dachte ich im Stillen. Ich hatte diese Frage schon tausendmal beantwortet, schaute auf die kleine aufgeregte Zuhörerschaft (»Wow, ein echter Jude!«), die fast ausschließlich aus älteren Frauen bestand. »Na ja, Nächstenliebe ist eigentlich ein jüdisches Gebot, V*eahavte lereacha Kamocha,* also Liebe deinen Nächsten wie Dich selbst, steht genau in der geometrischen Mitte der Tora, das ist kein Zufall.« Ich sah auf den Gesichtern, dass ich sowohl den Pfarrer als auch das Publikum in der vor Leere hallenden, neugotischen Kirche mit meiner Erklärung glücklich gemacht hatte. Das war einfach, schon wieder. Ich seufzte, lehnte mich im Stuhl zurück und fuhr mit meinen Erläuterungen fort.

Mein Helfersyndrom hatte mich dazu bewegt, an dieser interreligiösen Veranstaltung teilzunehmen, aber während ich auf dem Podium saß, musste ich mich die ganze Zeit sehr zusammennehmen, um nicht laut zu schreien: Das alles findet ihr im Schulbuch! Warum reden wir nicht endlich über etwas Wichtiges? Über Privilegien und Unterdrückung einiger religiöser Minderheiten, über Machtverhältnisse. Wäre es nicht sinnvoll, erst nach der Gleichstellung aller Religionen wieder solche Gesprächsrunden abzuhalten?

Natürlich sagte ich nichts von alledem. Ich halte immer brav meinen Mund. Ich hielt meinen Mund, als ein Imam auf einer jüdisch-muslimischen Veranstaltung in seinem zehnminütigen Grußwort neun Minuten lang darüber referierte, wie schön das Leben der Juden in Andalusien unter muslimischen Herrschern gewesen sei. Ich hielt auch meinen Mund, als sich der Rabbiner für diese netten Worte beim Imam bedankte und davon erzählte, wie pluralistisch der Staat Israel doch heute sei. Ich hielt sogar dann meinen Mund, als auf einer interreligiösen Tagung im Roten Rathaus in Berlin die Teilnehmer plötzlich aufstanden und anfingen *Schalom, Habibi* zu singen. Gemeinsames Singen bringt ihnen zufolge Frieden. Meiner Ansicht nach sorgt ausschließlich die politische Partizipation, das Streben nach Gerechtigkeit für Schalom und Salaam.

Ich mache Kompromisse. Den Interessenten und der Sache zuliebe. Trotz meiner Skepsis bringen sicher auch solche interreligiösen Veranstaltungen irgendetwas. Deswegen wird meine Wenigkeit auch in Zukunft bei derartigen Veranstaltungen mitmachen und Leute ermutigen, teilzunehmen. Immerhin, es ist besser als gar kein Austausch. Es gibt jedoch viele Menschen, für die unsere Dialogarbeit bei der Salaam-Schalom-Initiative, manchmal simpel daherkommt, zu politisch und zu kritisch.

»Schimon sagte: Mein ganzes Leben habe ich verbracht unter den Weisen und fand nichts besser für den Sterblichen als das Schweigen. Nicht das Lehrgespräch ist die Hauptsache, sondern das Tun, und wer viel redet, bringt Sünde hervor«, lehrt die Mischna (Avot 1:17). Das Lernen ist nur unter der Bedingung begrüßenswert, dass es zur Tat führt (Kidduschin 40b). Das Judentum ist nicht eine Religion der Diskutierenden, sondern der Macher. Die Zeit der endlosen Diskussionen kommt erst dann, wenn der Messias schon hier ist und auf der Erde schon unbegrenzter Friede herrscht.

In den Anfängen der Salaam-Schalom-Initiative wurden auch wir kritisch beäugt. Salaam und Schalom?, fragten einige und schlussfolgerten, das klingt so nach Friedensgedöns. Viele von ihnen sind heute aktive Mitglieder. So auch Nizar, ein palästinensischer Informatiker. Bei einem *taz*-Interview mit ihm, Uri, einem israelischen VWL-Studenten, und mir erklärte Nizar aufgeregt, er würde niemandem in seiner Familie von seinem Engagement in einer Initiative mit dem Namen Salaam-Schalom erzählen. Salaam-Schalom – das klinge nach einer Gleichberechtigung beider Gruppen. Die Realität sei aber anders. Die Journalistin machte daraus den Titel *Ihr Name ist kein Programm*. Sie beschrieb darin Nizars Sorgen – die auch unsere Sorgen sind – wortgetreu: Juden und Muslime haben im öffentlichen Bewusstsein eine nicht im Geringsten miteinander vergleichbare Position.

Als wir den Namen Salaam-Schalom für unsere Initiative wählten, wollten wir damit nicht das Ziel formulieren, Frieden zwischen Juden und Muslimen zu schaffen, wie viele vermuteten und uns deshalb hinter vorgehaltener Hand belächelten. Aus unser Sicht gibt es gar keinen grundsätzlichen Konflikt zwischen diesen beiden Gruppen. Der Name macht deutlich, dass dieser Frieden bereits existiert, dass beide Religionen und Kulturen eine gemeinsame Basis haben. Diese Botschaft wollen wir verbreiten. Und uns dafür einsetzen, dass der muslimische Glaube genauso zu einem Teil Deutschlands wird, seine Institutionen dieselbe

Förderung erfahren, wie es beim jüdischen Glauben und bei den jüdischen Institutionen inzwischen der Fall ist. Denn nur wenn der Islam wirklich ein Teil von Deutschland wird, die antimuslimische Ausgrenzung langfristig verhindert wird, kann auch das Miteinander gelingen.

Wir gehen auf die Straße und demonstrieren für das Recht, mit einem Kopftuch im öffentlichen Amt arbeiten zu dürfen. Wir bilden Menschenketten, die dann in den Medien überall auf der Welt sichtbar werden, um ein Zeichen für ein Bündnis zwischen Muslimen und Juden in Europa zu setzen. Wir organisieren Begegnungen zwischen weißen und nicht-weißen, religiösen und nicht-religiösen, heterosexuellen und nicht-heterosexuellen Menschen, um Vorurteile abzubauen. Wir fordern eine institutionelle Gleichstellung der muslimischen Gemeinden mit den jüdischen und christlichen Einrichtungen, um ihre Unabhängigkeit von Saudi-Arabien und der Türkei zu gewährleisten. Wir treten der rassistischen Panikmache mit Fakten entgegen. Wir publizieren in mehreren Medienkanälen, pflegen enge Kontakte zu Journalisten mehrerer Organe, um der Öffentlichkeit eine klare Botschaft zu senden: Muslime und Juden weigern sich, Feinde zu sein!

Das Wohlergehen deutscher Juden wird von Politik und Medien als ein Gut höchster Priorität deklariert, in Bezug auf die Situation von Muslimen herrscht hier eine beunruhigende Zurückhaltung. Es kommt jedes Jahr wieder zur ominösen Kippa-Diskussion, jedes Mal geht ein Aufschrei durch die Republik, wenn Juden ihre Kippa unter einer Baseballmütze verstecken. Eine völlig künstliche Debatte, wenn Sie mich fragen: Es gibt wahrscheinlich nicht mehr als 200 Juden im ganzen Land, die im Alltag eine Kippa tragen. Gleichzeitig werden muslimische Frauen mit Hidschab ganz offiziell, ganz legal durch das Kopftuchverbot für Lehrerinnen diskriminiert. Und dann haben wir noch kein Wort über ihre gesellschaftliche Ausgrenzung gesagt.

Natürlich ist das öffentliche Interesse an Juden in Deutschland vor dem Hintergrund des Massenmords an den europäischen Juden völlig nachvollziehbar und gerechtfertigt. Das gleichzeitige Desinteresse, die Missachtung, die Hetze gegen Muslime hinterlassen jedoch mehr als einen fahlen Beigeschmack.

Als Administrator des Postfachs unserer Initiative erhalte ich regelmäßig Medienanfragen. Wenn ich wie üblich auch muslimische Mitglieder als Interviewpartner vorschlage, erhalte ich nicht selten eine Antwort wie diese: »Wir würden eher mit einem jüdischen Mitglied aus der Initiative reden.«

Wenn es die Anfrage erlaubt, mehrere Gesprächspartner zu organisieren, schicken wir natürlich einen Juden und einen Muslim. Denn darum geht es ja unserer Initiative, beiden Seiten Gehör zu verschaffen. Für eine Kampfabsage einzutreten. Das bedeutet aber noch längst nicht, dass sie von Seiten der Redakteure gleich behandelt werden. Eine meiner schlimmsten Erfahrungen musste ich mit dem *ZDF* machen, obwohl ich ihre Beiträge über unsere Gruppe – und im Allgemeinen – fast immer korrekt und gut finde. Mein Kumpel Ozan und ich waren gemeinsam zu einem Interview eingeladen worden, um über Antisemitismus und dessen Instrumentalisierung in Deutschland zu diskutieren. Ozan lieferte während der einstündigen Aufnahme als Experte an der Alice-Salomon-Hochschule dazu sehr interessante Beiträge. Außerdem ist er deutscher Muttersprachler und kann sich ohne Zweifel distinguierter ausdrücken als ich.

Im gesendeten Beitrag wurde dennoch nur ich mit vollem Namen erwähnt. Der Denker Ozan Keskinkılıç wurde einfach als ein Freund von mir dargestellt (»Ármin Langer

hat seinen muslimischen Freund Ozan zum Gespräch mitgebracht«), und seine einzige Rolle im Bericht wurde darauf beschränkt, zu meinen Äußerungen zu nicken. Die
Komplexität eines Themas in drei Minuten zu packen, ist
ohne Zweifel eine große Herausforderung. Dies war ein
schmerzliches Beispiel, wie schwierig es ist, am Mediente-
nor etwas zu ändern, da einige Journalisten selbst vom bereits bestehenden Medienbild so formatiert sind, dass sie
nicht anders können, als es fortwährend erneut zu zementieren. Wobei häufig die eigentliche Nachricht übersehen
wird.

Als ich den Beitrag am nächsten Abend auf meinem
Rechner sah, tat er mir weh. Ich hoffte sehr, dass Ozan
nicht in der Mediathek danach suchen würde. Ich fühlte
mich schuldig, dass ich nichts gegen diese unfaire Behand-
lung unternehmen konnte. Ozan ist aber fast immer online, er sah das Video direkt nach seiner Veröffentlichung.
Irgendwann gab er zu, dass es ihn enttäuscht hatte, dass ich
erst Wochen später den Mut hatte, mit ihm darüber zu
sprechen. Lieber Ozan, ich entschuldige mich hiermit erneut für Deutschland und das *ZDF.*

Wie meine Mitstreiterin und Freundin Hannah Tzuberi,
Judaistik-Dozentin an der FU, einmal zu mir meinte: in
Deutschland ist *Salaam* eine Fußnote von *Schalom.* Juden
und Muslime werden in der Öffentlichkeit nicht gleichberechtigt wahrgenommen. In der Regel auf Kosten der Muslime: Es wird viel über sie geredet, aber ihre Stimme wird
nicht gehört.

Die Gegensprechanlage klingelte. Umut, ein Mitstreiter
von mir, hatte sich zum Frühstück angesagt. Die große
Kanne marokkanischer Minztee mit den acht Stück Wür-
felzucker kochte schon auf dem Herd, als er in meine kleine
Wohnung eintrat. »Lang nicht gesehen, *Akhi*!«, sagte Umut,

und wir umarmten uns zur Begrüßung. Er meinte, ich sei zu beschäftigt. Ich warf ihm vor, dass er immer zu viel arbeite und mich vernachlässige. Er brachte Börek mit. Mit Spinat und Schafskäse. *Mjam.*

»Warst du letzte Woche bei der Buchvorstellung von Daniel Bax?«, fragte Umut und strich sich Margarine aufs Schwarzbrot. Daniel Bax, Inlandsredakteur der *taz,* veröffentlichte vor kurzem sein erstes Buch mit dem Titel *Angst ums Abendland.* Ihm zufolge soll man Angst haben, aber nicht vor den Muslimen, sondern vor den antimuslimischen Rassisten. Ich und zwei weitere Mitglieder der Salaam-Schalom-Initiative werden in dem Buch als Beweise dafür genannt, dass es auch Juden gibt, die es wagen, Moscheen zu besuchen und sich mit ihren Gemeindemitgliedern auszutauschen.

Ich zeigte Umut mein signiertes Exemplar. Er überflog skeptisch das Kapitel über uns. Daniel wollte auch mit Umut für dieses Buch ein Interview führen, Umut hatte sich aber geweigert. Er mag es nicht, wenn nicht-muslimische weiße Deutsche über Muslime und Bundesrepublikaner aus Einwandererfamilien schreiben. Wenn im Titel meines Buches das Wort Muslim vorkomme, kündige er mir die Freundschaft, sagte er einmal zu mir. Ich bewundere seine Beharrlichkeit, gleichzeitig frage ich mich, ob diese Haltung nicht in eine Sackgasse führt. Es ist eine endlose Debatte zwischen ihm und mir.

»Mein Lieber, weißt du, wer Moses Mendelssohn ist?«, fing ich meine Bax-Apologie an. Währenddessen schnitt ich den klebrigen Gouda-Käse und achtete darauf, nicht erneut in meinen Finger zu schneiden. Natürlich werde ich die Position von Umut nie verstehen können, weil ich nie nachvollziehen können werde, wie er unter dem antimuslimischen Rassismus in Deutschland leidet. Trotzdem versuche ich, ihn immer und immer wieder davon zu überzeugen, dass die privilegierten Angehörigen der Mehrheitsbevölkerung mehr für Muslime tun können als die Muslime selbst.

»Ja, ich kenne Mendelssohn. Warum?« Ich sah in seinen Augen, dass er schon wusste, worum es in meiner Argumentation gehen würde.

Nach einer antisemitischen Kampagne im Jahr 1778 eines höheren Beamten im Elsass, der die Juden als Wucherer bezeichnete und damit pogromartige Ausschreitungen auslöste, wurde der jüdische Aufklärer und Philosoph Moses Mendelssohn (1729–1786) von den lokalen Juden gebeten, ihre Interessen öffentlich zu verteidigen. Mendelssohn hätte wahrscheinlich die Aufgabe gerne selbst übernommen, stattdessen delegierte er sie an seinen Freund Christian Wilhelm von Dohm.[133]

Von Dohm war ein preußischer, christlicher Beamter. Ein Angehöriger der Mehrheitsbevölkerung, der seine Privilegien nutzte, um sich für eine unterdrückte Minderheit einzusetzen. Im Auftrag von Mendelssohn schrieb er 1781 das Hauptwerk der Emanzipations-Debatte: *Über die bürgerliche Verbesserung der Juden*. Zwei Jahre später erreichte die Schrift auch das Elsass, mit dem Untertitel *Mémoire sur l'état des Juifs en Alsace* (Denkschrift zur Lage der Juden im Elsass). Die Botschaft von Mendelssohn ist eindeutig: Er wollte nicht, dass die Juden allein für ihre eigenen Rechte plädierten. Ein Nicht-Jude, der den Respekt der anderen Nicht-Juden genießt, kann mehr im Kampf gegen den Hass auf Juden erreichen als ein Jude.[134]

Mendelssohn bereute seine Entscheidung höchstwahrscheinlich nicht: »[Die] Verderbtheit und Herabwürdigung [der Juden] muss vorzüglich von den äußern Umständen, in denen sie sich bisher befunden, herrühren«, argumentiert von Dohm. Schon im 18. Jahrhundert war es einigen klar, was Sarrazin und seine Genossen noch immer nicht kapieren: Wenn eine ethnische, kulturelle Minorität schlimmer leidet, als die Mehrheitsbevölkerung, kann man das auf ihre sozialen Umstände zurückführen. Von Dohm behauptet außerdem, »daß es höchst wichtig sey, sie zu bessern und glücklichern Menschen, zu brauchbarern Gliedern der Gesellschaft zu machen«.[135] Von Dohm trat im Sinne der Aufklärung für die jüdische Emanzipation ein und förderte diese europaweit. Er beeinflusste Menschenrechtler wie den Grafen von Mirabeau, dessen Engagement 1791 in Frankreich die Judenemanzipation ermöglichte. Auf die heutigen Umstände übertragen: Wollen Sie, dass Murat und Nemi in den Schulen bessere Noten kriegen? Dann engagieren Sie sich für die Emanzipation der Muslime, Migranten und Geflüchteten in der Bundesrepublik und Europa!

Umut hörte geduldig zu und antwortete mit einem Satz. »Jemand, der vergewaltigt worden ist, wird nie mit seinem Vergewaltiger zusammenarbeiten.« Es ist eine Paraphrasierung von Malcolm X (1925–1965), einem muslimischen Aktivisten der schwarzen Bürgerrechtsbewegung aus den USA. Malcolm X unterstützte bis zu seiner Pilgerfahrt nach Mekka 1964 die vollkommene Separation der Schwarzen von den Weißen: Die Emanzipation der Schwarzen werde nur dann gelingen, wenn sie es schaffen, sich von den Weißen zu emanzipieren. »Wir können unsere eigene Regierung aufstellen und als Nation unabhängig werden. Sobald wir nicht mehr an die Gesetzgebung dieses weißen Staates gebunden sind, können wir beginnen, eigene Handels- und Wirtschaftsbeziehungen zu anderen unabhängigen Staaten aufzubauen. Das ist die einzige Lösung«[136], sagte Malcolm X in seiner berühmten Rede über Segregation und Separation im Jahr 1963 an der University of California, Berkeley. Sein langjähriges Vorbild, der schwarze Bürgerrechtler Elijah Muhammad (1897–1975), der 44 Jahre lang Leiter der *Nation of Islam*, der größten religiös-politischen afroamerikanischen Organisation außerhalb der islamischen Orthodoxie war, ermutigte alle Afroamerikaner, bei den Wahlen ihr Wahlrecht nicht auszuüben, sich nicht zum Militärdienst zu melden, nicht in öffentlichen Ämtern zu dienen. Laut Muhammad wurden den Schwarzen die Grundrechte verwehrt. Weiße hatten dagegen weitreichende Privilegien. Jahrelang war Muhammad Befürworter eines unabhängigen schwarzen, muslimischen Staates in den Südstaaten Mississippi, Alabama und Georgia.[137] Malcolm X und die Bewegung des schwarzen Nationalismus griffen diese Ideen auf.

Das ist das Lieblingsstreitthema zwischen Umut und mir: Wer darf für wen sprechen. Oder: Was soll den Vorrang genießen – *Empowerment* oder politischer Fortschritt? Sind beide überhaupt voneinander trennbar? Wem soll man folgen, Malcolm X oder Moses Mendelssohn?

Eines ist sicher, Umut und ich werden weiterhin darüber streiten. Ich denke nicht, dass wir uns zwischen diesen zwei Wegen entscheiden müssen. Wie Cornel West, eine der führenden afroamerikanischen Intellektuellen, einst erklärte: »Es ist wahrscheinlich keine schlechte Sache, ein gesundes Misstrauen gegenüber anderen beizubehalten, denn schwarze Bürger können benutzt und missbraucht werden, aber wenn man wirklich will, dass sich die Leute ändern, dann muss man es mit Offenheit versuchen.«[138] Marginalisierte Gruppen brauchen nicht nur Propheten wie Malcolm X, sondern auch Politiker wie Mendelssohn. Wie immer muss es eine Synthese geben. Einen Kompromiss, der sowohl den Malcolm X-Anhänger Umut als auch den Mendelssohn-Anhänger Ármin glücklich macht. Für mich ist es ein tragfähiger Kompromiss, wenn jemand über die Ausgrenzung einer Gruppe schreibt und er mit Mitgliedern dieser Gruppe im regen Kontakt steht – wie Daniel Bax. Man kann Daniel natürlich kritisieren, aber es ist eine Tatsache, dass in seinem Buch sehr viele muslimische gesellschaftliche Akteure zu Wort kommen. Nicht nur um zu zeigen, wie gut integriert sie sind.

Jüdin nimmt muslimischen Flüchtling in ihre WG auf, lautete eine Schlagzeile in der *Berliner Zeitung.* Auf dem Bild sind zwei gute Freunde von mir: Rebecca de Vries und Abdullah Sa*, meine Nachbarn aus Neukölln. Sie stehen auf dem kleinen Balkon ihrer Wohnung und lächeln sorglos dem Leser entgegen. Der Dezember 2015 war einer der wärmsten Wintermonate seit Beginn der Wetteraufzeichnungen, und so standen sie in T-Shirts und dünnen Hosen und erzählten ihre Geschichte – die eigentlich keine Nachricht wert sein sollte.

Sie, die jüdische Berlinerin, nimmt ihn, den syrischen Geflüchteten, in ihrer Neuköllner Wohnung auf. Der Artikel war wieder ein ausgezeichnetes Beispiel dafür, wie unterschiedlich Juden und Muslime in der deutschen Öffentlichkeit wahrgenommen werden: Schon der Titel macht klar, dass der Jude derjenige ist, der die Initiative ergreift. Er hilft dem armen Moslem. Der noch dazu ein *Flüchtling* ist – ich vermeide absichtlich die Verwendung dieses Wortes, weil es tendenziell abschätzig klingt, wie die ähnlichen Wortbildungen wie Eindringling, Emporkömmling oder Schreiberling zeigen. Stattdessen benutze ich das Wort *Geflüchtete.*

Im Artikel wird auch darüber berichtet, wie Rebecca und Abdullah gemeinsam Schlittschuh laufen gehen – und der arme Muslim immer und immer wieder auf die Stütze der erfahrenen Jüdin angewiesen ist. Der Journalist spricht Abdullah stets auf Antisemitismus an, als ob sein Asylantrag davon abhängen würde. Jan Schapira, der Autor des Artikels – ein Neuköllner Jude –, verfasste aber nicht aus Ignoranz den Artikel so einseitig: Er wusste, dass das der beste Weg ist, um seine Botschaft der großen Öffentlichkeit zu vermitteln. Wenn man den Mainstream ändern will, muss man – bis zu einem gewissen Maß – die Sprache des Mainstreams verwenden, auch wenn diese Sprache nicht gerecht ist. Und Jan hatte recht, der Artikel lief unerwartet gut. Nach der Veröffentlichung des Berichtes erhielten Rebecca und Abdullah zahlreiche Fan-Briefe und weitere Presseanfragen. Obwohl ich nicht mit der darin zementierten Rollenverteilung zwischen der Jüdin und dem Muslim einverstanden bin, finde ich diesen Artikel wichtig und richtig.

Die Geschichte von Rebecca und Abdullah kam zur rechten Zeit. Ein paar Wochen nach den ominösen Aussagen vom Präsidenten des Zentralrats der Juden. Deutschland solle weniger syrische Geflüchtete aufnehmen, weil sie qua ethnischer Herkunft alle Antisemiten sind, hatte Josef Schuster der Zeitung *Die Welt* erklärt. Die De-Vries-Sa*-WG widerspricht dieser Feststellung auf sehr direkte und verständliche Weise. Eine deutsche Jüdin, die mit einem syrischen Geflüchteten unter einem Dach wohnt – diese Lebenswirklichkeit ist der beste Weg, um auf Rassismus aufmerksam zu machen. Schuster gleich als Rassisten zu bezeichnen, ist kontraproduktiv, wie ich nach meinem unüberlegten *taz*-Kommentar feststellen musste. Die Idylle von Abdullah und Rebecca lieferte den lebenden Beweis dafür, dass Syrer nicht pauschal als Antisemiten bezeichnet werden können.

Es gibt zahlreiche muslimisch-jüdische WGs in Neukölln und in anderen Bezirken von Berlin. Ich persönlich kenne mehrere Juden, die Geflüchtete in ihre Wohnungen aufgenommen haben oder die mit Muslimen gemeinsam wohnen, in einigen Fällen sind sie sogar mit ihnen liiert oder verheiratet. Ich selbst teilte meine Einzimmerwohnung zwei Monate lang mit einem muslimischen Asylbewerber. Mein einziges Problem mit ihm war, dass er penetrant schnarchte. Lauter als ich. Es gibt Sachen auf der Welt.

Im Sommer 2014, als die israelische Luftwaffe Vergeltungsattacken gegen die Zivilbevölkerung flog und Panzer wieder in Gaza einfuhren, als die Hamas erneut die Bevölkerung von Süd-Israel mit Raketen bedrohte, stellte mir die zielbewusste Volontärin einer prestigeträchtigen deutschen Tageszeitung die ewige Frage: »Wie könnt ihr trotz alledem gemeinsam arbeiten?«

Wir saßen wieder mal in meinem Lieblingscafé am Neuköllner Herrfurthplatz. An diesem Tag hatte ich als Koordinator der Salaam-Schalom-Initiative schon zwei Interviews in dem Café gegeben, das oft als mein Büroersatz herhalten muss. Es war Juli 2014: Gaza brannte, und immer wenn in Nahost Krieg ist, bekomme ich doppelt so viel Medienanfragen wie sonst.

»Also, besonders in Zeiten wie diesen ist es bestimmt schwierig für euch zusammenzuarbeiten, oder?«, wiederholte die Journalistin in spe ihre Frage. Sie trug einen roten Hosenanzug und hielt einen roten Kugelschreiber in der Hand, vor ihr auf dem Tisch lag ein rotes Notizbuch. Ihr Kollege vor ihr hatte sich gar keine Notizen gemacht. »Nein, es betrifft uns als Gruppe nicht«, sagte ich. Sie beugte sich über ihr Notizbuch und fing an, meine Erklärung wortgetreu aufzuschreiben. Ich erklärte ihr, dass wir sowohl zionistische als auch post- und antizionistische Juden unter uns haben, dass der wahrscheinlich größte Zionist in der Gruppe eigentlich ein marokkanischer Muslim sei. Unsere Beziehung zum Staat Israel und zu Palästina beziehungsweise deren Kriegspolitik sei keinesfalls eine Frage von ethnischer

Herkunft oder Religion. Es ist allein eine Frage von politischer Einstellung. Die Mitglieder der Initiative sind progressive Menschen: Wir verurteilen Rassismus, Besetzung und Terrorismus – und als solche sind in unserer Gruppe sowohl Muslime als auch Juden ungefähr derselben Meinung, wenn es um Israel-Palästina geht. Trotzdem machen wir keine Veranstaltungen zu dem Thema: Wenn es keine Rassisten mehr in Deutschland gibt, dann können wir anfangen, uns mit Rassismus im Nahen Osten zu beschäftigen. In diesem Sinne lud in derselben Woche auch die Salaam-Schalom-Initiative zu einem Flashmob gegen Antisemitismus und antimuslimischen Rassismus in Deutschland unter dem Titel *Wir sind keine Feinde – Stoppt die Hetze!* ein. Ich hatte das talmudische Prinzip im Kopf: *Schtika k'hooda* – Stille ist wie Zustimmung« (Jebamot 88a). Wir waren alles andere als still.

Ein paar Stunden vor der Kundgebung musste ich als Veranstalter bei der Polizei vorsprechen. Der große alte Einsatzleiter mit seinem Schnurrbart und Bierbauch hinter dem Bürotisch guckte mich ernst an. Seine vier uniformtragenden Kollegen im Raum des Polizeiabschnittes blickten gebannt auf ihren Chef, der versuchte, die Katastrophe zu verhindern.

»Herr Langer, wissen Sie, dass sie Ihre Veranstaltung so gelegt haben, dass sie mitten durch das Straßenfest der palästinensischen Gemeinde führt?«

»Herr Langer, können wir Sie bitten, keine israelischen Fahnen oder diese jüdischen Kopfbedeckungen dabeizuhaben?«

»Herr Langer, wissen Sie, dass es Ihre Verantwortung ist, wenn die Palästinenser einen von Ihnen angreifen?«

»Will dieser Verrückte mit seinem Judenkram zu den Palästinensern gehen?«, las ich in den Augen.

Ich versicherte ihnen, dass alles gut gehen würde. Sie

nickten, schickten trotzdem einen ganzen Polizeieinsatz zu unserem Schutz vor den Arabern. Das sei ihre Aufgabe.

Am Nachmittag des 31. Juli 2014 am Alfred-Scholz-Platz, unweit vom Rathaus Neukölln, versammelten sich siebzig Aktivisten unserer Gruppe, um eine Menschenkette in der Mitte des palästinensischen Zuckerstraßenfestes zu bilden: Hauptsächlich Muslime türkischer Herkunft und Juden aus Israel, den USA und Deutschland gaben sich die Hand. Es ging dabei nicht um den Frieden in Nahost. Um dies klarzustellen, verteilten wir an die Fußgänger und die Zuschauer des Straßenfests Flyer. Wir sind eine lokale Initiative, »klein, aber fein«, wie uns später Joachim Gauck bezeichnete. Bei uns geht es allein um Gerechtigkeit und Frieden in Deutschland: Das Thema ist schon groß genug. Wir verurteilten gemeinsam die antisemitischen Vorfälle bei den pro-palästinensischen Demos und die antimuslimische Hetze, die in der Öffentlichkeit darauf folgte. Vielerorts wurde die These wieder ausgegraben, Antisemitismus sei etwas, das mit den arabischen Migranten importiert worden sei – unvorstellbar, dass so etwas in Deutschland (!) gesagt wird.

Nach der Dabke-Tanztruppe kündigte der Moderator auf der Bühne des Straßenfestes unsere Aktion an, wir hatten ihn kurzfristig darum gebeten: »Liebe Zuschauer, wir wollen euch auf eine spannende Aktion aufmerksam machen. Gleich werden Aktivisten der Neuköllner Salaam-Schalom-Initiative hier eine Menschenkette gegen Antisemitismus und antimuslimischen Rassismus bilden.«

Josh, ein Jude aus London, hielt die Hand von Kerstin, einer echten Berlinerin. Sie hielt meine Hand, ich hielt die von Csaba, einem ungarischen Juden, der griff die Hand von Deniz, einem Muslim aus Mersin. Die Kette wurde länger und länger, nachdem sie auch auf der Bühne angekündigt wurde, kamen noch weitere Leute dazu: Ein paar Dutzend Teilnehmer, die eigentlich das Ende des Ramadan feiern wollten, Mütter mit ihren Kindern, Opas und Omas und Deutscharaber im »sensiblen« Alter zwischen 14 und 29. Weil wir auf die Leute zugegangen waren und niemanden zwangen, *Schalom, Habibi* zu singen, schlossen sich diese palästinensischstämmigen Deutschen und Palästinenser unserer Menschenkette an. Und nein, niemand verprügelte Alex, meinen damaligen Kommilitonen, der eine Kippa trug – und auch die anderen jüdischen Teilnehmer, die mit Kippot und Davidsternen erschienen, fühlten sich nicht gezwungen, ihre Kopfbedeckungen zu verbergen.

Für mich war das eines meiner schönsten Erlebnisse. Kurz vor dem Flashmob sprach ich noch mit einem *dpa*-Mitarbeiter. In meinem Interview, das wir auf einem großen Stein hinter dem *Schnäppchen-Center* sitzend zügig führten, versprach ich dem jungen Journalisten, dass er heute Zeuge vom Beginn eines neuen Diskurses sein würde. Er drücke uns die Daumen, beteuerte er. Wir hatten bewiesen, dass es eine Alternative zum üblichen Friede-Freude-Eierkuchen-Narrativ gibt. Wir plädieren für eine neue Art der interreligiösen Verständigung: Statt auf einem Podium über Ähnlichkeiten und Unterschiede zu sprechen, begaben wir uns mit Kippot zu den Palis. Und nichts von dem, wovor der Einsatzleiter und die Medien mich gewarnt hatten, trat ein.

Unsere Aktion war einfach von der Zusammensetzung der Teilnehmer her interreligiös und interkulturell, denn die Mehrheit der Leute stammte entweder aus jüdischen oder aus muslimischen Familien. Unsere Menschenkette war lediglich ein symbolischer Akt. Die Bilder wurden von den Medien aufgegriffen und fast immer positiv kommentiert. Das war meine Vorstellung von interreligiösem und interkulturellem Aktivismus, eine Vorstellung, die seit einer ganzen Weile gereift war und ihren Ursprung in einer

Aktion im Jahr 2013 auf einem muslimischen Friedhof in Budapest hatte.

Strahlender Sonnenschein, Bienen summten. Wir kümmerten uns um die Gräber auf dem Kozma-Friedhof von Budapest, jäteten Unkraut und flüchteten, sooft es ging, in den Schatten. Gemeinsam standen wir dann, jüdische und muslimische Freiwillige, unter den Eichen im muslimischen Teil des Friedhofs, unsere Rücken schweißnass, aus den Thermoskannen der Geruch von Kaffee. Einige Monate zuvor hatten wir den israelitischen Friedhof in Kisvárda, einer Stadt im Nordosten Ungarns, in Ordnung gebracht. 15 jüdische und 15 muslimische Freiwillige: von jüdischer Seite hauptsächlich säkulare und liberale gebürtige Juden, von muslimischer Seite vor allem orthodoxe ungarische Konvertiten. Eine Gruppe von Menschen, deren Begegnung völlig außergewöhnlich ist und an diesem Tag doch problemlos funktionierte.

»*Bismillahi ar-reh … ar-rah …* Was steht da? Was ist das nächste Wort?«, wendete sich Máté verzweifelt an Enikő. Die beiden Aktivisten standen vor einem sehr alt aussehenden Grab, auf dem die arabische Schrift kaum mehr zu lesen war. Enikő, die muslimische Konvertitin, schaute kurz auf das Grab und zuckte mit den Schultern: »Keine Ahnung, kann kein Arabisch lesen.«

Die Sonne stand im Zenit, es war höchste Zeit für die Mittagspause. »Nimm von der Wurst, sie ist halal … aber wahrscheinlich nicht koscher!«, sagte der langbärtige István, Vorsitzender der Moscheegemeinde. Die Rindswurst war lecker, wir saßen in einem Kreis unter den Bäumen, aßen unsere Stullen und schlürften den starken Kaffee. Die Wurst in der Hand, war es naheliegend, über Halal-Fleischereien in Budapest zu sprechen. Es stellte sich heraus, dass das Angebot nicht sehr groß ist. Es gibt keinen muslimischen Metzger in der Stadt, die Muslime müssen Tiefkühlhühner aus Brasilien bei einem Türken im Migranten-Ghetto von Josefstadt kaufen. »Nicht dass die Lage mit koscherem Fleisch besser wäre«, fügte Ádám, ein jüdischer Teilnehmer, hinzu. Alle nickten zustimmend.

Wir saßen nicht auf Stühlen und philosophierten über jahrtausendealte Texte, die in irgendwelchen komischen semitischen Sprachen verfasst waren, sondern wir lernten einander kennen, die Herausforderungen der jeweils anderen Seite, sie waren nicht nur in Worte verpackt, sondern in diesem Falls in Plastik und aus Brasilien importiert. Und parallel dazu machten wir noch etwas Nützliches: Wir brachten einen Friedhof in Ordnung.

Ich stand zwischen den Gräbern von Yusuf und Aischa, als ich zum ersten Mal vor Augen hatte, wie interreligiöser und interkultureller Aktivismus aussehen könnte. Und mir wurde klar, dass die jüdische Gemeinschaft, die einst unterdrückt war und jetzt zum Mainstream der Gesellschaft gehört, durch ihre historischen Erfahrungen die Hauptrolle in diesem Prozess spielen müsste.

Die Tora sagt: »Unterdrücke den Fremden nicht, denn ihr kennt die Gefühle des Fremden, denn ihr wart auch Fremde in Ägypten.« Dem Talmud zufolge kommen dieses Gebot und dessen Varianten 36-mal in der Tora vor. So oft, wie kein anderer Befehl in den Schriften. Die Rabbiner der frühen jüdischen Tradition interpretierten diesen Vers als Aufruf zum Schutz der Konvertiten: Sie konnten sich nicht vorstellen, jemanden zu diskriminieren, da sie auch diskriminiert wurden.

Heute ist die Situation eine ganz andere. Nach der Schoa, nach der Anfangsphase der Vergangenheitsbewältigung wurde das europäische Judentum Teil der Mainstream-Gesellschaft. Der Jude ist nicht mehr schwach, nicht vom System unterdrückt – und das ist gut so. Diese neue Rolle der jüdischen Gemeinde in der europäischen Gesellschaft der Gegenwart ist mit einer Verantwortung verknüpft, wie wir Juden sie noch nie zuvor hatten. In unserer Welt blühen nationalistische und rassistische Tendenzen wieder auf. Sie bedrohen die Menschen, die den Glauben oder die Ethnie nicht mit der Mehrheit teilen. In dieser Welt sind die Lehren der Tora über die Fremden äußerst bemerkenswert. Wir brauchen mehr Menschenketten, mehr Aktionen, die beweisen, dass wir alle, wir Menschen, eine Menge gemeinsam haben.

Martin Luther King war auch Jude

Ich sehe im Jüdisch-Sein eine Lebensweise. Dich für den Unterdrückten einzusetzen. Außenseiter zu sein. Die Gesellschaft zu kritisieren. Du bist der Bube an der Ecke, der sagt, dass der König nackt ist. Und du bist auch der Prophet.
Abbie Hoffman (1936–1989), Polit- und Sozialaktivist

Mosche lernte ich durch Atraf kennen, auf einer israelischen Webseite für Männer, die Männer daten wollen. Schon in unserem ersten Nachrichtenwechsel stellte sich heraus, wie unterschiedlich wir mit unserer Religiosität umgehen. Ich erzählte Mosche stolz, wie wir in unseren Gemeinden die sexuelle Vielfalt feierten, berichtete von der »Schwuchtelmesse«, die ich noch kurz vor meiner Abreise nach Jerusalem im Budapester Gemeindehaus leitete. Er hingegen erzählte vor allem von seiner Befürchtung, dass er gewiss noch für seine Sünden leiden werde. Er war nämlich ein orthodoxer Jude. Aber wir mochten einander und trafen uns mehrmals in den heißen Jerusalemer Sommernächten – und sündigten gemeinsam.

»Wozu brauchst du so viele Kippot?«, fragte ich ihn eines Morgens. Ich lag noch im Bett. Er war aufgestanden und hatte eine Schublade geöffnet. Sie war voll mit schwarzen Samt-Kopfbedeckungen. Mindestens dreißig Stück, alle sahen auf den ersten Blick gleich aus. »Ich bin eben nicht so ein Larifari-Jude wie du«, erklärte Mosche und setzte sich eine Kippa auf. »Die werden schnell schmutzig. Außerhalb des Bettes bedecke ich meinen Kopf. Immer.«

Sie seien alle schwarz, weil so der Schmutz weniger auffallen würde, und er müsse sie nicht so häufig waschen. Mosche hatte aber nicht nur einen Haufen Kippot, sondern auch eine große Zahl Gebetsmäntel Tallitot, und weiße

Hemden. Er trug nur Schwarz und Weiß, was ihm nicht besonders gut stand.

»Weißt du, was ich nicht mag?«, begann er an einem anderen Morgen das Gespräch. Ich war schon darauf gefasst, dass er wieder etwas gegen lesbische US-amerikanische Rabbinerinnen oder gegen europäische »antiisraelische« Linke sagen würde. Ich versuchte immer, erst nach unserer Sünde mit ihm über neutrale, alltägliche Sachen zu plaudern. Die Emanzipation der Frauen in einem religiösen Kontext oder der Nahost-Konflikt und dessen europäische Rezeption sind keine guten Themen für Bettgespräche. Er sah das anders. Man brauche die Mauer, um die Juden vor den palästinensischen Terroristen zu schützen. Wolle ich, Ármin, etwa, dass die Juden noch einmal aus dem Heiligen Land vertrieben würden? Wer sich gegen die Mauer ausspreche, so Mosche, nehme in Kauf, dass Juden in ihrem eigenen Land getötet würden, also seien solche Stimmen per se antisemitisch. Wäre der Sex nicht so gut, das Männer-Angebot in Jerusalem nicht so dürftig gewesen, ich hätte vehementer widersprochen.

Irgendwann hatte ich mich aber an Mosches Sichtweise gewöhnt. Ich hörte ihm geduldig zu, während sein Kopf auf meiner Brust lag. Nach einer Minute politischer Agitation hörte ich aber meistens auf, seinen Kopf zu kraulen. Ich fühlte mich manchmal ein bisschen wie sein Psychiater. »O G'tt, lass ihn endlich das Thema wechseln«, wünschte ich mir, und plötzlich fing Mosche an, über seinen letzten Besuch bei seinem Rebbe zu reden. Das fand ich schon spannender, besonders in seiner Erzählart mit den vielen jiddischen Einfügungen. Ich lernte durch Mosche tatsächlich eine neue, mysteriöse Welt kennen. Nicht nur in seinen Geschichten, sondern auch im echten Leben. Er führte mich zum Beispiel durch das ultraorthodoxe Viertel der Stadt, *Me'a Schearim*, das Außenstehenden im Normalfall eigentlich versperrt bleibt. Er führte mich durch schmale, schmutzige, unbeleuchtete Gassen zu seiner alten Jeschiwa und dem Haus, in dem er früher mit seinen Eltern gewohnt hatte – und er zeigte mir die beste Bäckerei der Stadt. Der Schokokranz, den ich dort aß, schmeckte mir so gut, dass ich ihn später oft versuchte nachzubacken.

»Aber in der Tora steht doch 36-mal, dass wir den Fremden nicht unterdrücken dürfen, *veGer lo tilchaz*, weil …«, bemühte ich mich, meinen Aktivismus mit der Heiligen Schrift zu rechtfertigen, während wir an einem Abend auf einer Bank in seiner neuen Wohngegend, in der ehemaligen deutschen Kolonie in West-Jerusalem, saßen und leckeres Eis aßen. »*Ger* bedeutet Konvertit, nicht Geflüchteter«, intervenierte Mosche. Er liebte es zu streiten. Ich widmete mich kurz meinem Zitroneneis, schleckte die süßen Tropfen von der Waffel und erwiderte aus Reflex: Nein!

Auch mit anderen Zitaten versuchte ich zu beweisen, dass es für amerikanische und europäische Juden, für diese hoch privilegierten Gruppen, eine Pflicht sei, sich für die Unterdrückten von heute zu engagieren. Er widersprach mir erneut und brachte immer und immer wieder andere Auslegungen für meine Zitate. Mosche ist so, wie er ist. Er wird sich wahrscheinlich nie ändern, und als mir das klar wurde, war unsere Affäre plötzlich nicht mehr so wichtig. Die Heiligen Schriften enthalten natürlich keine klaren moralischen Formeln: Wir lesen unsere Moral und unsere Vorstellungen in die Schriften hinein.

Dies gilt natürlich auch für mich. Ich finde auch die Moral in den Texten, nach der ich suche. Im Gegensatz zu Mosche sehe ich das zumindest ein. Unsere Tradition lehrt nicht umsonst, dass die Tora siebzig Gesichter hat (Bamidbar Rabba 13:15). Derselbe Text hat für einen modernen orthodoxen Manager in New York eine andere Bedeutung als für einen liberalen Frankfurter Juden. Der ultraorthodoxe Rabbiner in Beit Schemesch kann die Schriften so interpretieren, dass die Frauen ihren Männern untergeordnet sind – und die lesbische Rabbinerin in San Francisco verwendet die Tora als Basis für ihre feministische Agenda.

Zwei Juden, drei Meinungen, lautet ein bekannter Witz. Es gibt Rabbiner, die verehre ich für ihre progressive Auslegung der Heiligen Schriften aber so sehr, dass mir die folgende Geschichte besonders am Herzen liegt. Am 8. Januar 2015 erhielt ich von einer meiner Dozentinnen eine Mail. Sie schickte sie an alle Studenten meines Rabbinerseminars in Berlin: »Susannah Heschel, die Tochter von Abraham Joshua Heschel, hat mir heute eine E-Mail geschickt, weil morgen die Jahrzeit ihres Vaters ist und sie einen Minjan sucht, um das Kaddisch aufzusagen. Wir möchten euch bitten (…), morgen um 8:30 Uhr in die Synagoge zu kommen. Bitte sagt mir kurz Bescheid, damit ich sicher bin, dass wir einen Minjan haben.«

Die *Jahrzeit* ist der Jahrestag, an dem unsere nahen Verwandten verstarben: An dem Tag wird jedes Jahr das Kaddisch-Gebet aufgesagt, wenn man ein *Minjan*, ein Quorum von zehn Menschen, hat.[139] Das Kaddisch darf nämlich nur in Anwesenheit von zehn Menschen gebetet werden, damit niemand allein trauern muss.

In dem kleinen Gebetsraum des Rabbinerseminars versammelten sich mehr als ein Dutzend Studenten und Dozenten, obwohl es ziemlich kurzfristig angekündigt worden war. Wir hatten den Minjan erfüllt, Susannah Heschel konnte also das Kaddisch rezitieren. Die bescheiden wirkende Frau um die sechzig wirkte sehr betroffen, während sie langsam die aramäischen Wörter aus dem Gebetbuch vorlas: »*Jisgadal vejiskadasch schöme rabo* …« Sie sagte kein einziges Wort über ihren Vater, erzählte keine Anekdoten über ihn. Trotzdem fühlte ich mich geehrt, dass ich ihre Trauer mit ihr teilen konnte. Denn ihr Vater hatte mich ein paar Monate zuvor gerettet.

Im März 2014 hielt ich einen Vortrag im Jüdischen Gemeindehaus Bálint Ház in Budapest mit dem Titel *Die Bibel und soziale Gerechtigkeit.* Ich war erschöpft, ich war direkt vom Flughafen ins Gemeindehaus gefahren. Es war ein unangenehmes Gefühl, nach mehreren Monaten wieder in Budapest zu sein, wieder in der heruntergekommenen Sowjet-U-Bahn zu fahren und die deprimierenden Wahlplakate der unterschiedlichen ungarischen Mafia-Parteien in den Bahnhöfen zu sehen. Und die Bahn blieb wie immer fünf Minuten lang im Tunnel stehen, ohne eine Stimme aus dem Lautsprecher, die irgendeine Erklärung lieferte. Die Großmütter mit den Einkaufstüten schauten mich misstrauisch an. Mir wurde übel, ich wollte zurück nach Berlin. Zurück nach Hause. Trotz all der positiven Erfahrungen, die ich hier gemacht hatte.

Ungeachtet meiner Gemütslage hielt ich den Vortrag. Ich fokussierte mich darin überwiegend auf jüdische Quellen aus dem Tanach, der hebräischen Bibel, in denen ein gesellschaftlich engagiertes Judentum gefordert wird. Im Scheinwerferlicht saß ich am Rande der Bühne im großen Saal des Bálint Ház. Ungefähr vor einem Jahr, als ich noch Budapester war, hatte ich am selben Ort über meine Erlebnisse in Palästina gesprochen.

Im Raum waren grob geschätzt sechzig Menschen versammelt, bis auf ein paar Ausnahmen nur Kulturjuden, die sich mit dem Tanach nicht auskannten. Sie lauschten aufmerksam, machten sich Notizen. Nach einer Stunde erhob sich ein älterer Herr. Ich kannte ihn vom Gesicht her, er hatte schon mehrere meiner Vorträge besucht: »Lieber Ármin, das alles ist sehr schön und interessant. Wahrscheinlich haben auch die Christen und die Muslime ähnliche, zum gesellschaftlichen Engagement auffordernde Verse in ihren Büchern. Warum ist dann die Welt so kaputt?«

Ich musste lachen. Aus Verlegenheit. Denn er hatte recht. Es ist praktisch egal, wie oft das Gebot der Nächstenliebe in der Tora vorkommt – wenn niemand es einhält. Ich schloss also meine Präsentation, wählte mich ins W-Lan ein und zeigte dem Publikum ein Schwarzweißfoto aus Selma, Alabama. Martin Luther King Arm in Arm mit Rabbiner Abraham Joschua Heschel.

Rabbiner Heschel (1907–1972) stammte aus Polen, studierte an Abraham Geigers Hochschule für die Wissenschaft des Judentums in Berlin. Er verließ Deutschland im Jahr 1939 Richtung London, im Jahr 1940 flüchtete Heschel nach New York, hier lehrte er sowohl am liberalen Rabbinerseminar des Hebrew Union College als auch am konservativen Jewish Theological Seminary. Nach dem Zweiten Weltkrieg kehrte er nicht nach Polen oder Deutschland zurück. Dazu sagte er: »Wenn ich nach Polen oder Deutschland gehen sollte, würde mich jeder Stein, jeder Baum an Verachtung, Hass, Mord, an umgebrachte Kinder, an lebendig verbrannte Mütter, an erstickte Menschen erinnern.«[140] Heschels Mutter und zwei weitere seiner Geschwister wurden in KZs umgebracht.

Abraham Heschel setzte sich insbesondere für die Rechte der Afroamerikaner in den USA ein. Er begegnete Martin Luther King erstmals im Januar 1963, sie wurden schnell gute Freunde. 1965 nahmen beide am berühmten Marsch von Selma nach Montgomery teil. Ein Marsch, der das weiße Unterdrückungssystem in den USA mit viel Mut und Hoffnung herausforderte. Bei der Trauerfeier für Martin Luther King am 8. April 1968 hielt Heschel den Nachruf. Zur selben Zeit, gründete er zusammen mit den christlichen Theologen John Bennett und Richard John Neuhaus 1963 die Organisation *Clergy and Laymen Concerned about*

Vietnam (Geistliche und Laien besorgt über Vietnam). Heschel ist ein Vorbild für viele amerikanische und europäische Juden und für mich ganz besonders.

Auf der Bühne des Bálint Ház zeigte ich im Anschluss an das Bild von Heschel das Video einer Aktion des Rabbiners Menachem Froman (1945–2013). Er war ein orthodoxer Rabbiner in Israel, der sich für einen Dialog mit der Palästinensischen Befreiungsorganisation und mit der Hamas starkmachte. Er war ein Siedler im Westjordanland und unterstützte gleichzeitig den unabhängigen palästinensischen Staat. Froman betrachtete sich und die weiteren Siedler im Westjordanland als die zukünftige jüdische Minderheit von Palästina, deshalb organisierte er zahlreiche Veranstaltungen, in denen Siedler und einheimische Palästinenser zusammengebracht wurden.

Am 5. September 2011 wurde die Moschee von Qusra, einem palästinensischen Dorf im Westjordanland, von jüdischen Siedlern mutwillig beschädigt: Sie wurde in Brand gesetzt, und antimuslimische Graffiti wurden auf die Mauer gesprüht. Das Video, das auf YouTube unter dem Namen *Rabbi Menachem Froman and Eretz Shalom visit Qusra* zu finden ist, zeigt, wie Rabbiner Froman und Mitglieder seiner Initiative *Eretz Shalom* (Land des Friedens) das Dorf besuchen und vor Ort den Anschlag auf die Moschee verurteilen.

Man kann auf den Gesichtern der palästinensischen Dorfbewohner gemischte Gefühle erkennen. Dankbarkeit, aber auch Zorn. Am Anfang rufen sie dem Rabbiner und seiner Begleitung Beleidigungen entgegen. Sie fragen sich: Warum kommen diese Juden hierher? Was wollen sie noch anrichten? Warum lassen sie uns nicht endlich in Ruhe?

Ein Dorfbewohner, der Hebräisch spricht, übersetzte für Froman. Froman steigt langsam, umgeben von seinen Anhängern, die Treppe der Moschee hinauf. Oben angekommen, ruft er dreimal: *Allahu Akbar, Allahu Akbar, Allahu Akbar!* Plötzlich werden alle aufrührerischen Männer und Jungs still. Daraufhin sagt Froman in seiner Rede, dass Judentum Hetze gegen den Islam nicht erlaube, dass Juden und Muslime demselben Gott dienen, dass die Täter, die die Moschee angriffen, *Meschugge*, Verrückte sind.

Während das Video von Froman über die Leinwand lief, beobachtete ich die Leute im Saal. Die Mehrheit der Anwesenden kannte ich nicht. Frauen und Männer jüdischer Herkunft, die nicht jüdisch erzogen wurden, die sich mit diesem schweren Erbe erst jetzt auseinandersetzen. So wie ich vor vielen Jahren. Vielleicht, dachte ich, hängt es von meiner Leistung an diesem Abend ab, ob sie sich weiter mit dem Judentum beschäftigen werden oder nicht. Zu meiner Beruhigung zeigte sich in den meisten Augen große Anteilnahme. Theorie, das war meine Lehre dieses Abends, reicht nicht aus, ich musste zeigen, wie man, wie ich die biblischen Gebote in die Tat umsetzen möchte, wie ich dafür sorgen will, dass sie in der Welt Wirklichkeit werden.

Nachdem das Video zu Ende war, erzählte ich der Zuhörerschaft spontan noch von zwei weiteren Rabbinern, die ebenfalls viel für die Verbesserung der Welt taten bzw. tun. Arnold Wolf und Michael Lerner. Rabbiner Arnold Wolf (1924–2008) war einer der einflussreichsten Reformrabbiner aller Zeiten. Schon in den 70er Jahren setzte er sich für die Rechte der palästinensischen Bevölkerung ein. Michael Lerner (*1943) gehört zu den Jewish-Renewal-Rabbinern[141] und leistet als Publizist und Herausgeber des *Tikkun*-Magazins einen enorm wichtigen Beitrag für jüdisches Engagement. Zusammen mit Heschel und Froman sind diese vier voneinander komplett verschiedenen Rabbiner, die jeweils anderen jüdischen Strömungen angehören, meine Vorbilder.

Ihre Schriften erzählen manchmal mehr als jahrtausendealte Verse, sie sind Blaupausen für ein positives, sozial engagiertes und gerechtes Judentum. Sie sind die Inspiration für meine Arbeit und für dieses Buch.

»Habe ich Ihre Frage befriedigend beantwortet?«, fragte ich den älteren Herrn im Publikum. Er antwortete lächelnd, während er seine Brille mit einem Taschentuch putzte. Der alte Herr hielt diese vier für zu wenige. Und hatte damit recht. Besonders von einem europäischen Standpunkt aus: Von den vier Rabbinern waren bzw. sind drei in den USA tätig gewesen, einer in Israel, keiner in Europa. Für das europäische Judentum scheint gesellschaftliches Engagement – warum auch immer – von keiner großen Bedeutung zu sein. Obwohl es besonders hier, in Europa, viele Möglichkeiten für die jüdischen Gemeinden gibt, wenn es zum Beispiel um Rassismus gegen Minderheiten, gegen Muslime, gegen Geflüchtete, gegen Sinti und Roma geht.

Der Martin Luther King der Mittelmeer-Geflüchteten hat sich noch nicht in Europa blicken lassen. Die jüdische Gemeinde könnte aber schon jetzt alle Initiativen, die sich für eine Versöhnung zwischen Minderheiten und der Mehrheitsbevölkerung einsetzen, mit vollem Einsatz unterstützen. In vieler Hinsicht könnte das amerikanische Judentum uns als Beispiel dienen.

Die Mischne Tora, das erste jüdische Gesetzkompendium aus dem 12. Jahrhundert, geschrieben vom ägyptischen Rabbiner Mosche ben Maimon alias Maimonides (1135–1204), verpflichtet alle Juden, sich um Nicht-Juden zu kümmern: »Unsere Weisen verpflichteten uns, die nicht-jüdischen Kranken neben den jüdischen Kranken aufzusuchen, die nicht-jüdischen Toten neben den jüdischen Toten zu begraben, die nicht-jüdischen Armen zu unterstützen neben den jüdischen Armen.« (Hilchot Melachim 10:12)

G'tt sei Dank, gibt es ein paar Vorreiter, auch in der Bundesrepublik. Rabbiner, engagierte Juden, jüdische Gemeinden, die sich für ein friedliches Zusammenleben einsetzen. Mit Freude las ich zum Beispiel die Nachricht über die jüdische Gemeinde zu Pinneberg in Schleswig-Holstein, die Ashraf O., einem muslimischen Geflüchteten aus dem Sudan, »Kirchenasyl« anbot, um ihn vor der Abschiebung zu bewahren. »Ich betrachte es als Verpflichtung, für Flüchtlinge einzustehen«, sagte Wolfgang Seibert, der erste Vorsitzende der jüdischen Gemeinde Pinneberg im *Hamburger Abendblatt*: »Wir Juden haben seit der Flucht aus Ägypten bis zum Nationalsozialismus und der Flucht aus den arabischen Ländern bis zur Staatsgründung Israels eine große Fluchterfahrung. Das hat uns bewogen, bedingungslos Ja zu sagen zu Ashraf.«

Infolge der zunehmenden Zahl von Geflüchteten in Deutschland trat im Herbst 2014 Pegida auf den Plan. Die Dresdner jüdische Gemeinde schloss sich schon ganz am Anfang den Gegenkundgebungen an. »Die Feindbilder von Pegida sind nicht unsere, auch wenn sie auf ihren Bannern zur Verteidigung des christlich-jüdischen Abendlandes aufruft. Mit der pauschalen Ausgrenzung von Menschen aufgrund ihrer Religion haben wir schlechte Erfahrungen gemacht«, erklärte Johanna Stoll, Sprecherin der Gemeinde in der *Jüdischen Allgemeinen Zeitung*. Bei der zentralen Kundgebung vor dem Rathaus in Dresden erinnerte die Vertreterin der Gemeinde daran, dass auch Juden immer wieder flüchten und um Asyl bitten mussten, deshalb sei es wichtig, ein Zeichen zu setzen, dass Geflüchtete auch in Dresden willkommen sind. Nicht so weit von Dresden entfernt, in London, demonstrierte Rabbinerin Janet Darley für die Rechte der Geflüchteten vor dem Rathaus Brixton in London in einem Zelt am jüdischen Sukkot-Fest: Zu dieser Zeit des Jahres erinnern wir Juden an die 40 Jahre Wüstenwanderung – daran, wie es sich anfühlte, täglich auf der Flucht zu sein. Rabbiner Danny Rich, Geschäftsführer der liberalen Juden in Großbritannien, schreibt in seiner Petition an den Ministerpräsidenten: »Von Juden verlangt die jüdische Lehre, dass wir Wege finden, das Leiden zu verringern, und im Namen unseres Glaubens rufen wir die britische Regierung dazu auf, syrische Geflüchtete in Großbritannien hereinzulassen.«[142]

Rabbiner Herschel Gluck, Initiator einer muslimisch-jüdischen Gruppe in London, im Stadtbezirk Hackney, sagte dem Nachrichtensender *Al Jazeera* nach den Angriffen auf *Charlie Hebdo* in Paris: »Wir tolerieren einander nicht nur. Wir arbeiten konstruktiv zusammen, als gute Nachbarn untereinander.«[143] Im selben Stadtteil passt eine Gruppe namens *Schomrim* (Wächter) von orthodoxen Juden auf die Moscheen auf. »Wir sind hier, wir leben zusammen«[144], sagte Chaim Hochhauser, Sprecher der Gruppe. Besonders in den letzten Jahren habe die Zahl der antimuslimischen Anschläge in ihrer Gegend zugenommen, es sei jetzt höchste Zeit für ein jüdisches Engagement gegen diese Gewalt.

All diese Beispiele machen eines deutlich. Wir müssen Verantwortung für einander übernehmen – nicht allein weil dies in unseren Heiligen Schriften steht, sondern weil wir an einem Ort miteinander leben … Die Motivation für das Engagement kann aus den Heiligen Schriften bezogen werden, aber auch aus ganz anderen Quellen.

Ich erinnere mich gut an einen Workshop, der für Limmud-Freiwillige angeboten wurde. Wir verließen die Großstadt und verbrachten das Wochenende in einem Hotel nahe Budapest. Für die Kennenlernrunde wurden wir von den Moderatorinnen im Voraus gebeten, ein Objekt mitzubringen, das uns mit unserem Judentum verbindet. Zu fünfzehnt standen wir um den Tisch und betrachteten die Gegenstände. Ein Gebetsschal, ein israelischer Pass, ein Kerzenleuchter für den Schabbat usw. Mittendrin eine Broschüre des palästinensischen Roten Halbmonds: ein Bericht über die Menschenrechtsverletzungen im Westjordanland aus dem Jahr 2013.

»Wem gehört dieses Heft?!«, rief Gábor Balázs verständnislos. Er ist ein bekannter Religionsphilosoph, der jahrelang auch das israelische Kulturinstitut in Budapest leitete.

Natürlich war ich derjenige, der dieses Heft mitgebracht hatte. Ich erzählte den verblüfften Menschen in der Runde die dazugehörende Geschichte: Noch bevor ich Limmud und die Gemeinde Sim Schalom entdeckte, war ich in der linken Jugendbewegung *Kinderfreunde Ungarn* aktiv. Ich war erst 20 Jahre alt, als ich – hauptsächlich aufgrund meiner Sprachkenntnisse – deren Sekretär für ausländische Angelegenheiten wurde. In dieser Funktion nahm ich an einer Reihe von internationalen Tagungen und Kongressen in Europa teil, unter anderem 2010 in Prag. Hier lernte ich Erab, die Vertreterin unseres palästinensischen Partnervereins aus dem Westjordanland, kennen. Und zum ersten Mal in meinem Leben fand ich in diesem nicht-jüdischen Kontext meine jüdische Herkunft erwähnenswert. Davor sprach ich kaum darüber, es war mir einfach unwichtig. Hier lebte ich aber mit der Gelegenheit, mich beim Abendessen mit dem folgenden Satz an Erab zu wenden: »Ich bin Jude und unterstütze euren gewaltfreien Kampf.« Unsere Mitstreiter am Tisch fanden das alle begrüßenswert und fingen an, die wichtigen jüdischen linken Intellektuellen aufzuzählen: Karl Marx, Leo Trotzki, Karl Radek, Léon Blum und so weiter. Oder die großen progressiven Denker von heute, wie Naomi Klein, Noam Chomsky, Judith Butler.

Ich hätte gerne meine Geschichte fortgesetzt, aber Gábor unterbrach mich: »Man wählt ja seine Familienmitglieder nicht aus. Ármin, wärst du kein Jude, würde ich nicht mit dir reden.« Zum Glück redet er mit mir weiterhin, denn ich schätze sein Wissen enorm. Und das war noch eine eher freundliche Reaktion auf meine politischen Ansichten unter »etablierten« Juden.

Wenn wir in Betracht ziehen, welcher Herkunft die Anführer der sozialistischen Aufstände und Revolutionen in der ersten Hälfte des Jahrhunderts waren, finden wir überproportional viele Juden: Emma Goldman (1869–1940) in den USA, Eugen Leviné (1883–1919) und Rosa Luxemburg (1871–1919) in Deutschland. Die Regierung der ersten ungarischen Räterepublik bestand fast nur aus Juden, deren Leiter, Béla Kun (1886–1938), war ebenfalls jüdisch.

Wie Friedrich Engels (1820–1895) in seiner Schrift gegen den Antisemitismus schrieb: »Außerdem verdanken wir den Juden viel zuviel. Von Heine und Börne zu schweigen, war Marx von stockjüdischem Blut; Lassalle war Jude. Viele unserer besten Leute sind Juden. Mein Freund Victor Adler, der jetzt seine Hingebung für die Sache des Proletariats im Gefängnis in Wien abbüßt, Eduard Bernstein, der Redakteur des Londoner *Sozialdemokrat*, Paul Singer, einer unserer besten Reichstagsmänner – Leute, auf deren Freundschaft ich stolz bin, und alles Juden! Bin ich doch selbst von der ›Gartenlaube‹ zum Juden gemacht worden, und allerdings, wenn ich wählen müsste, dann lieber Jude als ›Herr von‹!«[145]

Warum gab es so viele sozial engagierte linke Juden? Unsere prophetische Tradition bietet dafür eine perfekte Basis. Leider liegt es nicht in erster Linie daran. Avigdor Lieberman und die jüdischen Nationalisten und Rechtsextremen können ihre Weltanschauung auch mit dem Tanach rechtfertigen, wie wir schon gesehen haben. Es hängt eher mit der Unterdrückung der Juden in Europa zusammen.

Und wo sind die »linken Juden« von heute? Wir sind nicht mehr unterdrückt, soziales Engagement hatte seine zentrale Notwendigkeit verloren. Es gibt aber mehr und mehr, hauptsächlich jüngere Juden, die sich der Tradition der Propheten und der Weltverbesserer anschließen: Wir sind die progressiven Juden.

Schawuot-Nacht, 2016. Am Schawuot-Fest, das in der Regel im Frühsommer stattfindet, erinnern wir uns an den Empfang der Tora am Berg Sinai: Während der langen Wartezeit fielen unsere Vorväter und Vormütter am Fuß des Berges in den Schlaf – deswegen ist es heute Brauch, die ganze Schawuot-Nacht aufzubleiben und gemeinsam mit anderen Juden zu lernen.

Im Juni 2016 nahm ich an einem Schawuot-Lernabend über das Buch *Ruth* teil, organisiert von säkularen jüdischen Akademikern in einem Café in der Neuköllner Richardstraße. Das Buch befindet sich im Tanach und erzählt vom Schicksal einer jungen moabitischen Frau, Ruth, die nach Judäa zu den Israeliten zieht und aufgenommen wird. Sie konvertiert später zum Judentum. Der Messias wird, so besagt es die Tradition, ein Nachkomme von ihr sein. Die ganze Nacht sprachen Referenten aus aller Welt, und ich genoss die Atmosphäre und die vielen Denkanstöße sehr.

Um zwei Uhr nachts war ich endlich an der Reihe. Trotz des späten Zeitpunkts waren noch immer Dutzende Teilnehmer wach geblieben: »Laut der rabbinischen Erzählung im *Midrasch Ruth Zuta* wird Ruth am Anfang abgelehnt, weil sie als Fremde wahrgenommen wird (1:8)«, begann ich mit meinem Vortrag. »Letztendlich trifft sie aber auf offene Arme: Ablehnung des Fremden ist *unjüdisch*.« Nachdem ich diese These mit mehreren rabbinischen Hinweisen unterstrichen hatte, kam ich zu meiner Pointe: »Was zum Teufel tun also die Juden in Deutschland?!« Die Gesichtsausdrücke der Zuhörer sprachen für sich. Ich meinte damit vor allem das jüdische Establishment um Josef Schuster, Daniel Alter und deren antimuslimische Äußerungen.

»Ich finde es unglaublich, dass dich ein Rabbinerseminar rausgeschmissen hat!«, kam die erste Reaktion von einer jungen, polnischen Teilnehmerin. »Wenn nicht einmal so ein liberales Kolleg gesellschaftliches Engagement unterstützt, was sollen wir vom Zentralrat erwarten?!«

Ich war etwas überrascht, dass mein Rauswurf so schnell thematisiert wurde. Die Geschichte von meinem Rauswurf war aber längst bekannt: »Ein Rauswurf der Meinungsfreiheit«, titelte der Journalist Torben Lehning. Die Geschichte wurde vom *Spiegel,* vom *Tagesspiegel,* der *Süddeutschen Zeitung* und internationalen Medien wie *Yisrael Hayom, Al Jazeera* oder *FoxNews* aufgegriffen. Noch Monate später wurde ich darauf von Juden und Nicht-Juden angesprochen.

»Ármin, erklärst du mir kurz die *Causa Langer*?«, fragte mich Rabbiner Harvey. Wir befanden uns gerade beim deutschen Limmud, dem jüdischen Lernfestival, im Frühling 2016 an der Nordsee. Kurz vor der Hawdala-Zeremonie, die am Samstagabend bei Nachteinbruch das Ende des Schabbats und den Beginn der neuen Woche kennzeichnet, saßen wir mit Rabbiner Harvey um einen kleinen blauen Kunststofftisch unter freiem Himmel. Der 70-jährige kanadischstämmige Rabbiner mit den grauen Locken, der seit meinem Studienbeginn an der Uni Potsdam einer meiner Lieblingsdozenten ist, lehnte sich entspannt in seinem weißen Plastikstuhl zurück. Ganz am Ende unseres Austauschs, nachdem ich ihn eine halbe Ewigkeit vollgelabert hatte, wendete sich Rabbiner Harvey an mich: »Weißt du, was wir in deinem Fall sagen würden? *Every cloud has a silver lining*: Hinter jeder Wolke verbirgt sich ein Silberstreif.«

Ich glaube, ich kann den Silberstreif am Horizont inzwischen erkennen. Er besteht in den hundertfachen Unterstützungsbotschaften, die ich seitdem von Juden und Nicht-Juden, schriftlich und mündlich erhalten habe. Danke für eure Solidarität, sie bedeutete mir enorm viel.

Und auch in dieser jungen Frau, die sich an dieser Schawuot-Nacht zu Wort meldete, sah ich den Silberstreif. »Wir sollen nichts vom Zentralrat oder dem jüdischen Establishment erwarten«, setzte sie fort. »Wir brauchen eine öffentliche, unabhängige progressive jüdische Stimme.« Wir schauten uns tief in die Augen. Ich fühlte die Spannung auch in den anderen Mitdiskutierenden. Vielleicht fing in der Nacht etwas an?

In Berlin und in der Bundesrepublik steht unsere Bewegung im Vergleich mit anderen Ländern aber noch ganz am Anfang.

Die Budapester Juden sind da schon etwas weiter. Nicht das Establishment, das ist genauso Israel-fixiert wie die hiesige Gemeindeleitung – es gibt aber endlose Bürgerinitiativen von Jidden, die auf ihre Fahne das *Tikkun Olam*, die Verbesserung der Welt schreiben. Es war eine starke Geste, dass Lackó, ein junger Jude, aus Solidarität mit den Obdachlosen eine ganze Nacht im Dezember auf der Straße verbrachte, nachdem die Obdachlosigkeit von Orban verboten worden war. Es war richtig und notwendig, dass Flóra, eine junge Jüdin, die Koordination eines Vereins übernahm, der Roma-Jugendliche in Schulen schickte, um mit den Schülern über Rassismus zu reden und sie zu sensibilisieren. Móni, eine junge Jüdin, leitet einen Verein, der jede Woche Guerilla-Gardening im ärmsten Bezirk der Hauptstadt organisiert. Der jüdische Philosoph, mein Lehrer und Unterstützer G. M. Tamás, kümmert sich um die Opfer des Kapitalismus. Kaum einer betrachtet die Globalisierung so kritisch wie mein Lehrer, der jüdische Philosoph Endre Kiss. Es ist die jüdische Soziologin Zsuzsa Ferge, die immer wieder neue Pläne zur Bekämpfung extremer Armut erstellt. Wenige Politiker in Ungarn befassen sich so intensiv mit den Ärmsten wie der jüdische Parteichef der Grünen,

András Schiffer. Und es gibt kaum einen anderen Journalisten im Land, der für sein Streben nach universalen Menschenrechten so bekannt ist wie der fromme jüdische Journalist György Vári. Aber in Budapest sind es nicht nur die jungen Juden und die jüdischen Intellektuellen, die sich für die Anderen engagieren, sondern auch sämtliche jüdische Institutionen, die vom Establishment unabhängig sind. Sie werden von den jüdischen Gemeinden aus den USA gefördert und stehen für ein engagiertes Judentum.

Budapest ist die Heimat von vielen jüdischen Initiativen, die das Wertesystem der Salaam-Schalom-Initiative vertreten. Kein Wunder, dass, nachdem mein Rauswurf aus dem Abraham-Geiger-Kolleg bekannt geworden war, die erste Petition dafür, dass ich mein Studium am Kolleg fortsetzen dürfen sollte, von ungarischen Juden gestartet wurde.

»Es riecht nach Joints und Kaffee, neben der Theke stapeln sich Club-Mate-Kisten. (…) Der 23-jährige jüdische Karikaturist und Philosophiestudent Ármin Langer ist der Einzige hier, der einen Anzug trägt«, schreibt 2013 *Die Zeit* über eine Sitzung des satirischen Künstlerkollektivs *Ungarische Knoblauchfront*. Unsere Truppe, die aus Künstlern, politischen Aktivisten, Studenten bestand, parodierte mit Straßenaktionen, Online- und Street-Art-Kampagnen die ungarischen Rechtsextremisten und deren paramilitärische Gruppierungen.

Obwohl die Knoblauchfront nie ein jüdisches Projekt war, ist es eine Tatsache, dass sich Juden überproportional an dem Projekt beteiligten. Ein Drittel unserer hundert Aktivisten war jüdischer Herkunft, die Mehrheit von ihnen säkulare, junge Juden. Unsere deutschen Kooperationspartner, die Mitglieder der *Front Deutscher Äpfel*, konnte das nie nachvollziehen: kein deutscher Jude würde in pseudofaschistischen Uniformen, Dummheiten brüllend durch die Gassen ziehen. Keiner von ihnen kannte überhaupt Juden persönlich. Juden sind in aktivistischen Kreisen in Deutschland einfach abwesend, erklärte mir der Philosophiestudent Robin, Anführer der deutschen Delegation bei ihrem Besuch in Budapest.

Unsere Organisationstreffen hielten wir in der Kneipe *Sirály* (Möwe) im jüdischen Viertel, solange sie von einem jüdischen Kulturverein betrieben wurde. Ende März 2013 wurde sie von der Fidesz-Stadtverwaltung wegen »subversiver Tätigkeiten« geschlossen. Das alte, gelbe Haus steht bis heute leer. Sirály war tatsächlich jahrelang das Nest der progressiven, nicht-etablierten Opposition in Budapest. Das zweistöckige Gebäude war immer voll mit jungen Aktivisten, die mit Zigaretten zwischen den Fingern miteinander stritten, die auf dem Parkett hockend Demoslogans auf Spannbetttücher und Kartons malten, die in der Ecke ihre Köpfe zusammensteckten, um über die anderen Aktivistengruppen zu lästern. Nachdem es zu den ersten Polizei-Razzien gekommen und schließlich die Kulturkneipe geschlossen worden war, entstanden mehrere neue Kneipen als Ausgleich und Ersatz, aber soweit ich es aus Berlin einschätzen kann, reicht keine an den Aktivismusgeist von Sirály heran.

Als Ariel Pollak, ein ungarischer Freund und Mitstreiter von mir, in Berlin ankam, war es für ihn wie ein Schock, dass es keine politisch-progressive jüdische Gemeinde in dieser Großstadt gibt. Heute ist seine Initiative *Let's Start Davening* die größte unabhängige jüdische Gemeinde in Berlin. Als ich in Berlin ankam, war es auch für mich wie ein Schock, dass es in dieser multikulturellen Großstadt keine Gruppe gibt, in der sich Juden zusammen mit Nicht-Juden für das friedliche Miteinander engagieren. Die Salaam-Schalom-Initiative ändert das, und sie ist hoffentlich erst der Anfang.

Eine »barbarische Religion«

Was soll das Gerede um die Leitkultur? Ist es etwa deutsche Leitkultur, Fremde zu jagen, Synagogen anzuzünden, Obdachlose zu töten?[146]

Paul Spiegel (1937–2006), Journalist, ehem. Präsident des Zentralrats der Juden in Deutschland

Integration ist in der Bundesrepublik ein Thema mit sehr hoher Aufmerksamkeit. Und auch viele öffentliche Gelder fließen dort hinein. Dass dabei aber einiges schiefläuft, weil unter Integration noch immer zuerst Assimilation verstanden wird, beweist das Beispiel von Jacques[147] und seinem Neuköllner Gemeinschaftshaus. Jacques ist Franzose. Er leitet das Gemeinschaftshaus. Laut ihrer Webseite besteht das Ziel des Hauses darin, »durch regelmäßige Veranstaltungen, Vernetzungsarbeit, Bildungs- und Mentoringprojekte einen nachhaltigen Beitrag zur sozialen Integration« zu leisten. Die Salaam-Schalom-Initiative nutzte die Räumlichkeiten für mehrere Veranstaltungen. Und unsere Aktionen sorgten für viel Aufmerksamkeit, die auch dem Gemeinschaftshaus sehr zugutekam. Auf unsere Einladung kam sogar die First Lady Daniela Schadt zu Besuch. Eigentlich profitierten alle Seiten von der Kooperation, doch die endete abrupt im Herbst 2014.

Das besagte Gemeinschaftshaus bot uns an, beim Weihnachtsempfang Ende 2014 für die Kiezbewohner ein »jüdisch-arabisches«-Menü zu kochen. Was auch immer das bedeuten sollte. Wir lehnten das Angebot höflich dankend ab, weil das Haus regelmäßig eine Veranstaltung mit dem Titel *Schweinemittwoch* organisiert. Die Entscheidung, ausgerechnet Schweinefleisch zu kochen, in einer Gegend, in der 80 Prozent der Einwohner (zum Teil muslimische)

Migranten sind, fanden wir, vor allem unsere praktizierenden Juden, problematisch. Aber der eigentliche Grund für die Absage lag in den jüdischen Speisevorschriften: Es darf nicht in einer Küche gekocht werden, in der auch Schwein zubereitet wird. Wir als jüdisch-muslimisch geprägte Initiative respektieren das, auch wenn sich die Mehrheit unserer jüdischen Mitglieder nicht an diese Vorschrift hält. Daraufhin antwortete Jacques:

»(…) das hätte ich im Dorf vor 100 Jahren erwartet, aber nicht von gebildeten Menschen in Berlin im 21. Jahrhundert.«

Als mich die Mail erreichte, saß ich im Rabbinerseminar, wir hatten gerade Pause. Ich schaute mit offenem Mund auf den Bildschirm, denn ich konnte nicht glauben, was mir Jacques da schrieb. Dieser Mensch leitet ein Gemeinschaftshaus in Neukölln, mitten in einem Wohngebiet, in dem mehrheitlich Muslime leben?! Ich kannte ihn schon einige Monate, er machte schon mal gern einen rassistischen Witz: »Die Türken reißen eure Plakate nicht ab, weil sie nicht lesen können«, sagte er einmal. Damit konnte ich noch umgehen, weil ich es nicht ernst nahm. Nachdem ich seinen Brief gelesen hatte, wusste ich es besser. Als ich dem Geschäftsführer einer interkulturellen Organisation erzählte, dass wir mal mit dem Verein von Jacques zusammengearbeitet hatten, guckte er mich verblüfft an: »Ihr seid eine Gruppe von teilweise religiösen Menschen, die sich auch gegen antimuslimischen Rassismus engagieren. Wie habt ihr es geschafft, nicht direkt rassistisch von Jacques beleidigt zu werden?«

Ich hätte Jacques von Anfang an deutlich machen müssen, dass sein zur Schau gestellter Laizismus nicht mehr demokratisch, sondern als Überlegenheitsgeste und Arroganz daherkommt, was gläubige Menschen nur auf eine Weise verstehen können: als Rassismus.

Für viele »abendländische« weiße Menschen mit christlichem Hintergrund und christlicher Sozialisation bedeutet Integration, dass wir, Juden und Muslime, unsere Söhne nicht beschneiden, dass wir unseren Kopf nicht bedecken, dass wir Schwein essen. Sie sprechen zwar von Integration, meinen aber Assimilation. Dieses Wort ist aber seit der Vernichtung der assimilierten deutschen Juden in der Schoa ein Tabu. Der Schweinemittwoch spricht eine klare Sprache: ~~Assimiliert~~ Integriert euch und esst Schwein! Ob es je Teilnehmer für den Schweinemittwoch gab oder sich Jacques nur selbst den Bauch vollschlug, konnten wir, da wir nach seiner Mail getrennte Wege gingen, nicht mehr herausfinden.

Jacques ist mit seiner Forderung nach Verdrängung alles Religiösen in Neukölln nicht allein.

Die Bezirksbürgermeisterin von Neukölln hat offenbar eine ähnliche Haltung:

»Ist dieser Weihnachtsbaum nicht wunderschön?«, fragte Franziska Giffey. Es war natürlich eine rhetorische Frage. Die neue Bezirksbürgermeisterin stand in ihrem grellroten Kleid hinter dem Rednerpult neben einem enormen Christbaum und hielt seit sieben Minuten eine Lobrede auf sechs engagierte Neuköllner, die im Dezember 2015 im prachtvollen Südneuköllner Schloss Britz mit der Ehrennadel ausgezeichnet wurden. »Diese Weihnachtsdekoration hat schon so vieles gesehen, sie könnte uns einiges erzählen!«, setzte sie lächelnd fort, während sie den alten Schmuck auf dem Baum betrachtete. Die ungefähr vierzig geladenen Gäste aus Initiativen und Vereinen im Bezirk lächelten sorglos mit. Ich nicht, ich musste an meine Kindheit denken.

Als Soproner Schüler habe ich die Weihnachtszeit immer gehasst. Nach dem Ende der Winterferien wurde ich immer in der Klasse mit der Frage konfrontiert: »Und was habt ihr geschenkt bekommen?« Wie üblich war ich der Einzige, der nichts vorzuzeigen hatte. »Wir feiern kein Weihnachten«, antwortete ich der Lehrerin resigniert. Jahrelang ohne Begründung. In meinem letzten Jahr vor dem Abitur erklärte ich ihr, warum: »Wir sind keine Christen.« Stille. Die schockierte Lehrerin stellte keine weiteren Fragen, meine Klassengenossen auch nicht, sie starrten mich lediglich fassungslos an. Am nächsten Tag redeten alle in meinem erzkonservativen Gymnasium darüber, dass die Langers Juden sind. Und nun saß ich in dem Schloss, das gern als Schatzkästchen Neuköllns bezeichnet wird, und hörte der Bezirksbürgermeisterin zu, wie sie über die Schönheit eines Weihnachtsbaums philosophiert.

Ich habe Franziska Giffey seit ihrem Amtsantritt im April 2015 mehrmals im Dienst erlebt. Ich notierte anerkennend ihren Auftritt in der Neuköllner Dar-Assalam-Moschee, einer Einrichtung von hiesigen Muslimbrüdern. Sie saß auf dem Podium und stellte sich kontroversen Fragen in Anwesenheit von mehr als 200 Muslimen. Ich sympathisierte mit ihr, als sie auf dem Empfang der Neuköllner Bürgerstiftung unsere Arbeit im Sinne des Community-Empowerment lobte.

Auch bei ihrer Rede im Schloss machte ihre lockere Haltung einen guten Eindruck. Sie war so ganz anders als ihr Ziehvater Heinz Buschkowsky, der bei seinen öffentlichen Auftritten stärker auf der Selbstinszenierung als Hardliner insistierte. Irgendwie hatte ich das Gefühl, dass seine etwas hyperaktive Nachfolgerin mit ihrer piepsigen Stimme, ihrer Hochsteckfrisur, mit ihrem Stil Buschkowsky verleugnete. Zwar betonte sie immer wieder ihre Verbundenheit mit ihm. Wenn man sie mehrmals im Einsatz gesehen hat, kann man den Eindruck bekommen, dass sie sich von ihm und seiner vorurteilsbelasteten Art lösen möchte.

Dennoch wird Giffey meine Stimme bei den nächsten Kommunalwahlen nicht bekommen. Vor allem in einem Bereich bin ich nicht einverstanden mit ihrer Kommunalpolitik: der Rolle der Religion in der säkularen Gesellschaft. Denn ihre Haltung hatte ganz unmittelbare Konsequenzen.

An einem der ersten Sommertage im April 2015 bildeten fünfzig Aktivisten der Salaam-Schalom-Initiative wieder eine Menschenkette, diesmal rund um das Rathaus Neukölln. Die Anwesenden, jüngere und ältere Mitglieder, Familien mit Kindern, trugen Kopfbedeckungen unterschiedlicher Farben und Arten: Es wurde mit Kopftüchern, Kippot, Hüten und einer Tischdecke für ein inklusives Neukölln demonstriert. Zum Zeitpunkt des Flashmobs wurde im Rathaus Franziska Giffey von der Neuköllner Bezirksverordnetenversammlung zur neuen Bürgermeisterin gewählt. Dies war aber nicht der Anlass unserer Aktion, wir demonstrierten nicht gegen Giffey, obwohl das zum Beispiel in der *Berliner Zeitung* so stand, sondern gegen ihre Interpretation des Begriffes »weltanschauliche Neutralität«.

Frau Giffey gehört der SPD-Fraktion an, und beim Thema Neutralität folgt sie nicht nur formal, sondern auch ideologisch den Fußstapfen Buschkowskys, auch wenn die Art ihres öffentlichen Auftritts zunächst etwas anderes suggeriert. Buschkowsky und Giffey sind beide Opfer einer Täuschung, die der Philosoph Charles Taylor als »Mythos der Aufklärung« bezeichnet. Diejenigen, die an diesen Mythos glauben, denken, dass »es sich bei der Aufklärung um einen Übergang von der Finsternis zum Licht handelt, um einen absoluten, eindeutigen Weg aus einem von Irrtümern

(…) erfüllten Bereich des Denkens in eine Sphäre, in der endlich die Wahrheit erfasst werden kann«.[148] Nach dieser Auslegung sind religiöse Menschen Anachronismen längst überholter Zeiten. Wie zum Beweis seiner ideologischen Herkunft erklärte der Neuköllner Bundestagsabgeordnete Fritz Felgentreu (ebenfalls SPD) einer orthodox-jüdischen Freundin von mir: Zum Glück gebe es auch Juden, die so seien wie Moses Mendelssohn, Wegbereiter der jüdischen Aufklärung. Vier von sechs Kindern Mendelssohns traten zum Christentum über, das gefiel Felgentreu bestimmt. Keine rückständigen Riten und Bräuche mehr.

Diese Freundin trägt wie viele verheiratete orthodoxe Jüdinnen ein Kopftuch und ist gegen dessen pauschales Verbot, während »der liberale Jude« – nach Felgentreus Wahrnehmung – für ein Verbot sei. »In allen (…) Religionen gibt es Denkschulen, die für religiöse Gebote unterschiedlich hohe Inhalts- oder Verbindlichkeitsgrade definieren«, argumentierte der Bundestagsabgeordnete durchaus differenziert. Aber die zugrundeliegende Idee war dann doch etwas ernüchternd: Man muss nicht orthodox sein, und wenn man freiwillig orthodox sein wolle, müsse man mit den Konsequenzen leben. Felgentreus Argumentation kam mir bekannt vor. Ein paar Wochen zuvor hatte ich eine empörte Mail vom Organisator einer antifaschistischen Konferenz unweit von Berlin erhalten, der sich beschwerte, ich würde den Erfolg der antifaschistischen Bewegung verhindern. Dabei sagte ich lediglich meine Teilnahme an seiner Konferenz ab, weil sie am Schabbat stattfand. Als religiöser Jude gehe ich am Schabbat in die Synagoge. *Mea culpa*.

Franziska Giffey kritisiert die viel zu späte Aufhebung des Kopftuchverbots durch das Bundesverfassungsgericht und äußert sich »schockiert« über muslimische Mädchen, die einen Hidschab tragen.[149] Dabei tragen laut der Studie der

Konrad-Adenauer-Stiftung *Das Kopftuch – Entschleierung eines Symbols?* (2006) 87 Prozent der Musliminnen einen Hidschab aus dem Grund, weil es ihnen mehr Selbstbewusstsein verschafft. »Religiöser oder gesellschaftlicher Zwang« als Begründung lehnten alle Befragten ab.[150] Die Motivation ist für Giffey nicht interessant. Weltanschauliche Neutralität ist für Giffey und ihre Genossen weltanschauliche Homogenität. Das ist gefährlich, das entspricht nicht dem Geiste der progressiven Auffassung von Demokratie. Säkularismus bedeutet hier, dass alle in der Öffentlichkeit säkular leben müssen, und nicht, dass alle ihre Religion oder ihren Atheismus frei ausleben dürfen.

»In einer Zeit, in der Menschen ganz unterschiedlicher Religionen zu uns kommen, ist es wichtig, dass der Staat seine neutrale und friedensstiftende Funktion wahrnehmen kann«, kommentierte 2015 Jan Stöß, SPD-Landeschef in Berlin, das Ergebnis einer Mitgliederbefragung. Über 80 Prozent seiner Parteifreunde hatten zuvor das Neutralitätsgesetz bejaht. Die Sozialdemokraten feierten sich und ihre exklusive Demokratie.

Lehrerinnen, Richter, Polizisten sollen weiterhin auf »religiöse Symbole« bei ihrer Arbeit verzichten. Der wissenschaftliche Dienst des Berliner Abgeordnetenhauses beschäftigte sich im Jahr 2015 mit dem Gesetzestext und kam zu dem Schluss: nicht verfassungskonform. »Der Eingriff in Form eines landesweiten pauschalen Verbotes religiöser Bekundungen durch Kleidung ist nach Auffassung des Bundesverfassungsgerichts nicht verhältnismäßig im engeren Sinne, also nicht angemessen, wenn das Tragen nachvollziehbar auf ein als verpflichtend verstandenes religiöses Gebot zurückzuführen ist. Weil also der Eingriff in die positive Glaubensfreiheit in diesem Fall besonders schwer wiegt, müssen die gegenläufigen Rechtsgüter zurücktreten, wenn nur eine abstrakte und nicht eine konkrete Gefährdung gegeben ist«, steht in ihrem Bericht. Das Neutralitätsgesetz schränke das Grundrecht auf freie Religionsausübung ein und spreche von einer Gefahr – nämlich dass die kopftuchtragenden Lehrerinnen die Schüler zum Islam konvertierten –, die gar nicht nachgewiesen sei, so das Gutachten.

Außerdem betreffe das Gesetz, wie 2009 der Bericht *Diskriminierung im Namen der Neutralität* von *Human Rights Watch* feststellte, de facto nur muslimische Frauen mit Kopftuch. Es gab seit der Einführung des Neutralitätsgesetzes 2005 keinen einzigen Fall von Diskriminierung am Arbeitsplatz orthodoxen Juden gegenüber – und das Kruzifix am Hals wird als Accessoire verstanden und ist dadurch legitimiert.

Die Aussage, dass Berlin eine neutrale Stadt sein soll, worauf sich die SPDler so gerne beziehen, ist einfach falsch. Keine Stadt, kein Staat kann vollkommen neutral sein. Schweinshaxen, Turmfrisuren oder der Mut zur Vorhaut haben wenig mit religiöser Neutralität zu tun.

Lassen Sie es mich konkret an Beispielen erklären: Ich kann am Schabbat nicht einkaufen gehen. Von Freitagabend bis Samstagabend, von einem Sonnenuntergang zum nächsten dauert er. Jeden Sonntag stelle ich mir also die Frage, warum die Geschäfte eigentlich am Sonntag geschlossen sind. Die Antwort mag überraschend sein, aber wohl wegen der Auferstehung Jesu, die an einem Sonntag stattgefunden haben soll. Du wirst von den Dozenten merkwürdig angeguckt, wenn du während der Pessach-Festwoche nicht an die Universität gehen willst – gleichzeitig findet kein Kurs zu Weihnachten oder zu Ostern statt, selbst wenn der Termin auf einen Wochentag fällt und du an diesem Tag gerne zur Uni gehen würdest.

Warum gibt es in Berlin keine Partys am Karfreitag? Weil er im Christentum als ein strenger Fast- und Abstinenztag gilt und deswegen in vielen deutschen Bundesländern – u. a. in der Partyhauptstadt Berlin – Tanzverbot herrscht, eine während bestimmter Zeiten geltende Untersagung des Tanzes in der Öffentlichkeit. Die *ARD* führt eine Liste von mehr als 700 Filmen, die an dem Tag bundesweit nicht ausgestrahlt werden dürfen. Auf der Liste befindet sich zum Beispiel einer meiner Lieblingsfilme: *Das Leben des Brian*. Diese Filme respektieren die Gefühle der deutschen Christen nicht. In verschiedenen Bundesländern ist es en bloc verboten, an Sonn- und Feiertagen während der Zeiten des Gottesdienstes große öffentliche Unterhaltungsveranstaltungen (inklusive Sportereignisse) abzuhalten. Unabhängig davon, ob sie in der Nähe einer Kirche stattfinden und dadurch den Gottesdienst stören könnten oder nicht. Wenn heute auf die Bratkartoffeln automatisch Speck getan wird oder die Söhne nicht beschnitten werden, ist dies nicht »neutral«. Ich denke, wir können diesen Diskurs am besten mit dem Wort »christo-normativ« beschreiben, in Analogie zum Begriff »heteronormativ«. Die heteronormative Weltsicht postuliert die Heterosexualität als soziale Norm, deswegen wird angenommen, dass sich die Männer für Frauen und die Frauen für Männer interessieren – und deswegen werde ich, der homosexuelle Mann, immer und wieder gefragt, ob ich schon eine Freundin habe. Der in christlichen Ländern entstandene christo-normative Säkularismus nimmt an, auch für religiöse Kulturen außerhalb des Christentums akzeptabel sein und als Norm gelten zu können.

Im Übrigen stelle ich keinen Weihnachtsbaum (alias Christbaum) in meiner Wohnung auf. Im Gegensatz zu den Herren im Roten Rathaus und zu vielen anderen Rathäusern in den Berliner Bezirken und überall in der Bundesrepublik. Im Rathaus Neukölln, in der Hochburg der Neutralität, werden während Weihnachten sechs (!) Weihnachtsbäume aufgestellt. Ein großer Baum vor dem Gebäude, ein großer drinnen und vier kleine Bäume auf dem Turm oben. Nicht dass die Muselmanns auf der Karl-Marx-Straße noch vergessen, wo sie sich befinden.

Wussten Sie übrigens, dass das deutsche Grundgesetz mit der Formel »Im Bewusstsein seiner Verantwortung vor Gott und den Menschen« anfängt? Muss man daran erinnern, wofür der Buchstabe »C« im Namen unserer Regierungspartei seit 2005 steht? (Nein, nicht für »chassidisch.«) Und, bitte, vergegenwärtigen Sie sich, dass wir natürlich nicht wirklich im Jahr 2016 leben, sondern dass diese Zahl nur für eines wirklich steht, die Christo-Normativität. Und ich werde noch komisch angeguckt, wenn ich »nach unserer Zeitrechnung« sage statt »nach Christus«, obwohl das meinerseits schon ein Kompromiss ist, dass auch ich das Jahr 2016 schreibe.

Es gibt aber in Weltstädten wie Berlin auch Menschen, die nicht aus einem christlichen Kulturkreis stammen.

Verstehen Sie mich nicht falsch, es stört mich nicht, wenn ich sonntags nicht einkaufen gehen kann oder wenn ich am Karfreitag in der *ARD Das Leben des Brian* nicht zu sehen bekomme. Selbst wenn ich einen Fernsehapparat hätte, könnte ich damit leben. Und ich kann schon am Freitag für das ganze Wochenende im Voraus einkaufen. Ich bin einverstanden, so ist das Leben, wenn du zu einer religiösen Minderheit in einem Land gehörst. Für mich wäre es in dieser Hinsicht bestimmt einfacher in Israel, da ist ja der Sonntag ein Arbeitstag, Freitag und Samstag sind das Wochenende. Für einen Muslim wäre es wahrscheinlich einfacher während Ramadan nicht in Berlin zu sein, wo alle Tag und Nacht auf der Straße schlemmen. Wir leben trotzdem weiter in Deutschland, weil wir hier zu Hause sind.

Buschkowsky, Felgentreu, Giffey und Co. sind keine »säkularen Demokraten«, als die sie sich gerne und medienwirksam ausgeben. Sie sind Säkularisten, die nur schwer mit der Vielfalt einer Hauptstadt wie Berlin zurechtkommen und ihre christo-normativen Vorstellungen allen aufzwingen wollen. Sie arbeiten nicht an der Gleichstellung der unterschiedlichen Bevölkerungsgruppen, sondern an deren Gleichmacherei. Säkularisten hätten aber gerne, dass die »Kopftuchmädchen« und ich, der Jude, Schwein essen und unsere Köpfe nicht bedecken.

Für uns säkulare Demokraten bedeutet Integration, dass religiöse Minderheiten ihren Glauben durchaus auch öffentlich ausleben und dabei anerkannte Mitglieder der Gesellschaft bleiben. Berlin ist eine Stadt der Vielfalt, und diese Vielfalt kann durch die öffentliche Teilnahme der religiösen Minderheiten an der Gestaltung der Stadt nur gestärkt werden.

Mit den Worten von Rabbiner Ludwig Philippson aus dem 19. Jahrhundert gesprochen: die »französische Gleichmacherei ohne Freiheit (…) will (…) einen politisch-sozialen Brei aus der Menschenmasse machen. Sie entspringt der Einseitigkeit und endet in solcher, in der Unterdrückung jeder freien Bewegung.«[151] In der Zeit von Rabbiner Philippson mussten Juden ihre Rituale wie Kopfbedeckung, Beschneidung oder Schächten aufgeben, weil die christliche Mehrheitsbevölkerung dies als rückständig empfand. Sie folgten einfach der Empfehlung des deutschen Philosophen Johann Gottfried Herder (1744–1803), der die Juden aufforderte, ihre Sitten aufzugeben. Sie seien laut Herder für die Zeit und Verfassung, für das gesellschaftliche Klima der Aufklärung nicht passend gewesen.[152] Viele wählten den einfacheren Weg und konvertierten zum Christentum, um von der Mehrheit akzeptiert zu werden. Anhänger der jüdischen Aufklärungsbewegung, der *Haskala*, hielten dem enormen Druck stand und kämpften für ihre Emanzipation. Sie hielten durch, für ein Deutschland und für ein Europa, in denen sie als Juden und als gleichberechtigte Bürger anerkannt werden. Der richtige Weg ist Inklusion, die Anerkennung der religiösen und kulturellen Vielfalt. Wir Juden wissen aus unserer eigenen historischen Erfahrung aus den dreißiger und vierziger Jahren, dass Assimilation keine Lösung ist.

Heute ist die Mehrheitsbevölkerung von Deutschland nicht mehr christlich, sondern christo-normativ säkular, und die Assimilationsforderungen an die Minderheiten haben sich etwas geändert. Die Säkularisten wie Giffey verlangen zwar dieselbe Anpassungsleistung im Alltag, mit dem Unterschied, dass die Minderheitsangehörigen nicht mehr zum Christentum konvertieren müssen. Es reicht, wenn sie sich öffentlich christo-normativ verhalten. Um eine Chance auf dem Arbeitsmarkt zu haben, müssen sie ihre Identität verheimlichen. Wie Betül Ulusoy. Die studierte Juristin wollte Rechtsreferendarin werden. Also bewarb sich Betül um eine Stelle im Rathaus Neukölln. Weil sie so klug, erfolgreich und ehrgeizig ist, war ihre schriftliche Bewerbung dermaßen überzeugend, dass sie telefonisch direkt eine Zusage bekommen hat. Als sie jedoch ihren Arbeitsvertrag persönlich unterzeichnen wollte und der Beamte im Rathaus ihr Kopftuch sah, schwand die Begeisterung der Neuköllner Beamten schnell: Es sei »problematisch«, sagten sie. »Wir fahren da eine ganz klare Linie … das werden wir bis ganz nach oben diskutieren müssen.« Betül verstand, dass sie so, wie sie ist, nicht erwünscht ist. Sie ist klug, sie ist erfolgreich, sie ist fromm, sie ist meistens fröhlich, sie ist schön. Aber die Menschen reduzieren sie auf ein Stück Stoff, das sie, wie sie glaubhaft beteuert, aus Überzeugung, als Zeichen der Selbstbestimmung und Ausdruck ihrer religiösen Identität trägt. Für Betül fing der Kampf damit erst richtig an.

Jean-Paul Sartre schreibt in seinem Buch *Überlegungen zur Judenfrage*, dass das Ziel der Antisemiten und der Säkularisten dasselbe sei: eine Welt ohne Juden. Der Grund der Antisemiten sei, dass die Juden per se böse sind. Die Säkularisten begründeten das damit, dass Juden durch ihre religiöse Absonderung eine reaktionäre Identität kultivierten.[153]

Ich bin mir vollkommen sicher, dass Sartre – dessen Portrait ich neben dem von Albert Camus, Truman Capote, Federico García Lorca, Friedrich Nietzsche, Yukio Mishima und vielen anderen jahrelang in meiner Wohnung an der Wand hängen hatte – mir zustimmen würde, dass die Säkularisten in der Berliner SPD dasselbe Ziel haben wie die Rassisten in der AfD, nur ohne es zu wissen: die öffentlichen Erscheinungen des Islam zu verbieten. Kein Wunder, dass es im Neuköllner Rathaus keine rechtspopulistische Partei gibt, obwohl in Süd-Neukölln viele Nazis aktiv sind. Die Neuköllner SPD mit Buschkowsky und Giffey verfolgen seit 2001 unter anderem dank des Neutralitätsgesetzes eine exklusive Identitätspolitik, die selbst die Rechtspopulisten nicht übertreffen können.

»In Neukölln leben Muslime, Juden und diverse andere Religionsgemeinschaften, die ihre spezifischen religiösen Traditionen aufrechterhalten wollen – privat, öffentlich und selbstbewusst. Wir bestimmen selber, was für uns Freiheit, Selbstbestimmung und Moral sind. Und wir haben das Recht, uns dabei auch auf unsere religiösen Traditionen zu berufen. Wir tragen einen Hidschab, eine Kippa oder eine Kisui Rosch (die jüdische Kopfbedeckung für Frauen); wir beten in Moscheen und Synagogen, wir kaufen koscheres oder Halal-Fleisch; die Sprache unserer Herzen ist Türkisch, Arabisch, Hebräisch und Deutsch; wir fasten an Ramadan und Jom Kippur; wir beschneiden unsere Söhne. Wir sind Neukölln«[154], so lautete der Text, mit dem wir für den Flashmob vor dem Rathaus warben.

Giffey äußert sich nicht über das Kopftuch der Jüdinnen. Sie weiß wahrscheinlich nicht einmal, dass viele verheiratete Jüdinnen ihre Haare genauso bedecken wie ihre muslimischen Glaubensschwestern, auch einige Neuköllner Jüdinnen. Wir spielten die Juden-Karte also wieder aus und schickten unsere jüdischen Mitglieder, die Kopftuch tragen, an die Front, um Statements zu verfassen, Interviews zu geben, eine Demonstration in Solidarität mit den Hidschabis am Arbeitsplatz zu organisieren. Antimuslimischer Rassismus erlangt in Deutschland nur dann mediales Gewicht, wenn auf dessen Nähe zum Antisemitismus verwiesen wird: Antimuslimischer Rassismus alleine reicht nicht. Erst durch den Verweis auf den aufgeklärten, rational argumentierenden Kulturrassismus, dem Muslime *und* Juden ausgesetzt sind, gilt ihm das öffentliche Interesse. Gäbe es ein Bewusstsein dafür, dass auch Juden schächten, beschneiden oder ein Kopftuch tragen, so wäre es vermutlich kaum zum Kopftuchverbot gekommen. So wie 2012 während der Beschneidungsdebatte: Erst als die Juden sich in dieser Frage Gehör verschafften und damit drohten, dass sie das Land verlassen würden, setzte sich die Einsicht durch, dass Beschneidung in der Bundesrepublik weiterhin gesetzlich möglich bleiben muss. Es scheint, als ob Muslime die Macht über ihre eigene Repräsentation verloren haben.

Mit großem Interesse verfolgte ich einmal eine Diskussion auf Deutsch und auf Türkisch auf der Facebook-Seite der Neuköllner Şehitlik-Moschee. Dem Administrator der Seite wurde von zwei Usern vorgeworfen, dass er zu oft Statements und öffentliche Äußerungen dieser jüdischen Gruppe (unsere Initiative war gemeint) auf der Seite der Moschee teile. Die Antwort des Administrators lautete:

»Sie schaffen es, mit ihrer Botschaft eine so große Öffentlichkeit zu erreichen, wie wir sie nie erreichen würden.« Es ist kaum vorstellbar, wie viel die jüdische Gemeinde bewegen könnte, wenn sie sich endlich nicht mehr allein auf Israel fokussieren würde, sondern auf Deutschland!

Um den Assimilationsdruck auf Muslime zu rechtfertigen, suchen die Säkularisten immer wieder nach Beweisen für die Rückständigkeit des Islam. Neben angeblich der Moderne unangemessenen Riten wie der Beschneidung der Männer oder das Frauen diskriminierende Kopftuch wird jede vermeintliche Verfehlung einer muslimischen Gemeinde sofort zum Generalbeweis. Und auch Jacques verfährt, es ist wenig verwunderlich, genau nach diesem Muster.

Zwei Wochen nach der Schweinemittwoch-Affäre erhielt ich ein Rundschreiben von Jacques. Er hatte wieder einen Beweis für die Primitivität der Muslime und der religiösen Menschen allgemein gefunden: Die Şehitlik-Moschee sagte eine geplante Veranstaltung mit Schwulen und Lesben ab. Sein Kommentar lautete: »Ich muss nichts hinzufügen, alles ist gesagt. Nicht vergessen: Diese Moschee gilt als SEHR liberal.« Dass die Şehitlik-Moschee keineswegs als sehr liberale islamische Einrichtung zu bezeichnen ist, ist das eine. Aber es gab noch ein anderes, viel größeres Problem, das Jacques nicht verstand oder von dem er einfach nichts wusste. Also entschied ich mich, einen Artikel darüber zu schreiben. Er erschien im November 2014 in der *taz* mit dem Titel *Steuergeld für Moscheen*. Es ging, wie gesagt, um die islamische Şehitlik-Gemeinde in Neukölln, die gegen Homo- und Transphobie in Deutschland und unter Muslimen ein Zeichen setzen wollte und LGBTQ-Vertreter in die Moschee zu einem Gespräch einlud. Dann wurde die Veranstaltung in letzter Minute abgesagt.

Direkt im Anschluss an die Meldung kursierten antimuslimische Kommentare, und die Jacques von Neukölln schrieben ihre Rundmails. »Muslime passen nicht in unser Wertesystem … alle Muslime sind homophob« usw. – plötzlich wurden antimuslimische Kommentatoren zu Freunden der Schwulen- und Lesbenbewegung. Jacques war natürlich nicht der Einzige, der die Gelegenheit nutzte. Die Rassisten, die im wahren und digitalen Leben als »Islamkritiker« nach schneller Anerkennung suchen, hatten wieder eine ausgezeichnete Steilvorlage gefunden. Als der Dialog angekündigt worden war und dann das Treffen im April 2015 mit der Moscheegemeinde doch noch nachgeholt werden konnte, blieben sie alle stumm. Jacques inbegriffen.

Das Ergebnis der Bertelsmann-Studie aus dem Jahr 2015, der zufolge 60 Prozent aller Muslime der Homo-Ehe zustimmen, interessiert sie nicht. Nicht-Muslime in Deutschland könnten Toleranz von den Muslimen in Deutschland lernen: 57 Prozent der Befragten dieser Studie hält Muslime für »sehr« oder »eher« bedrohlich, 61 Prozent der Bundesbürger sind der Meinung, der Islam passe nicht zu Deutschland.

In meinem Artikel ging ich näher auf die Frage ein, warum die Moschee hatte absagen müssen. Wären sie in der Tat homophob, hätten sie doch die Veranstaltung nie organisiert, oder?

Eben. Die Lage ist hier etwas komplizierter.

Die Şehitlik-Moschee ist Teil der Türkisch-Islamischen Union der Anstalt für Religion (DİTİB), die vom staatlichen Präsidium für Religiöse Angelegenheiten der Türkei in Ankara per deutsch-türkischen Staatsvertrag abhängig ist. Ohne das Geld aus der Türkei gäbe es die Şehitlik und viele andere Moscheen in Deutschland nicht.

Die »Islamkritiker« werfen den Moscheegemeinden in Deutschland oft vor, dass sie ausschließlich die Interessen und Sitten der jeweiligen Herkunftsländer vertreten. Sie seien weder unabhängig noch integrationsfähig, so der Dauervorwurf. Dabei wird bewusst außer Acht gelassen, dass die Gemeinden vom deutschen Staat dazu gezwungen werden, um die finanzielle Unterstützung anderer Staaten zu werben.

Christen haben die Kirchensteuer, Juden die Kultussteuer – Muslime haben dieses Privileg nicht. Die Kirchensteuer der Mitglieder der Kirchen macht den größten Teil ihrer Einnahmen aus. Zusätzlich zu diesem Geld erhalten Kirchen und Synagogen jährlich mehrere hundert Millionen Euro, zum Beispiel für Leistungen als Träger sozialer Einrichtungen.

Allein die katholische Kirche hat ein jährliches Einkommen von etwa 5,5 Milliarden Euro in Deutschland, nur über die Kirchensteuer. Für muslimische Gemeinden, die fünfmal so wenig Mitglieder zählen, bedeutet dies jährlich einen Verlust von mehr als einer Milliarde Euro, die in Dialogprojekte, wie nun von der Şehitlik-Moschee intendiert, investiert werden könnten. Eine Milliarde Euro, die Unabhängigkeit von den Regierungen in Ankara, Riad und Rabat bedeuten würde.

Solange Muslime keine Kirchensteuer zahlen, müssen ihre Gemeinden auf das Ehrenamt und auf im Ausland ausgebildete Imame bauen. Diese importierten Geistlichen sprechen dann oftmals kein Deutsch und kennen die Lebensumstände der Muslime in Deutschland, wenn überhaupt, nur aus Erzählungen. Als professioneller Vorbeter weiß ich, wie wichtig es ist, die Bräuche der einzelnen Gemeinden zu kennen. Das ist bei uns Juden auch nicht anders. Wenn ein Vorbeter für einen Text eine andere Melodie als gewöhnlich benutzt, wird er schief angeguckt. Noch schlimmer ist es, wenn es Sprachbarrieren gibt. Ich verstehe die älteren Deutschrussen in den Synagogen nicht, weil sie kein Deutsch beherrschen – im besten Fall ein bisschen Jiddisch. Sie verstehen mich auch nicht, deswegen müssen meine Predigten im Gottesdienst ins Russische übersetzt werden. Die jüngeren Deutschen türkischer Herkunft können dem Importimam aus Istanbul nicht folgen, weil ihr Türkisch nicht gut genug ist. Dies vertreibt viele Jugendliche, die sich dann auch deswegen an salafistische Moscheen wenden. Da wird aufgrund der hohen Anzahl von autochthonen deutschen Konvertiten und der ethnischen Vielfalt meistens Deutsch gesprochen.

Die staatliche Nicht-Anerkennung der muslimischen Gemeinschaften und ihrer Bedürfnisse verhindert die Integration der Muslime in Deutschland. Man kann von »Integrationsunfähigkeit« und »Integrationsverweigerern« sprechen. Tatsächlich sollte man den Mangel an Chancengleichheit und die fehlenden beziehungsweise erschwerten Möglichkeiten zur politischen Teilnahme unter die Lupe nehmen. Zur Integration braucht es zwei Seiten: Nicht nur das Verhalten der Neuzuwanderer muss untersucht werden, sondern auch der Mehrheitsbevölkerung und des Staates. Wer alleine auf die Defizite unter Migranten und Deutschen aus Einwandererfamilien fokussiert, begreift das Wesentliche nicht.

Die abgesagte Veranstaltung gegen Homophobie in der Şehitlik-Moschee ist also kein Beweis für die »Rückständigkeit des Islam«, wie es in einschlägigen Foren wieder heißt. Sie ist allein eine Illustration dafür, dass Muslime in Deutschland nicht die Voraussetzungen haben, um ein selbstbestimmter und gleichberechtigter Teil unserer Gesellschaft zu sein.

Das wissen allerdings wenige in Deutschland. Wie sich bei unserer Begegnung herausstellte, hatte auch die Lebensgefährtin des Bundespräsidenten kaum eine Vorstellung von den Folgen der fehlenden Kultussteuer für Muslime.

Daniela Schadt wurde in der Zeitung auf die Salaam-Schalom-Initiative aufmerksam. Es war Sommer 2014, als der Konflikt in Gaza gerade erneut eskalierte. Zu dieser Zeit gab es eine überwältigende Aufmerksamkeit von Seiten der Medien für unsere Sache. Die Journalisten waren von unserer Botschaft angetan, deshalb waren auch zahlreiche Leser, Zuhörer und Zuschauer, unter anderem Daniela Schadt, an unserer Arbeit interessiert: Frau Schadt hatte bestimmt einen Anteil daran, dass das Bundespräsidialamt fünf Vertreter unserer Initiative am 1. August für ein einstündiges Gespräch mit ihr und Bundespräsident Joachim Gauck ins Schloss Bellevue einlud.

Als wir diese Einladung bekamen, existierte unsere Gruppe erst seit einem halben Jahr. Ich erinnere mich gut an diesen Moment. Das Telefon klingelte, ich nahm ab und eine angenehme Männerstimme sagte. »Herr Langer, der Bundespräsident folgt Ihren Tätigkeiten mit einem besonderen Interesse.«

Ich war ziemlich überrascht. Wir alle waren es. Ich hatte in Ungarn so viel getan, jahrelang war ich einer der aktivsten Streiter in den progressiven und jüdischen Szenen. Ich erreichte kaum etwas. In Deutschland wurde ich nach einem halben Jahr zum Bundespräsidenten eingeladen. Meine junge osteuropäische Seele fühlte sich ein bisschen so, wie das Eko Fresh in seinem Lied *German Dream* rappt (ohne den Hinweis auf die »Kohle« natürlich):

Der deutsche Traum, aufgewachsen in 'nem anderen Land
Der deutsche Traum, und dann wurd' ich langsam
  bekannt
Der deutsche Traum, ich werd' mal, wenn ich groß bin,
  ein Star
Der deutsche Traum, heute wisch' ich mir mit Kohle den
  Arsch

Nach langen Überlegungen stand unser Team fest: Alice, christlich sozialisierte Übersetzerin, Dana, israelischstämmige freie Journalistin, Ender, türkischstämmiger muslimischer Erziehungswissenschaftler, Mohamed, arabischstämmiger deutscher Journalist, und ich. Wir fünf vertraten die fünf Gruppen in unserer Initiative: religiöse und säkulare Muslime bzw. Juden und ihre Verbündeten. Wir trafen uns um 12:45 vor dem Schloss Bellevue, das Treffen war für 13:00 vereinbart.

»Ich verpasse jetzt das Freitagsgebet«, meinte Ender, der sich vor dem Spiegel in der Toilette des Schlosses seine Haare mit einem kleinen blauen Kamm zurechtlegte. Nur wenige Tage vorher hatte ich meine Teilnahme an einer wichtigen Tagung zum Thema Rechtsextremismus abgesagt, weil sie am Schabbat stattfand. »Kein Problem, Ármin, ich werde das Gebet nachholen«, antwortete Ender lachend, als er mein Gesicht sah.

Nachdem wir vom eifrigen Protokollmeister in den schlicht und majestätisch eingerichteten Räumlichkeiten des Schlosses Bellevue herumgeführt worden waren, brachte man uns in einen großen hellen Raum mit goldener Dekoration. Ohne dass wir es bemerkten, zogen sich unsere Begleiter diskret zurück: Jetzt warteten wir hier tatsächlich auf den Bundespräsidenten. Fünf Salaam-Schalom-Aktivisten standen auf einer Seite, vor der gelben Standarte des Bundespräsidenten mit dem roten Rand und dem schwarzen Adler – vierzig Journalisten, ein Dutzend Fotoapparate und Kameras auf der anderen Seite. Ich begriff erst jetzt, dass ich in wenigen Sekunden die Hand eines Staatsoberhauptes schütteln würde. Kommt das jetzt auch in die Nachrichten?, fragte ich mich. »Ja, unser Besuch wird in die Nachrichten kommen.« Ich sah gespannt auf meine Mitstreiter – und in die Richtung, aus der Joachim Gauck und Daniela Schadt kommen würden.

»Sehr geehrte Damen und Herren: Der Bundespräsident und Frau Daniela Schadt«, kündigte der Protokollmeister das Paar feierlich an. Die beiden kamen mit bedachten Schritten herein und begrüßten uns nacheinander herzlich. Ich muss zugeben, der bundespräsidiale Handschlag erschien mir besonders nachdrücklich: Ich fühlte mich auf meinem langen Weg zum Judentum, zum sozialen Engagement, zur Rabbinerausbildung, nach Deutschland unheimlich bestärkt. Es war eine der besten Entscheidungen in meinem Leben, in die Bundesrepublik zu ziehen.

Nach dem Fototermin luden uns die zwei Gastgeber in einen Nebenraum ein, in dem schon ein mit Getränken und Keksen gedeckter Tisch auf die jungen Neuköllner Aktivisten wartete. Während des einstündigen Gesprächs berührten wir die deutsche Geschichte, die Ansätze und die Tätigkeiten der Initiative, wir wagten einen Blick in die Zukunft. Wir erzählten Gauck und Schadt, wie es uns als muslimischen und jüdischen Bürgern Berlins geht, welche Herausforderungen uns im Alltag begegnen. Wir sprachen über Antisemitismus und Rassismus in der Gesamtgesellschaft, über Rechtsextremismus und über Islamismus.

Am Ende des Treffens luden wir Daniela Schadt nach Neukölln zu einem Gespräch mit weiteren Mitgliedern und zu einem Stadtrundgang ein. »Vielen Dank für die Einladung, ich werde die Möglichkeit in Betracht ziehen!«, sagte sie freundlich.

Es war kein leeres Versprechen, die First Lady hielt ihr Wort. Sie kam in den »Problembezirk«. Zehn Mitglieder unserer Initiative, Berliner afghanischer, bosnischer, deutscher, israelischer, palästinensischer, türkischer und ungarischer Herkunft, spazierten mit Frau Schadt durch die zauberhaften Wege und Gassen von Rixdorf, Nord-Neukölln mit. Das Viertel, das früher ein selbstständiges Dorf außer-

halb Berlins war, bietet tatsächlich mehrere Sehenswürdig-
keiten, die wir unter der Leitung Ariels, eines Neuköllners,
besichtigten. Er ist israelischstämmiger Fremdenführer und
führte uns zur Betlehemskirche, zur ehemaligen Frauen-
schmiede und zum Comenius-Garten. Böhmisch-Rixdorf
wurde 1737 von protestantischen böhmischen Geflüchteten gegründet und bis zum Ersten Weltkrieg fast nur von
Böhmen bewohnt.

Vom Richardplatz, dem Zentrum des Viertels, liefen wir
Richtung Norden auf der Richardstraße. Je weiter man
Richtung Rathaus läuft, desto geringer wird die Zahl der
Merkmale, die die ersten Migranten, die Böhmen, hinter-
ließen: Statt ihrer Kirchen und Fachwerkhäuser fanden wir
eine iranisch-christliche Kirche, eine kleine Halal-Fleische-
rei (in der ich früher, als ehemaliger Bewohner der Richardstraße, einkaufte) und eine Hinterhofmoschee.

»Frau Schadt, haben Sie Lust, die Moschee zu besuchen?«,
fragte Ariel. Sie bejahte begeistert. Das meiste, was Ariel und
wir Frau Schadt zeigten, war ihr neu, sie war noch nie in
dieser Gegend von Neukölln gewesen.

»Warum ist diese Moschee eigentlich so versteckt?«,
fragte Frau Schadt, als unsere Gruppe im Hof des Wohnhau-
ses ankam. Wenn man das Wort »Moschee« hört, könnte
man automatisch an ein großes, selbstständiges Gebäude
mit Minaretten denken und nicht an eine Erdgeschosswoh-
nung in einem Hinterhof. Man kann sich kaum vorstellen,
wie schwierig es sein kann, eine Genehmigung für den Bau
einer Moschee zu bekommen – wenn man sie überhaupt
bekommt.

Als Frau Schadt erfuhr, dass dies hauptsächlich am deutschen Staat liegt, war sie aufrichtig überrascht. Man weiß das
kaum, wenn man kein Muslim ist, es wird ja in der Öffentlichkeit nicht thematisiert. Nicht einmal antirassistische Aktivisten kannten die Umstände, als ich sie damit konfrontierte.

Ich erfuhr von der juristischen Diskriminierung der muslimischen Gemeinden in Deutschland kurz vor Daniela Schadts Besuch, Anfang 2014. Damals reagierte ich genau wie sie: Verwirrung, Enttäuschung und Interesse, sich mit dem Thema auseinanderzusetzen. Im Januar 2014, kurz nach der Veröffentlichung der Interviews auf YouTube, die die Aktivisten der Salaam-Schalom-Initiative mit Juden in Neukölln gemacht hatten, landete eine Mail vom Vorsitzenden der größten Moschee Berlins, von Ender Çetin von der Şehitlik-Moschee, in meinem Postfach. Er bat mich, ihn in der Moschee am Columbiadamm am Rande des Tempelhofer Feldes zu besuchen.

Wir saßen in seinem Büro in den grünen Lehnsesseln und tranken marokkanischen Pfefferminztee. Eine meiner Lieblingsteesorten. Ich mochte ihn von der ersten Minute an. Er zeigte sich wegen der Video-Aktion sehr dankbar. Ender hoffte lange Zeit, dass die Neuköllner Juden sich melden würden, um der These, Neukölln sei eine No-go-Area für Juden, zu widersprechen. Die Komplimente für Salaam-Schalom nahm ich natürlich gern entgegen, und dass die Moschee mit uns in Kontakt trat, war ein sehr wichtiges Ergebnis unserer Arbeit. Ich lernte viel über die strukturellen Ausgrenzungen der muslimischen Gemeinschaften in Deutschland.

Muslime müssen nicht nur auf ein Steuerprivileg verzichten. Das Problem liegt tiefer in der Struktur und in den Vorbehalten gegenüber »den Anderen«. Die staatliche Diskriminierung in Deutschland nimmt multiple Formen an: Obwohl wir theoretisch in einem säkularen Staat leben, dürfen zwar Kirchenglocken läuten, der Muezzin aber darf die Gläubigen nicht einmal zum wichtigsten muslimischen Gebet am Freitag mit Lautsprecher rufen. Es würde die öffentliche Ordnung stören, so das Argument der Behörden. Und wenn eine Moschee, wie zum Beispiel die Şehitlik, die neben dem Tempelhofer Feld liegt, am ehemaligen Flughafen und weit entfernt von Wohnhäusern, einen speziellen Antrag für den Muezzin am Freitag stellt, lehnt Buschkowskys Rathaus die Bitte ab, sonst könnten ja auch andere Moscheen auf ähnliche Gedanken kommen. Wohin würde das führen?!

Muslimische Bestattungen, die ja ohne Sarg stattfinden, sind bis auf ein paar Bundesländer ebenfalls verboten. Man zwingt damit viele deutsche Muslime, ihre verstorbenen Angehörigen im Ausland zu bestatten. Denn es gibt durchaus Migranten, die hier beerdigt werden wollen. Der Grund für das Verbot sargloser Bestattung ist eine Regelung aus dem 17. Jahrhundert. Weil die Menschen damals noch unsicher waren, ob jemand tot ist oder nicht, bewahrten sie Leichen 48 Stunden in einem Sarg auf, bevor dieser unter die Erde kam. Im 21. Jahrhundert müssen wir aber keine Angst mehr vor Scheintoten haben.

Auch im Diesseits gibt es viele Hürden. Die Lage in den Rundfunkräten ist nicht ideal. Im Jahr 2013 war Radio Bremen der erste öffentlich-rechtliche Sender mit einem muslimischen Vertreter im Rundfunkrat. »Muslime in Bremen stellen eine Gruppe von großer gesellschaftlicher Relevanz dar«, erklärte damals die Landesregierung. Die Hansestadt hat den gesellschaftlichen Wandel eingesehen, in anderen Bundesländern ist man noch nicht so weit. Bislang werden Muslime in den Aufsichtsgremien von sieben *ARD*-Anstalten, des *ZDF* und des Deutschlandradios nicht über einen eigenen Sitz repräsentiert. Das ist ein Verstoß gegen das Gebot der Gleichbehandlung – und vernachlässigt fünf Prozent der Bevölkerung, die ebenfalls Gebühren für das Programm bezahlen. Muslimische Feiertage müssen vom Arbeitgeber den Arbeitnehmern nicht gesetzlich freigestellt werden, islamischer Religionsunterricht ist an den meisten staatlichen Schulen nicht gewährleistet.

Ich saß verblüfft auf dem Sessel in Enders Büro. Bis zu diesem Zeitpunkt hatte ich nicht unbedingt das oberste Ziel, mich für die Gleichstellung des Islam einzusetzen. Ich wusste ja kaum etwas von diesen staatlichen Diskriminierungen von Muslimen. Mit der Salaam-Schalom-Initiative hatte ich persönlich zunächst vor allem das Ziel, antimuslimischen Rassismus unter Juden und Antisemitismus unter Muslimen bzw. in der Mehrheitsbevölkerung zu bekämpfen. Das allein war zwar schon genug, aber je länger ich Ender zuhörte, desto größer wurde meine Entschlossenheit, mich mit dem Thema Islam in Deutschland auseinanderzusetzen.

Ich ging nach diesem freundlichen Gespräch zu Fuß nach Hause, die Moschee liegt ja nicht mehr als zehn Minuten von meiner Wohnung entfernt. Ich ging den menschenleeren Columbiadamm entlang, zu meiner Linken spielten Jugendliche Fußball in der Hasenheide, rechts von mir lag das weite Tempelhofer Feld, und mir wurde klar, dass unsere fünf Millionen muslimischen Mitmenschen erst dann integrierte, vollwertige *Citoyens* werden, wenn Staat und Gesellschaft dies überhaupt zulassen. Ob das Jacques irgendwann auch einsehen würde? Solange unsere Regierung nichts ändert, überlassen wir den Regierungen der Türkei und Saudi-Arabiens die Entscheidung, ob zum Beispiel Schwule, Lesben und Transsexuelle in einer Moschee ihren Platz bekommen. Und wir geben den Rassisten immer wieder Grund für bösartige Schadenfreude.

Und wer könnte bei der Gleichstellung des Islam die treibende Kraft sein? Mir scheint eine Antwort ziemlich plausibel: die jüdische Gemeinde.

»Der Gerechtigkeit, der Gerechtigkeit jage nach« (Dewarim 16 : 20), schreibt uns die Tora vor. Die Tora wiederholt kein einziges Wort ohne einen guten Grund. Dem spanischen Rabbiner Bachja ben Ascher aus dem 13. Jahrhundert zufolge steht in dem Vers das Wort *Zedek* (Gerechtigkeit) zweimal, um zu betonen, dass man sowohl in seinen Worten als auch in seinen Taten gerecht handeln muss. Er bietet auch eine alternative Erklärung an: Das doppelte *Zedek* weist darauf hin, dass auch der Weg zur Gerechtigkeit gerecht sein muss. Meiner Meinung nach steht im Vers das Wort *Zedek* auch deshalb zweimal, um auszudrücken, dass ein Jude nicht nur nach Gerechtigkeit für Juden streben muss, sondern auch nach Gerechtigkeit für Nicht-Juden. Zum Beispiel für Muslime.

Nächstenliebe für alle

Rabbi Eleazar pflegte, nachdem er sein Gebet beendet hatte,
noch hinzuzufügen: Mögest du Ewiger, unser Gott, in unserer Mitte
Liebe, Brüderlichkeit und Frieden herrschen lassen.

Talmud, Berachot 16b

Es war ein Samstagmorgen im Dezember, ich saß auf der Holzbank der Fraenkelufer-Synagoge in Berlin-Kreuzberg, auf der Bank vor mir ein 80-jähriger Mann, der mich auch dieses Mal freundlich mit »*Gut Schabbes!*« begrüßte, obwohl wir nicht einmal unsere Namen kennen: Eine Schabbat-Bekanntschaft.

Durch die farbigen Mosaikfenster, deren Muster jüdische Feiertage symbolisieren, schien die Sonne in den Raum. Die Wandgemälde, die alten Holzmöbel, der prachtvolle Toraschrein strahlen eine sehr warme Atmosphäre aus: Und ich habe noch kein Wort über die wunderbaren Leute in der Gemeinde verloren. Ich fühle mich in dem Gebetshaus immer sehr geborgen, auch wenn dessen konservativ-deutscher Ritus nicht meiner Tradition entspricht.

Dreißig Männer, jüngere und ältere, beten gemeinsam in Gebetsschalen im unteren Stock, ein paar Frauen betrachten uns von oben. Es wird aus der Tora-Rolle gelesen. Ich liebe es, wie der *Baal Kore*, der Tora-Leser, den Text vorträgt. Er stammt aus einer jemenitischen Familie und spricht den hebräischen Buchstaben *Ajin* in seiner ursprünglichen Form aus, so wie die Araber es tun.

Danach las ein Herr in dunkelblauem Anzug aus den Büchern der Propheten. Er stand vor dem erhöhten Pult, legte ein Buch darauf und fing an, den von unseren Vorfahren für diesen Schabbat zugewiesenen Text auf Hebräisch vorzutragen: »So spricht der Ewige der Scharen, der Gott Jisraëls: Schlagt eure Hochopfer zu euren Schlachtungen und eßt das Fleisch! Denn ich sprach nicht zu euren Vätern und befahl ihnen nichts am Tag, da ich sie aus dem Land Mizraim führte, wegen Hoch- und Schlachtopfern. Sondern dieses Wort befahl ich ihnen: ›Hört auf meine Stimme! Dann will ich euch Gott sein, und ihr sollt mir Volk sein. Und wandelt ganz auf dem Weg, den ich euch gebiete, dass es euch wohlergehe.‹« (Jeremia 7:21–23)

Ich lauschte aufmerksam den Wörtern des Propheten Jeremia. Plötzlich konnte ich mich nicht mehr auf den Text konzentrieren. Moment, dachte ich. Was lesen wir hier gerade?

Auf G'ttes Wegen zu wandeln, bedeutet in der jüdischen Tradition, G'tt nachzumachen, also den Schwachen zu helfen. Das christliche Konzept der *imitatio dei* stammt hieraus. So wie G'tt Adam und Eva gekleidet hat, sollen wir es den Nackten und Mittellosen zuteilwerden lassen. So wie G'tt Abraham nach seiner Selbst-Beschneidung besuchte, sollen wir uns um die Kranken kümmern. Für uns bedeutet das, dass die Juden eine Verantwortung für die Unterdrückten haben. Dass wir sündigen, wenn wir dem Elend tatenlos zuschauen. Dass es auch unsere Aufgabe ist, auf dem Weg zu wandeln, den G'tt uns gebietet, also den Schwachen zu helfen. Und was passiert in der Tat?

Einer meiner wichtigsten Gründe, mich zum Rabbiner ausbilden zu lassen, war mein Wille, die Botschaft unserer Propheten mit einer neuen, heutigen Bedeutung zu erfüllen und sie zu verkünden. Im Talmud steht eine Geschichte über Rabbi Eleazar ben Porta, der von den Römern wegen angeblichen Diebstahls festgenommen wurde. Während des Prozesses stellte ihm der Richter die Frage: »Warum hast du die Tora gelehrt, und warum hast du gestohlen?« Eleazar lachte nur und antwortete gelassen: »Falls ich ein Lehrer bin, bin ich kein Dieb. Falls ich ein Dieb bin, bin ich kein Lehrer.« (Avoda sara 16b) Ich möchte nicht allein kluge Zitate aus unserer Tradition vortragen, sondern auch die Umsetzung dieser Werte praxisorientiert vorstellen.

Ich, der mit G'ttes Hilfe zukünftige Rabbiner Ármin, will ein neues, alternatives Vorbild für die Juden Europas werden. Ich will ein Gelehrter werden, der der Globalisierung eine moralische Dimension hinzufügt, der denjenigen eine Stimme gibt, die »heute unter Mangel, Hunger, Krankheit, fehlender Mitbestimmung und Freiheit leiden«[155], wie es Rabbiner Jonathan Sacks formuliert. Deswegen setzen wir uns in der Salaam-Schalom-Initiative sowohl mit Worten als auch mit Taten für einander ein: Wir thematisieren antimuslimischen Rassismus in den jüdischen Gemeinden beim Gespräch mit dem Geschäftsführer des Zentralrats der Juden, wir reden über Antisemitismus in der Millî-Görüş-Moschee, wir thematisieren Homophobie mit muslimischen und muslimisch sozialisierten Referenten in der Gesamtgesellschaft. In einem Land, in dem es einer Minderheit schlecht geht, wird es später auch den anderen Minderheiten schlecht gehen: heute die Muslime, morgen die Juden, übermorgen die progressiven Angehörigen der Mehrheitsbevölkerung. Nur durch Solidarität können wir diese Lage ändern.

Kein denkender Mensch würde mir widersprechen, wenn ich behaupte, dass es in Deutschland eine große Ungleichheit zwischen einigen Bevölkerungsschichten gibt, dass etliche Gruppen staatlich diskriminiert werden und dass Rassismus in vielen Bereichen noch immer ein Alltagsphänomen ist. Es stimmt, anderswo ist es oft viel schlimmer. Ich selbst bin der Ansicht, dass die Bundesrepublik einer der besten Orte auf der Welt ist, weil hier Diskriminierungen weniger toleriert werden als anderswo, weil die Pressefreiheit ernst genommen wird. Nicht aus Zufall verließ ich Ungarn und zog ich nicht nach Israel. Aber diese Ausrede soll uns nicht beruhigen: Es gibt in Deutschland viele gesellschaftliche Ungerechtigkeiten, die korrigiert werden müssen: Für mich persönlich ist die erste Herausforderung, daraufhin zu wirken, dass der Rassismus aus der Mitte der Gesellschaft, also u. a. der besorgten Bürger, beim Namen genannt wird. Dadurch werden rassistische Ansichten oft in der Öffentlichkeit geduldet, was wiederum zur Legitimierung rechtspopulistischer Positionen führt. In diesem Korrekturprozess könnten wir Juden als Katalysator dienen.

Wir brauchen dafür allerdings eine andere jüdische Präsenz in Deutschland. Lediglich Opfer zu sein, bringt uns nicht weiter. Ihr wolltet uns vernichten? Dann krempeln wir euer Land um. Zum Guten. Eine ausschließliche Selbstidentifizierung als Opfer ist dabei kontraproduktiv. Solange die jüdische Identität auf der Erinnerung an die Schoa, auf dem Bewusstsein für Antisemitismus und auf der bedingungslosen Unterstützung für den Staat Israel – kurz gesagt: auf der Abwesenheit jüdischen Lebens in Deutschland und Europa – basiert, wird sich das Judentum weiterhin nur um sich kümmern und sich nicht für andere einsetzen.

Von den Unterdrückten können wir kein Engagement für andere erwarten. Altruismus ist in der Regel eine Option für Privilegierte. Als die Juden des 19. Jahrhunderts in Europa für die Gleichberechtigung der jüdischen Gemeinden eintraten, machten sie, was gemacht werden musste. Als die jüdischen Zeugen der Schoa sich keine Zukunft in Europa vorstellen konnten und für sich ein eigenes Land in Palästina bauten, machten sie, was gemacht werden musste.

Heute gibt es aber keinen vernünftigen Grund, um über Juden ausschließlich als Opfer oder über jüdisches Leben nur in Israel zu reden. Egal wie allgegenwärtig Antisemitismus in unserer Gesellschaft ist, Mehrheit und Minderheiten inbegriffen, drei Generationen nach der Schoa gehört das Judentum zu Deutschland. Synagogen bieten Gottesdienste von Kiel über Bielefeld bis München an. Das Fach Jüdische Studien interessiert jedes Jahr Hunderte von neuen nicht-jüdischen und jüdischen Studierenden an den staatlichen Universitäten in Frankfurt, Heidelberg, Potsdam und anderswo. Rabbiner werden an liberalen, konservativen und orthodoxen Rabbinerseminaren ausgebildet, es gibt einen jährlichen Sängerwettstreit für jüdische Jugendliche, begabte jüdische und sich mit dem Judentum befassende nicht-jüdische Studierende können ein Stipendium vom Ernst-Ludwig-Ehrlich-Studienwerk bekommen, das Jüdische Museum empfängt jährlich fast eine Million Besucher, der jüdische Studentenverband organisiert bundesweit Begegnungen – und mit *Bubales* gibt es sogar ein jüdisches Puppentheater in Deutschland. Es gibt jüdische Kindergärten, jüdische Schulen und Volkshochschulen in Berlin, Frankfurt, München und anderen Städten der Bundesrepublik. Das Judentum ist nach 2000 Jahren Unterdrückung als vollberechtigter Partner in Deutschland angekommen.

Den Höhepunkt dieser 2000 Jahre institutionellen Judenhasses, den Holocaust, mussten unsere Großeltern und Eltern am eigenen Leib erfahren. Diese existentiellen Erfahrungen, die wir in Europa gemacht haben, lassen sich nicht von einem Tag auf den anderen verdrängen. Für die Mehrheit dieser Generation war jüdisches Leben in Europa nur schwer vorstellbar, ihre Hoffnungen haben sich daher auf die Vereinigten Staaten und Israel gerichtet, erst mit der dritten Generation der Holocaust-Überlebenden kam die Wende: mit uns, die in dieser neuen Rolle, die wir seit kurzem in der deutschen und europäischen Gesellschaft spielen, eine bisher ungeahnte Verantwortung entdecken.

Diese Verantwortung bildet für mich und meine Mitstreiter auch die Quintessenz der Lektüre der Heiligen Schriften.

Jeschajahu schreibt, dass den Schwachen nicht zu helfen ein Verbrechen gegen den Ewigen ist (3:13–15). Nach Jechezkiel war Sodoms einzige Sünde, für die sie vernichtet wurde, die Ignoranz gegenüber den Bedürfnissen der Schwachen (16:49–50). Amos lehrt, dass G'tt keine Zeremonien, sondern Gerechtigkeit von den Juden erwartet (5:21–24), und die Liste ließe sich noch lange fortsetzen: Mika fordert, dass wir uns nur auf Gerechtigkeit und Liebe fokussieren sollen (6:8), Zephania sieht ebenfalls darin den einzigen Weg, um vor dem Zorn des Ewigen zu fliehen (2:3), und Zecharia prophezeit, dass man sich dem Ewigen nicht mit Macht oder Kraft nähern kann, sondern nur mit Empathie für die anderen (4:6).

Die jüdischen Propheten waren unter den zeitgenössischen Juden ziemlich unpopulär. Jeschajahu wurde vom König von Juda hingerichtet, Zecharia wurde angeblich im Tempel in Jerusalem umgebracht, und Amos wurde von einem Priester ermordet. Trotzdem trieben sie ihre Botschaft voran.

»Ich liebe alles am Judentum«, erklärte mir der stämmige Schwarze mit einem großen Davidstern am Hals in der Londoner *Schul* (Synagoge). Seine beiden Freunde, ebenfalls übergewichtig, die mit ihm die Klasse für Konvertiten besuchten, nickten begeistert. »Ich liebe nicht alles am Judentum«, erwiderte ich reflexartig. Natürlich fanden die drei *Jews by Choice* die ironische Bemerkung des deutschen Rabbinerstudenten witzig und lachten laut: Der Typ redete vor einer Stunde noch vom Predigtstuhl über den Wochenabschnitt und dessen Bedeutung für uns heute, und jetzt meint er, dass er nicht alles am Judentum mag! Ein spezieller Humor gehört zu unserem Glauben.

Ich machte mir keine weiteren Gedanken über diese Reaktion von mir, bis ich mich auf dem Flughafen London-Gatwick wiederfand, wo ich ein Sandwich mit Thunfisch und eine Flasche Wasser für den kurzen Flug nach Berlin kaufte. »Next, please«, rief die kleine Kassiererin in der hellblauen Uniform mit einem indischen Akzent. Die Jungs vor mir in der Schlange plauderten weiter auf Französisch und bemerkten die Kassiererin nicht. Also musste ich sehr lange warten. Und mit der Flughafenatmosphäre im Hintergrund musste ich an mein Gespräch mit den Konvertiten denken. Es drängte sich eine Frage auf: Gibt es wirklich etwas am Judentum, das ich nicht liebe?

Auch der Schock, wie viel ein Sandwich auf dieser Welt kosten kann, konnte mich nicht lange aus meinen Gedanken reißen. Über den Wolken beschäftigte mich die Frage weiter. Mir fallen auf Anhieb viele Juden ein, die ich am liebsten so oft sehen möchte, wie ich meinen Rücken betrachte. Für einen kurzen Moment spukte es in meinem Kopf. Einige Regeln, die in der Tora nicht explizit begründet werden, zum Beispiel die Speiseregeln, mag ich tatsächlich nicht besonders. Ich hänge nicht daran, einen Speiseplan einzuhalten, der für die meisten meiner Freunde, auch die jüdischen unter ihnen, wenig Sinn ergibt. Ich tue es trotzdem. Vielleicht habe ich doch eher ein Problem mit dem Auserwählungsgedanken? Nein, weil ich weiß, dass es hier allein darum geht, dass die Juden für die Tora auserwählt wurden – nicht mehr. Okay, ich mag die chauvinistischen Elemente unserer Tradition auch nicht. Die wiederum spielen aber keine Rolle mehr im fortgeschrittenen Judentum von heute.

Wir flogen ungefähr über Rotterdam, als ich die Schlussfolgerung zog: Ich liebe alles am Judentum. Es war doch keine schlechte Idee, Rabbinerstudent zu werden. Sechs Jahre früher, als Teenager in Sopron, als Einwohner dieser westungarischen Kleinstadt ohne irgendwelche jüdische Präsenz, wusste ich nicht einmal, was jüdische Speiseregeln sind oder was es mit der jüdischen Auserwähltheit auf sich hat. Heute habe ich mein Judentum gefunden: progressiv, weltoffen, sozial engagiert.

Einmal, schon als Rabbinerstudent, war ich auf einer internationalen Tagung für engagierte jüdische Jugendliche in einem Dorf in den nordungarischen Mittelgebirgen als »rabbinische Begleitung«. Ich hielt einen Workshop zum Thema *Gemilut Hassadim*, zu den sogenannten Liebeswerken, zu den altruistischen »gutmenschlichen« Taten. Die meisten Teilnehmer waren nicht religiös, fanden auch die talmudischen Quellen, die ich mitgebracht hatte, ein bisschen weit hergeholt. Aber während der einen Stunde hörte ich die Leute häufiger, wie sie mit der Glückseligkeit eines Entdeckers laut feststellten: »Das ist ein religiöses Gebot? Ich mache das doch regelmäßig!«

Nach dem Workshop saß ich mit zehn Teilnehmern an einem Tisch im übertrieben bourgeoisen Restaurant des Tagungsortes. In unmittelbarer Nähe von uns spielte ein Mann ungarische und italienische Pop-Hits aus den siebziger und achtziger Jahren auf dem Klavier, ein Kellner mit Pokerface lief im Raum mit einer Flasche »Kékfrankos-Rotwein« aus meinem ehemaligen Wohnort Sopron umher.

Als ein anderer Kellner das Hauptgericht servierte, musste ich schlucken. Es war Hähnchen mit Kartoffelpüree: Fleisch mit Milch, deren gemeinsamer Verzehr für Juden verboten ist. Das Verbot basiert auf dem Tora-Text »Du sollst ein Zicklein nicht in der Milch seiner Mutter kochen« (Sch'mot 23:19, 34:26, und Devarim 14:21). Die Rabbiner und Gelehrten stritten jahrhundertelang darüber, ob es in dieser Torastelle nur um Säugetiere geht oder im Allgemeinen um Fleisch. Oder ob es überhaupt um ein Essensverbot geht und dieser Text nicht eine moralische Bedeutung trägt (Sei gnädig zu den Tieren). Eventuell steckt auch eine tiefere spirituelle Ebene dahinter (Respektiere die Grenze von Leben und Tod). Für mich ist es eigentlich egal. Für mich geht es um Identität. Ich esse bewusst keine Cheeseburger, weil dieser Verzicht meine jüdische Identität stärkt. Meiner Meinung nach sind die Speisegesetze die Garantie gegen Assimilation.

»Entschuldigung, kann ich das Gericht ohne Kartoffelpüree bekommen?«, wendete ich mich an den Kellner. Als er in die Küche zurückging, stellte mir Bracha, eine hübsche und nette junge Frau, die Frage: »Warum isst du kein Kartoffelpüree, Ármin? Hast du Laktose-Intoleranz?«

Die jungen Männer und Frauen am Tisch waren alle säkulare Juden. Sie wurden nicht religiös erzogen, so wie ich. Aber für sie wurde der religiöse Aspekt des Judentums auch später nicht interessant. Sie erleben ihr Judentum anders: nicht mit religiösem Lernen wie ich, sondern mit freiwilligem Engagement in der jüdischen Gesellschaft und in unterschiedlichen Menschenrechtsorganisationen. Die Inspiration ziehen sie nicht aus dem Talmud, sondern aus der historischen Erfahrung ihrer Familien. Ich hätte auf die Frage der jungen Frau auch »Ich bin Jude« antworten können, machte ich aber absichtlich nicht. Sie wusste zwar nicht, dass Juden Milch mit Fleisch nicht mischen – oder hatte es nicht im Kopf –, sie tut aber was sehr Jüdisches: Sie setzt sich für die Verbesserung der Welt ein, so wie die anderen rund um den Tisch.

Man braucht kein religiöser Jude, Muslim oder Christ sein, um an der Reparatur unserer zerbrochenen Welt zu arbeiten. Man muss nur ein Mensch sein, auf die Vernunft hören. Religion ist nur ein Weg, um die Erkenntnisse der Vernunft zu vermitteln. Es ist in einer Gesellschaft plausibel, dass ich dem Anderen helfe, weil ich möchte, dass auch mir geholfen wird. Wir sind aufeinander angewiesen. Die nackte Wahrheit über unsere Welt überfordert viele von uns. Dieser Gedanke wird Menschen in Form eines religiösen Gebotes einfach »verkauft«. Aber viele brauchen die religiöse Verpackung dieser Grundwerte des Zusammenlebens nicht und folgen diesem Grundprinzip des Zusammenlebens ohne eine religiöse Zugehörigkeit. Ich halte es für vollkommen berechtigt, wenn Menschen – mit den Worten von Heinrich Heine – den Himmel »den Engeln und den Spatzen« überlassen und sich aufgrund der Vermittlung von nicht-religiösen Ideologien, z. B. politischen, engagieren. Für andere wiederum macht die Religion die Vernunft attraktiv.

Als ich einmal von einem nicht-jüdischen Publikum gefragt wurde, was ich persönlich in meiner Religion am wichtigsten fände, musste ich nicht lang nach einer Antwort suchen. Ich zitierte ihnen den mittleren Vers der Tora: »Liebe deinen Nächsten wie dich selbst.« (3. Mose 19:18) Der Auslegung von Rabbi Hillel zufolge ist dieser Satz die wichtigste Lehre des Judentums – alles andere ist nur Kommentar (Schabbat 31a).

Mohamed wird in den Hadithen auch so zitiert: »Keiner von euch ist wirklich ein Muslim, bis er für seinen Bruder liebt, was er für sich selbst liebt.« (Sahih Al-Buchari 37:2705, Sahih Muslim 1:77 usw.). Es gibt christliche, buddhistische, hinduistische, Sikh und viele andere religiöse und weltliche Quellen, die uns diese wichtige Regel lehren.

Wissen Sie was? Sogar der Held der christo-normativen Säkularisten, Immanuel Kant, schreibt über die zentrale Rolle dieser Lehre. Er nennt dies das Grundgesetz der reinen praktischen Vernunft: »Handle nur nach derjenigen

Maxime, durch die du zugleich wollen kannst, dass sie ein allgemeines Gesetz werde.«[156]

An einem sonnigen Frühlingsmorgen saß ich im Unterrichtsraum einer neuen Synagoge in Süddeutschland. In dieser Gemeinde fühlt man, wie international die Juden in Deutschland sind: Juden aus aller Welt, unter anderem aus den USA, Brasilien, Italien, Israel, China, Russland und aus der Ukraine, die jetzt alle in einer Stadt wohnen und zu einer jüdischen Gemeinde gehören, nahmen an meinem Workshop teil. Der Titel der Veranstaltung lautete: *Wie koscher sind Muslime?* Ich wollte anhand talmudischer und post-talmudischer Textstellen beweisen, dass das Judentum eigentlich ein sehr positives Bild vom Islam besitzt.

Ich hatte zu diesem Thema schon in mehreren jüdischen Einrichtungen Seminare gehalten. Ganz am Anfang stelle ich immer die Frage: »Was denkt ihr, wie ist unter Juden das allgemeine Bild von Muslimen?« Die Antworten sind nie positiv, natürlich. Ich provoziere mit dieser Frage absichtlich, um den Kontrast zwischen unserer Meinung von heute und dem Standpunkt unserer Tradition herauszustellen.

Der ägyptische Rabbiner Mosche ben Majmon alias Rambam hebt hervor, dass Muslime und Juden gleichermaßen zu einem einzigen Gott beten würden, weshalb ihre Gebete nicht als Götzendienst betrachtet werden könnten (Tschuwot haRambam 369).

Ovadja Josef, ehemaliger sephardischer Oberrabbiner von Israel, macht deutlich, dass es deshalb auch keine Sünde wäre, in einer Moschee zu beten. (Jabia Omer, Jore Dea 12)

Der Talmud stellt an einem Punkt fest, dass alle Nicht-Juden, die sich an die sieben noachidischen Gesetze halten, einen Anteil an der kommenden Welt haben. (Sanhedrin 56a) Diese sieben noachidischen Gebote findet man auch im Koran. Ich stellte in meinem Seminar also die Frage: »Kommen die Muslime in den jüdischen Himmel?« Die Reaktion von Alexander, einem älteren russischstämmigen Herrn, lautete: »Ja, leider.«

Aber es gibt auch andere, freundlichere Stimmen. Ich sehe die Chance für die Wende. Als ich beim Limmud-Lernfestival, einer Veranstaltung mit vierhundert Juden aus allen Ecken Deutschlands, die im Jahr 2015 an der Nordsee stattfand, eine Stunde lang beim Infostand meines Studienwerkes saß, kamen mindestens fünf Teilnehmer zu mir, die sich nicht über das Studienwerk informieren, sondern die Salaam-Schalom-Initiative kennenlernen wollten. »Sie sind doch der Ármin Langer, nicht?«, fragte eine kleine, ältere Frau mit Hut und Stock. Sie wusste alles über uns, sogar dass wir in der folgenden Woche eine offene Gesprächsrunde in ihrer Nachbarschaft organisierten. Sie plane zu kommen. Eine andere Frau, eine junge Mutter, erklärte, sie wolle schon immer an unseren Veranstaltungen teilnehmen. »Ihr seid so toll«, sagte sie lächelnd, ihr Kind auf dem Arm. Ein junger Mann fügte mich an Ort und Stelle auf Facebook als Freund hinzu und klickt seitdem fast jedes Mal, wenn ich was poste, auf »Gefällt mir«. Es sind kleine Schritte, denn es braucht immer die direkte Begegnung. Aber die Richtung stimmt, das lässt sich allein an der großen Zahl an aktiven Mitgliedern unserer Initiative ablesen. Wie der weltberühmte Talmudforscher Daniel Boyarin uns bei einem persönlichen Treffen sagte: »Neukölln ist die Zukunft.«

Als Abraham von G'tt erfuhr, dass Sodom und Gomorra vernichtet würden, begann er, mit dem Ewigen zu debattieren. »Was, wenn es da 10 Gerechte gibt?« Als G'tt Moses erklärte, dass er jetzt alle Juden umbringen würde, weil sie ihn mit dem Goldenen Kalb verraten hatten, wehrte sich Moses: »Deswegen hast du uns aus Ägypten rausgeholt?« Jakob bekam den Namen Jisrael, nachdem er gegen einen Gesandten G'ttes gekämpft und den Kampf überlebt hatte. Das Wort Jisrael bedeutet: Derjenige, der mit G'tt kämpft und überlebt. Judentum bedeutet für mich einen ewigen Kampf. Einen Kampf für die Gerechtigkeit, für den Frieden.

Das Fremdsein begleitete uns Juden in den letzten Jahrhunderten in Europa. Wir sind erst jetzt im 21. Jahrhundert dabei, in Europa wirklich anzukommen. Nach einer anstrengenden und demütigenden und immer wieder traumatischen Wanderung über zwei Jahrtausende. Und jetzt, da wir diese neue Rolle entdecken, sollten wir diejenigen sehen, die heute und hier in unserer alten Rolle sind: »Siehe den Fremdling!«, ruft der Rabbiner Samson Raphael Hirsch (1808–1888) in seinem Buch *Chorew, oder Versuche über Jissroéls Pflichten in der Zerstreuung.* »[Der Fremdling] hat keinen anderen Empfehlungsbrief als sein Menschenantlitz, keinen Anderen, der ihn einführt bei dir, als G'tt, der in ihm Sein Kind dir zuführt und spricht: ›Er ist dir gleich, möge er Gleiches leisten, gönne ihm gleiches Recht – er ist mein Kind, meine Erde seine Heimat, wie dich, rief ich ihn zur heiteren Lösung seiner Menschenaufgabe –, verkümmere ihm nicht dieses Recht, störe ihm nicht seine Lebensfreude, missbrauche seine Hilflosigkeit nicht; zeige, dass du in deinem Boden G'ttes Erde fühlst, und in den Menschen G'ttes Kind.‹«[157]

Erinnern wir uns tatsächlich daran, wie es sich anfühlte, Fremdling zu sein?

Die rassistischen Massenunterhalter von heute sind uns, progressiven Menschen, Juden und Nicht-Juden, zu berechenbar. Sie benutzen dieselbe Sprache und ähnliche »Argumente« wie die Antisemiten des 19. Jahrhunderts, die es heute freilich auch noch gibt: Allerdings wird das im Mainstream nicht mehr toleriert. Nicht so wie antimuslimischer Rassismus beziehungsweise Hetze gegen Geflüchtete, Deutsche aus Einwandererfamilien und ihre Verbündete. Wir Juden, um dem Klischee mal gerecht zu werden, sind zu clever, um das nicht zu erkennen. Es sei denn, wir verschließen Augen und Ohren. Es ist erstaunlich, dass viele Vertreter des jüdischen Establishments diese Parallelen nicht sehen. Oder nicht sehen wollen. Im Gegenteil, sie deklarieren eine ganze Großstadt – und das ist Neukölln im Kern – als »No-go-Area«. Dabei wäre es höchste Zeit für Solidarität unter ehemaligen und aktuell systematisch diskriminierten Minderheiten.

Diese Hürden, vor denen viele deutsche Muslime stehen, kommen uns Juden bekannt vor. Einst mussten wir Juden um Anerkennung kämpfen, einst waren viele, zeitweise alle gegen uns. Einst waren unsere Leben auf den Straßen und Plätzen Europas gefährdet. Wurde unsere Vernichtung minutiös geplant. Bis es zur Katastrophe kam.

Mein Urgroßvater, Ármin Rosenthal, magyarisierte seinen Familiennamen und änderte ihn in Rózsa, um von den Ungarn als Teil der Gesellschaft anerkannt zu werden. Meine Großeltern, Károly Langer und Klára Rózsa, gaben ihre Religion auf, um nicht als »die Anderen« angesehen zu werden. Mein Vater László erzählte mir bis zu meinem 16. Lebensjahr nicht einmal, dass ich Jude bin. Sie alle wollten nur Konflikte mit den Vertretern der Mehrheit vermeiden. Ihre Geschichte ist eine Geschichte aus dem 20. Jahrhundert.

Ármin Rosenthal hätte eine weitaus schrecklichere Geschichte erzählen müssen, hätte er ein Buch geschrieben. Er hätte darüber berichtet, warum seine Großeltern keine Staatsbürgerschaft besaßen. Károly Langer, mein Großvater, hätte darüber schreiben müssen, wie sein Bruder László vor seinen Augen von Antisemiten totgeschlagen wurde.

Klára Rózsa, meine Großmutter, hätte darüber schreiben müssen, wie ihre ehemalige christliche Freundin in Kaposvár nach den Judengesetzen der dreißiger Jahre den Bürgersteig wechselte, wenn sie sie erblickte, um nicht öffentlich eine Jüdin zu begrüßen. Mein Vater László, der den Namen von meinem totgeschlagenen Großonkel bekam, könnte darüber schreiben, wie es sich anfühlte, das Kind von zwei Menschen zu sein, die unmenschlich viele Traumata erleben mussten.

Ich muss eine andere Geschichte erzählen, eine Geschichte aus dem 21. Jahrhundert. Und ich muss sagen, alles in allem geht es uns Juden in Europa gut. Und die Zeit ist jetzt gekommen, in der Juden nicht mehr nur sagen »nie wieder«, sondern »nie wieder, egal wen es trifft«.

Anmerkungen

1 Fackenheim, Emil: Die gebietende Stimme von Auschwitz. In: Brocke, Michael; Jochum, Herbert (Hg.): Wolkensäule und Feuerschein. Jüdische Theologie des Holocaust, 1993. S. 95.

2 Richers, Julia: Jüdisches Budapest: Kulturelle Topographien einer Stadtgemeinde im 19. Jahrhundert, 2009. S. 65.

3 Komoróczy, Géza: A zsidók története Magyarországon II. [Die Geschichte der Juden in Ungarn], 2012. S. 1124.

4 Geiger, Abraham: Über den Austritt aus dem Judentum, 1924. S. 9.

5 Schlarp, Karl-Heinz: Das ungarische Numerus-Clausus-Gesetz von 1920 als erste judenfeindliche Gesetzgebung in Europa – Ursachen und Folgen. In: Clewing-Schmitt (Hg.): Südosteuropa: von moderner Vielfalt und nationalstaatlicher Vereinheitlichung, 2005. S. 349.

6 Neher, André: Jüdische Identität – Einführung in den Judaismus, 1995. S. 159.

7 Susman, Margarete: Das Hiob-Problem bei Franz Kafka. In: Der Morgen – Monatsschrift der Juden in Deutschland, Heft 1 (April 1929) (http://www.margaretesusman.com/hiobproblemkafka.htm – letzter Aufruf: 11. 7. 2016)

8 Kovács, András: A másik szeme [Das Auge des Anderen], 2008. S. 60.

9 Schwarz, Mordechai: HaSeter Panim veDor haSchoa be Tesifat Buber. 1978. S. 408.

10 Yerushalmi, Yosef Hayim: Zachor, 1982. S. 22.

11 Nicht zu verwechseln mit der Union progressiver Juden K. d. ö. R., die eine Vereinigung von liberalen jüdischen Gemeinden ist.

12 Kaplan, Mordecai: The Future of the American Jew, 1948. S. 44.

13 Moses (Hebräisch)

14 Nietzsche, Friedrich: Vom Nutzen und Nachteil der Historie. In: Unzeitgemäße Betrachtungen, 2014. S. 115.

15 Ebd. S. 116.

16 Frank, Anne: Tagebuch, 2007. S. 307.

17 Korách és én [Korach und ich]. 23. 6. 2012, Webseite der Gemeinde Sim Schalom (http://www.szimsalom.hu/2012/06/korach-es-en-ars-poetica-arminii/- letzter Aufruf)

18 »The quality and quantity of life that spell Judaism must be rediscovered and reemphasized. It must be recognized as nothing less than a civilization. It must figure in the consciousness of the Jew as the tout ensemble of all that is included in a civilization, the social framework of national unity centering in a particular land, a continuing history, a living language and literature, religious folkways, mores, laws and art.« In: Kaplan, Mordecai: Judaism as Civilization. Philadelphia, 2010. S. 513.

19 »When he meets his large donors, he is among the youngest people in the room.« In: Beinart, Peter: The Crisis of Zionism, 2012. S. 160.

20 Gitelman-Kosmin-Kovács: New Jewish Identities, 2003. S. 225.

21 Young Jewish Adults in the United States Today. American Jewish Committee, 2006. S. 115.

22 Sacks, Jonathan: Judaism and Politics in the modern world. In: Berger, Peter L. (Hg.): The Desecularization of the World, 1995. S. 61.

23 Frigyes Karinthy (1887–1938) war ein ungarischer Schriftsteller, Publizist – ich liebe ihn und seine Werke.

24 Herzl, Theodor: Der Judenstaat, 2004. S. 80.

25 Reform leader Rick Jacobs slams Israeli discrimination against non-Orthodox. Times of Israel, 14. 11. 2012 (http://www.timesofisrael.com/reform-leader-rick-jacobs-slams-israeli-discrimination-against-non-orthodox/- letzter Aufruf: 11. 7. 2016)

26 »In heaven there is truth; on earth there are truths. Therefore, each culture has something to contribute. Each person knows something no one else does. The sages said: ›Who is wise? One who

learns from all men- ›The wisest is not one who knows himself wiser than others: he is one who knows all men have some share of the truth, and is willing to learn from them, for none of us knows all the truth and each of us knows some of it.« Sacks, Jonathan: The Dignity of Difference, 2003. S. 65.

27 Leider ist die neue palästinensische Missionsleiterin nicht mehr so differenziert und geht einfach mit der lautesten »pro-palästinensischen« Kraft im Land, mit Jobbik.

28 Die Zahlen stammen aus dem März 2015.

29 As Berlin Opens Arms to Refugees, Why Are German Jews Silent?, Forward, 15. 9. 15 (http://forward.com/news/320918/as-berlin-opens-arms-to-refugees-why-are-german-jews-silent/-letzter Aufruf: 11. 7. 2016)

30 Schusters Spiel mit der Angst. Migazin, 2. Dezember 2015 (http://www.migazin.de/2015/12/02/zentralrat-juden-schusters-spiel-angst/-letzter Aufruf: 11. 7. 2016)

31 Steiner, Barbara: Die Inszenierung des Jüdischen, 2014. S. 88.

32 Büttner, Ursula: Weimar: Die überforderte Republik 1918–1933. S. 291.

33 Ebd. S. 289.

34 Name geändert.

35 »Some families live in perpetual anxiety of what, to them, is an external persecuting world. The members of the family live in a family ghetto, as it were.) This is one basis for so-called maternal over-protection.« In: Laing, R. D.: The Politics of Experience and the Bird of Paradise, 1967. S. 74.

36 Stratton, Jon: Coming Out Jewish, 2000. S. 87.

37 »Juden machen sich zunehmend Sorgen«. Tagesschau, 8. 11. 2013.

38 »Antisemitism on the rise, says European survey«. Guardian, 8. 11. 2013.

39 »Anti-Semitism on rise in Europe«. Al Jazeera English, 8. 11. 2013.

40 Henrky M. Broder: Wer sind die neuen Juden-Hasser? BILD, 25. 7. 2014 (http://www.bild.de/politik/inland/antisemitismus/wer-sind-die-neuen-juden-hasser-36967174.bild.html – letzter Aufruf: 11. 7. 2016)

41 Nicolaus Fest: Islam als Integrationshindernis. BILD am Sonntag, 27. 7. 2014 (http://www.bild.de/news/standards/religionen/

islam-als-integrationshindernis-36990528.bild.html – letzter
Aufruf: 11. 7. 2016)

42 »Antisemitism on rise across Europe ›in worst times since the Nazis‹«. The Guardian, 7. 8. 2014 (http://www.theguardian.com/
society/2014/aug/07/antisemitism-rise-europe-worst-since-na-
zis – letzter Aufruf: 11. 7. 2016)

43 »In Berlin wurden Juden verfolgt wie 1938«. FAZ, 22. 7. 2014
(http://www.faz.net/aktuell/politik/inland/israels-botschafter-in-
deutschland-in-berlin-wurden-juden-verfolgt-
wie-1938-13058261/israels-botschafter-yakov-
13058285.html – letzter Aufruf: 11. 7. 2016)

44 »Es gibt keine Lawine«. Frankfurter Rundschau, 22. 7. 2014 (http:
//www.fr-online.de/politik/nahost-konflikt-es-gibt-keine-lawine-,
1472596,27917186.html – letzter Aufruf: 11. 7. 2016)

45 Antisemitismusbericht des Deutschen Bundestages, 2010. S. 36.

46 »Es gibt keine Lawine«. Frankfurter Rundschau, 22. 7. 2014
(http://www.fr-online.de/politik/nahost-konflikt-es-gibt-keine-
lawine-,1472596,27917186.html – letzter Aufruf: 11. 7. 2016)

47 »Is anti-Semitism driving Jews from France? Not necessarily«.
Haaretz, 28. 8. 2014.

48 Bunzl, Matti: Anti-Semitism and Islamophobia, 2007. S. 79.

49 Study: Israeli army ist he most powerful in the Mideast. I24news,
29/10/14 (http://www.i24news.tv/en/news/israel/diplomacy-de-
fense/49033-141029-study-israeli-army-the-most-powerful-in-
the-mideast – letzter Aufruf: 11. 7. 2016)

50 »Nearly all of the characters in *The Diary of the Young Girl* (…)
are doomed to death. Yet the precise quality of the new play at
the Cort is the quality of glowing, ineradicable life – life in its
warmth, its wonder, its spams of anguish, and its wild and flaring
humor«. In: Rosenfeld, Alvin: The Americanization of the Holocaust. In: Dash Moore, Deborah (Hg.): American Jewish Identity Politics, 2008. S. 53.

51 Helmreich, William: Against All Odds – Holocaust Survivors and
the Successful Lives They Made in America, 1992. S. 38.

52 »The more American you are, the less you want to identify with
the same of powerlessness«. In: Lerner, Michael, und West, Cornel: Jews & Blacks, 1996. S. 36.

53 Dash Moore, Deborah (Hg.): American Jewish Identity Politics, 2008. S. 47.

54 Ebd. S. 101.

55 »The Zionist revolution has always rested on two pillars: a just path and an ethical leadership. Neither of these is operative any longer. The Israeli nation today rests on a scaffolding of corruption, and on foundations of oppression and injustice. As such, the end of the Zionist enterprise is already on our doorstep. There is a real chance that ours will be the last Zionist generation. There may yet be a Jewish state here, but it will be a different sort, strange and ugly.« In: The End of Zionism. The Guardian, 15. 9. 2003 (http://www. theguardian.com/world/2003/sep/15/comment – letzter Aufruf: 11. 7. 2016)

56 »Eine verpasste Chance«. taz, 15. 9. 2014 (http://www.taz.de/ !5033218/- letzter Aufruf: 11. 7. 2016)

57 Rede des Präsidenten des Zentralrats der Juden in Deutschland, Dr. Dieter Graumann, anlässlich der Kundgebung »Steh auf! Nie wieder Judenhass«. (http://www.zentralratdjuden.de/de/article/ 4962 – letzter Aufruf: 11. 7. 2016)

58 Zimmermann, Moshe: Die Angst vor dem Frieden, 2012. S. 122 bis 123.

59 Name geändert.

60 Beinart, Peter: The Crisis of Zionism, 2012. S. 79.

61 »American Jews who remain strongly connected to Israel, are also deeply concerned about the policies of the Israeli government. Not only do they line up more with the US government on critical issues, they fear that the Netanyahu government's policies are harming the US-Israel relationship«. In: Poll: US Jews voted Democrat, but cooler on Obama approval. Times of Israel, 6. 11. 2014 (http://www.timesofisrael.com/poll-us-jews-voted-democrat-but- cooler-on-obama-approval/- letzter Aufruf: 11. 7. 2016)

62 Zimmermann, Moshe: Die Angst vor dem Frieden, 2012. S. 121.

63 »I should much rather see reasonable agreement with the Arabs on the basis of living together in peace than the creation of a Jewish state. My awareness of the essential nature of Judaism resists the idea of a Jewish state with borders, an army, and a measure of temporal power, no matter how modest. I am afraid of the inner damage

Judaism will sustain-especially from the development of a narrow nationalism within our own ranks, against which we have already had to fight strongly.« In: David E. Rowe & Robert Schulmann (Hg.): Einstein on Politics: His Private Thoughts and Public Stands on Nationalism, Zionism, War, Peace, and the Bomb, 2007, S. 33.

64 Beyond Distancing. Cohen-Kelman. The Jewish Identity Project of Reboot, 2007. S. 8–10.

65 A Portrait of Jewish Americans. PewResearchCenter, 2013. S. 89.

66 Name geändert.

67 »Who is Watching the Watchers?« History News Network, 1. 10. 2002 (http://historynewsnetwork.org/article/1001 – letzter Aufruf: 11. 7. 2016)

68 »The War on Academic Freedom«. The Nation, 25. 11. 2002 (http:// www.thenation.com/article/war-academic-freedom – letzter Aufruf: 11. 7. 2016)

69 »Von Hitler zu Bin Laden«. Der Tagesspiegel, 25. 11. 2007 (http://www.tagesspiegel.de/meinung/kommentare/von-hitler-zu-bin-laden/1104508.html – letzter Aufruf: 11. 7. 2016)

70 »MP Kaufman likens Israelis to Nazis«. JTA, 16. Januar 2009.

71 Karpf-Klug-Rose-Rosenbaum, A Time to Speak Out: Independent Jewish Voices on Israel, Zionism and Jewish Identity, 2008. S. 121.

72 Gefühlsjuden, Diplomjuden und jüdische »Theologen«. Die Achse des Guten, 28. 2. 2015 (http://www.achgut.com/dadgdx/index. php/dadgd/article/gefuehlsjuden_diplomjuden_und_juedische_ theologen – letzter Aufruf: 11. 7. 2016)

73 Jon Stewart lashes out at critics who call him a self-hating Jew. Ynet, 13. 11. 2014 (http://www.ynetnews.com/articles/0,7340,L-4591891,00.html – letzter Aufruf: 11. 7. 2016)

74 In wake of war, leftist ›self-hating Jews‹ find a voice. Times of Israel, 27. 8. 2014. (http://www.timesofisrael.com/in-wake-of-war-leftist-self-hating-jews-find-a-voice/- letzter Aufruf: 11. 7. 2016)

75 »You might love to eat pork (…), never have been to the interior of a synagogue and never have celebrated a single Jewish festival in your life, but if you are prepared to justify the occupation of Palestinian territory (…) no one will question your Jewish iden-

tity. Karpf-Klug-Rose-Rosenbaum, A Time to Speak Out: Independent Jewish Voices on Israel, Zionism and Jewish Identity, 2008. S. 82.

76 »We (…) are constantly encountering young Jews who say that they can no longer identify with their Jewishness, because they have been told that their own intuitive revulsion at watching the Israeli settlers, with IDF support, violate the human rights of Palestinian civilians in the West Bank, or their own questioning of Israel's right to occupy the West Bank, are proof that they are self-hating Jews.« In: There Is No New Anti-Semitism. Baltimore Chronicle, 2. 2. 2007 (http://baltimorechronicle.com/2007/020207LERNER. shtml – letzter Aufruf: 11. 7. 2016)

77 David Konstan, Professor für klassische Philologie an der Brown-Universität in Providence, Rhode Island, USA, wählte in einem Beitrag für das NZZ-Magazin Folio das Wort Balagan zu seinem jiddischen Lieblingswort: »Es bedeutet totales Chaos. Aber auf Jiddisch ist der Begriff einzigartig, denn, im Gegensatz zum latent abwertenden Zug, den die Bezeichnung ›totales Chaos‹ in vielen anderen Sprachen hat, ist der Unterton von Balagan im Jiddischen positiv. Zugegeben, der Unterton ist leise – man ist ein wenig an einen stolzen Vater erinnert, der sein Lächeln über den Unfug, den sein Sohn anstellt, zu verbergen sucht.«

78 Geiger, Abraham (Hg.): Israelitisches Gebetbuch für den öffentlichen Gottesdienst im ganzen Jahre, 1891.

79 Friedländer, David: Ueber die, durch die neue Organisation der Judenschaften in den preußischen Staaten nothwendig gewordene, Umbildung 1. ihres Gottesdienstes in den Synagogen, 2. ihrer Unterrichts-Anstalten, und deren Lehrgegenstände, und 3. ihres Erziehungs-Wesens überhaupt, 1812. S. 16.

80 Kolsky, Thomas: Jews Against Zionism, 1990. S. 1.

81 Gilman, Sander L.: Jüdischer Selbsthass, 1993. S. 51.

82 Lewis, Bernard: The Jews of Islam, 1984. S. 32–33.

83 Lewis, Bernard: The New Anti-Semitism. The American Scholar, 1. 12. 2005

84 Bunzl, Matti: Anti-Semitism and Islamophobia, 2007. p. 26.

85 »When Jewish institutions (…) totally and uncritically identify with the policies and operations of Israel, such as the recent Gaza

war, they turn themselves voluntarily into potential victims of revenge actions.« Uri Avnery: Anti-Semitism Nonsense. Al Jazeera, 20. 2. 2015

86 »To come out with this kind of statement after each attack is unacceptable« European Jews Rebuff Netanyahu's Call to Migrate to Israel. The Wall Street Journal, 18. 2. 2015 (http://www.wsj.com/articles/european-jews-rebuff-netanyahus-call-to-migrate-to-israel-1424297472 – Letzter Aufruf: 18. 5. 2015)

87 Ebd.

88 Antisemitismus in Frankreich. taz, 11. Januar 2015 (http://www.taz.de/!152631/- letzter Aufruf: 11. 7. 2016)

89 »Das ist mein Land«, JAZ, 19. 2. 15 (http://www.juedische-allgemeine.de/article/view/id/21551 – letzter Aufruf: 11. 7. 2016)

90 Merkel widerspricht Netanjahus Ausreiseaufforderung an Juden. Reuters, 16. 2. 2015 (http://de.reuters.com/article/domesticNews/idDEKBN0LK15P20150216 – letzter Aufruf: 11. 7. 2016)

91 Sartre, Jean-Paul: Überlegungen zur Judenfrage, 1994. S. 46.

92 Der Stürmer 1940. Nr. 35. S. 12.

93 Benz, Wolfgang: Islamfeindlichkeit und Antisemitismus. In: Benz-Pfeiffer: »WIR oder Scharia?«, 2011. S. 79.

94 Gräfe, Thomas: Die Juden – Die Könige unserer Zeit. In: Benz, Wolfang: Handbuch des Antisemitismus, 2013. S. 316.

95 Brumlik, Micha: Kontinuitäten von Antisemitismus und Berührungsflächen zur Islamophobie. In: Botsch, Glöckner, Kopke, Spieker (Hg.): Islamophobie und Antisemitismus – ein umstrittener Vergleich, 2012. S. 77.

96 Krieger, Karsten (Bearb.): Der »Berliner Antisemitismusstreit« 1879–1881, 2004. Teil 1., S. 310.

97 »Ich bin schon froh, wenn es nicht schlimmer wird.«, Die Zeit, 21. 12. 2015 (http://www.zeit.de/zeit-geschichte/2015/04/ wolfgang-benz-pegida-antisemitismus-fremdenfeindlichkeit – letzter Aufruf: 11. 7. 2016)

98 Ein Teil der Gesellschaft wendet sich ab. Der Hauptstadtbrief, 17. 12. 2014 (http://www.derhauptstadtbrief.de/cms/index.php/ 105-der-hauptstadtbrief-126/677-ein-teil-der-gesellschaft-wendet-sich-ab – letzter Aufruf: 11. 7. 2016)

99 Landmann, Salcia: Die Juden als Rasse, 1967. S. 38.

100 Gilman, Sander: Jüdischer Selbsthass, 1996. S. 116.

101 Benz, Wolfgang: Die Feinde aus dem Morgenland, 2012. S. 91.

102 Bax, Daniel: Angst ums Abendland, 2015. S. 203.

103 Brumlik, Micha: Ist die Islamophobie der neue Antisemitismus?, Frankfurter Rundschau, 15. Dezember 2010. (http://www.fr-on-line.de/die-neue-rechte/sarrazin-debatte-ist-die-islamophobie-der-neue-antisemitismus-,10834438,4924994.html – letzter Aufruf: 11. 7. 2016)

104 Benz, 2004. S. 107.

105 Gilman, Sander: Jüdischer Selbsthass, 1993. S. 61.

106 Lindemann, Thomas: Keine Angst, hier gibt's auch Deutsche!, 2015. S. 129.

107 Ebd. S. 74.

108 Gilman, Sander: Jüdischer Selbsthass, 1996. S. 109.

109 Ebd. S. 115.

110 »Unsere Muslime haben Angst«, Der Tagesspiegel, 22. 12. 2014 (http://www.tagesspiegel.de/politik/debatte-ueber-die-pegida-bewegung-unsere-muslime-haben-angst/11150358.html – letzter Aufruf: 11. 7. 2016)

111 »Mit dem Front National hat die AfD nichts gemeinsam«, Die Zeit, 8. 7. 2015 (http://www.zeit.de/politik/deutschland/2015-07/ frauke-petry-afd-bernd-lucke – letzter Aufruf: 11. 7. 2016)

112 »Anti-Islam-Märsche: FDP-Vize Kubicki zeigt Verständnis für Pegida«, SPIEGEL, 5. 1. 2015 (http://www.spiegel.de/politik/ deutschland/pegida-kubicki-zeigt-verstaendnis-fuer-demonstran-ten-a-1011286.html – letzter Aufruf: 11. 7. 2016)

113 Bax, Daniel: Angst ums Abendland, 2015. S. 204.

114 Wetzel, Juliane: Parallelen zwischen Antisemitismus und Islam-feindschaft heute. In: Botsch, Glöckner, Kopke, Spieker (Hg.): Islamophobie und Antisemitismus – ein umstrittener Vergleich, 2012. S. 85.

115 Thurau, Markus: Blicke in's Talmud'sche Judenthum. In: Benz, Wolfgang, (Hg.): Handbuch des Antisemitismus, 2013. S. 66.

116 Benz, Wolfgang: Islamfeindschaft und Antisemitismus. In: Benz, Wolfgang, und Pfeiffer, Thomas (Hg.): »WIR oder Scharia?«, 2011. S. 75.

117 Gilman, Sander: Jüdischer Selbsthass, 1993. S. 59.

118 Herzig, Arno: Augenspiegel. In: Benz, Wolfgang (Hg.): Handbuch des Antisemitismus, 2013. S. 45.

119 Allport, Gordon W.: The Nature of Prejudice, 1979. S. 151.

120 Marx, Karl: Zur Judenfrage, 2014. S. 32.

121 France's burqa ban. Guardian, 19. 9. 2011

122 Bunzl, Matti: Anti-Semitism and Islamophobia, 2007. S. 12–13.

123 »Rassistische Gewalt und Hetze gegen Flüchtlinge in 2014«. Pro Asyl, 26. 1. 2015 (http://www.proasyl.de/de/news/detail/news/klima_der_angst_rassistischer_gewalt_und_hetze_gegen_fluechtlinge_in_2014/- letzter Aufruf: 11. 7. 2016)

124 »Deutlich mehr Anschläge auf Asylbewerberheime«. Tagesschau, 13. 1. 2016 (https://www.tagesschau.de/inland/anschlaege-asyl-unterkuenfte-bka-101.html – letzter Aufruf: 11. 7. 2016)

125 »Polizei ermittelt zu Angriff in Dresden«. taz, 5. 1. 2015 (http://www.taz.de/!152256/- letzter Aufruf: 11. 7. 2016)

126 »Rechtsextreme verprügeln Asylbewerber«. Süddeutsche Zeitung, 26. 1. 2015 (http://www.sueddeutsche.de/politik/dresden-rechts-extreme-verpruegeln-asylbewerber-1.2322018 – letzter Aufruf: 11. 7. 2016)

127 Der Nürnberger Prozess. Einhundertsechzehnter Tag. Montag, 29. April 1946. (http://www.zeno.org/Geschichte/M/Der+N%C3%BCrnberger+Proze%C3%9F/Hauptverhandlungen/Einhundertsechzehnter+Tag.+Montag,+29.+April+1946/Vormittagssitzung – letzter Aufruf: 11. 7. 2016)

128 Kaddor, Lamya und Rubinstein, Michael: So fremd und doch so nah, 2013. S. 19.

129 Shooman, Yasmin: Islamophobie, antimuslimischer Rassismus oder Muslimfeindlichkeit, 2011.

130 Lamprecht, Gerald: Strategien gegen den Antisemitismus. In: Wrywa, Ulrich (Hg.): Einspruch und Abwehr, 2010. S. 169–170.

131 Mayer, Sigmund: Ein jüdischer Kaufmann 1831–1911. Lebenserinnerungen, 1911. S. 314.

132 Richter, Klaus: »Bereitet euch zum Selbstschutz vor«. In: Wyrwa, Ulrich (Hg.): Einspruch und Abwehr, 2010. S. 332.

133 Gerson, Daniel: »Den Juden ist als Nation alles zu verweigern und als Individuen alles zu gewähren.« Ein französisches Modell

der Judenemanzipation? In: Diekmann, Irene A.: Das Emanzipationsedikt von 1812 in Preußen, 2013. S. 131.

134 Schulte, Christoph: Die jüdische Aufklärung, 2002. S. 177.

135 Von Dohm, Christian: Über die bürgerliche Verbesserung der Juden, 1783/2010. S. 21.

136 »We can establish our own government and become an independent nation. And once we become separated from the jurisdiction of this white nation, we can then enter into trade and commerce for ourselves with other independent nations. This is the only solution.« In: Perry, Bruce (Hg.): Malcolm X: The Last Speeches, 1989. S. 69.

137 Marsh, Clifton E.: The Lost-Found Nation of Islam in America, 2000. S. 71.

138 »It's probably a good thing to have a certain healthy suspicion of others, because Black people can be used and abused, but if you want to get people to change, you have to give openness a chance.« In: Lerner, Michael, und West, Cornel: Jews & Blacks, 1996. S. 93.

139 Ja, ich weiß, dass nach traditioneller Auslegung ein Minjan aus 10 jüdischen *Männern* besteht. Es gibt aber unterschiedliche Interpretationen: Juden sind kompliziert.

140 *»If I should go to Poland or Germany, every stone, every tree would remind me of contempt, hatred, murder, of children killed, of mothers burned alive, of human beings asphyxiated.«* In: Susanne Heschel: Abraham Joshua Heschel, 1996. (http://home.versatel.nl/heschel/Susannah.htm – letzter Aufruf: 11. 7. 2016)

141 Jewish Renewal ist eine jüdische Richtung, die versucht, kulturelle und religiöse Strömungen der Modernität mit traditionellen Elementen aus Kabbala und Chassidismus zu verbinden.

142 »For Jews, Jewish teaching demands that we find ways of alleviating the suffering and in the name of our faith we call on the British government to allow Syrian refugees into the UK«. In: Faith leaders and MPs call on government to admit 50,000 Syrian refugees on fifth anniversary of Syria conflict, Liberal Judaism, 15. 3. 2016 (http://ljoldwebsite.org/news/1281-faith-leaders-and-mps-call-on-government-to-admit-50000-syrian-refugees-on-fifth-anniversary-of-syria-conflict.html – letzter Aufruf: 11. 7. 2016)

143 »It is not just that we tolerate each other. We actually engage constructively as very good neighbours with each other.« In: UK Jews and Muslims team up against hate. Al Jazeera, 27. 1. 2015 (http://www.aljazeera.com/indepth/features/2015/01/uk-jews-muslims-team-hate-150127091540305.html – letzter Aufruf: 11. 7. 2016)

144 »We are local, we live in the community«. In: Jews help guard mosques after attacks. Al Jazeera, 5. 9. 2013 (http://www.aljazeera.com/indepth/features/2013/09/20139413527769518.html – letzter Aufruf: 11. 7. 2016)

145 Adler, Victor/Engels, Friedrich: Briefwechsel. 2011. S. 142.

146 Paul Spiegel: Was soll das Gerede um die Leitkultur? Die Welt, 11. November 2000. (http://www.welt.de/print-welt/article546696/Paul-Spiegel-Was-soll-das-Gerede-um-die-Leitkultur.htm – letzter Aufruf: 11. 7. 2016)

147 Name geändert.

148 Taylor, Charles: Für eine grundlegende Neubestimmung des Säkularismus. In: Mendieta-VanAntwerpen: Religion und Öffentlichkeit, 2012. S. 79.

149 »Kopftuch ist kein Massenphänomen«. taz, 1. 4. 2015 (http://www.taz.de/!157428/- letzter Aufruf: 11. 7. 2016)

150 D. h. nicht, dass es keine Musliminnen gebe, die aus Zwang ihren Kopf bedecken, aber ihre Zahl muss laut dieser Studie minimal sein.

151 Allgemeine Zeitung des Judenthums (AZJ). 4. 6. 1872, S. 442.

152 Gilman, Sander: Jüdischer Selbsthass, 1996. S. 86.

153 Sartre, Jean-Paul: Überlegungen zur Judenfrage, 1994. S. 36.

154 Text geschrieben von Hannah Tzuberi, Judaistin und Islamwissenschaftlerin, 2014–2016 Mitglied der Initiative.

155 »(…) that today suffer from want, hunger, disease, powerlessness, and lack of freedom.« In: Sacks, Jonathan: Dignity in Difference: How to Avoid a Clash of Civilizations, 2004. S. 11.

156 Kant, Immanuel: Kritik der praktischen Vernunft, 2012. S. 140.

157 Hirsch, Samson Raphael: Chorew, 1837. S. 343.

Alle fremdsprachigen Zitate wurden für den Fließtext vom Verfasser übersetzt

Bibliographie

Adler, Victor, und Engels, Friedrich: Briefwechsel. Berlin: Akademie Verlag, 2011

Allport, Gordon W.: The Nature of Prejudice. New York: Basic Books, 1979

Bax, Daniel: Angst ums Abendland. Frankfurt/Main: Westend Verlag, 2015

Beinart, Peter: The Crisis of Zionism. New York: Picador, 2012

Benz, Wolfgang: Die Feinde aus dem Morgenland. München: C. H. Beck Verlag, 2012

Benz, Wolfgang (Hg.): Handbuch des Antisemitismus – Judenfeindschaft in Geschichte und Gegenwart, Bd. 6. Berlin/Boston: De Gruyter, 2013

Benz, Wolfgang: Was ist Antisemitismus? Bonn: Bundeszentrale für politische Bildung, 2004

Benz, Wolfgang, und Pfeiffer, Thomas (Hg.): »WIR oder Scharia«? Islamfeindliche Kampagnen im Rechtsextremismus. Schwalbach/Ts.: Wochenschau Verlag, 2011

Berger, Peter L. (Hg.): The Desecularization of the World: Resurgent Religion and World Politics. Washington, D. C.: Ethics and Public Policy Center, 1999

Boroff, David: The Over-Protective Jewish Mother. Congress Weekly, 1959

Botsch, Gideon; Glöckner, Olaf; Kopke, Christoph; Spieker, Michael (Hg.): Islamophobie und Antisemitismus – Ein umstrittener Vergleich. Berlin: De Gruyter, 2012

Buber, Martin: Politische Schriften. Zweitausendeins, 2010

Braham, Randolph L. (Hg.): Anti-Semitism and the Treatment of Holocaust in Post-Communist Eastern Europe. Columbia University Press, 1994

Brocke, Michael, und Jochum, Herbert (Hg.): Wolkensäule und Feuerschein. Jüdische Theologie des Holocaust. Gütersloh: Gütersloher Verlagshaus, 1993

Bunzl, Matti: Anti-Semitism and Islamophobia: Hatreds Old and New in Europe. Chicago: Prickly Paradigm Press, 2007

Büttner, Ursula: Weimar: Die überforderte Republik 1918–1933. Stuttgart: Klett-Cotta, 2008

Clewing, Konrad, und Schmitt, Oliver Jens (Hg.): Südosteuropa: Von moderner Vielfalt und nationalstaatlicher Vereinheitlichung. München: R. Oldenburg Verlag, 2005

Dash Moore, Deborah (Hg.): American Jewish Identity Politics. University of Michigan Press, 2008

Diekmann, Irene (Hg.): Das Emanzipationsedikt von 1812 in Preußen: Der lange Weg der Juden zu »Einländern« und »preußischen Staatsbürgern«. Berlin/Boston: De Gruyter, 2013

Dundes, Alan: The J.A.P. and the J.A.M. in American Jokelore. The Journal of American Folklore, Vol. 98., No. 390., Oct-Dec. 1985

Frank, Anne: Tagebuch. Frankfurt/Main: Fischer Taschenbuch Verlag, 2007

Franzos, Karl Emil: Allerlei Jüdisches. In: Im deutschen Reich – Zeitschrift des Centralvereins Deutscher Staatsbürger Jüdischen Glaubens. Berlin (1895–1922). Universitätsbibliothek Frankfurt am Main.

Freud, Sigmund: Jenseits des Lustprinzips. Leipzig/Wien/Zürich: Internationaler Psychoanalytischer Verlag, 1923

Freud, Sigmund: Die Zukunft einer Illusion. 2. Auflage. Leipzig/Wien/Zürich: Internationaler Psychoanalytischer Verlag, 1928

Friedländer, David: Ueber die, durch die neue Organisation der Judenschaften in den preußischen Staaten nothwendig gewordene, Umbildung 1. ihres Gottesdienstes in den Synagogen, 2. ihrer Unterrichts-Anstalten, und deren Lehrgegenstände, und 3. ihres Erziehungs-Wesens überhaupt. Berlin: Dieterici, 1812

Geiger, Abraham (Hg.): Israelitisches Gebetbuch für den öffentlichen Gottesdienst im ganzen Jahre. Brönner's Druckerei. Frankfurt am Main, 1891

Geiger, Abraham: Über den Austritt aus dem Judentum. Philo Verlag, Berlin 1924

Giddens, Anthony: Sociology. John Wiley & Sons, 2009

Gilman, Sander L.: Jüdischer Selbsthass. Frankfurt am Main: Jüdischer Verlag, 1993

Ginzel, Günther B. (Hg.): Antisemitismus – Erscheinungsformen der Judenfeindschaft gestern und heute. Bielefeld: Verlag Wissenschaft und Politik, 1991

Gitelman, Zvi; Kosmin, Barry; Kovács, András (Hg.): New Jewish Identities. CEU Press, Budapest/New York 2003

Güdemann, Moritz: Nationaljudenthum. Dinur Center, Jerusalem 1995

Helmreich, William: Against All Odds – Holocaust Survivors and the Successful Lives They Made in America. New York: Simon and Schuster, 1992

Herzl, Theodor: Der Judenstaat. Berlin: Philo, 2004

Heschel, Abraham Joshua: Between God and Man. New York: Free Press Paperbacks, 1959

Hirsch, Samson Raphael: Horev. Altona: J. F. Hammerich, 1837

Kaddor, Lamya; Rubinstein, Michael: So fremd und doch so nah. Ostfildern: Patmos Verlag, 2013

Kant, Immanuel: Kritik der praktischen Vernunft. Leipzig/Stuttgart: Reclam Verlag, 2012

Kaplan, Mordecai: Judaism as Civilization. Philadelphia: The Jewish Publication Society, 2010

Kaplan, Mordecai: The Future of the American Jew. The MacMillan Company, 1948

Karpf, Anne; Klug, Brian; Rose, Jacqueline & Rosenbaum, Barbara (Hg.): A Time to Speak Out. Verso, London/New York, 2008

Kolsky, Thomas: Jews Against Zionism: The American Council for Judaism, 1942–1948. Philadelphia: Temple University Press, 1990

Kovács András: A másik szeme [Der Auge des Anderen]. Budapest: Gondolat Kiadó, 2008

Kovács, András: The Stranger at Hand – Antisemitic Prejudices in Post-Communist Hungary. Leiden: Brill, 2011

Krieger, Karsten (Bearb.): Der »Berliner Antisemitismusstreit« 1879 bis 1881. Eine Kontroverse um die Zugehörigkeit der deutschen Juden zur Nation. München: K. G. Saur, 2004

Laing, R. D.: The Politics of Experience and the Bird of Paradise. London: Penguin Books, 1967

Landmann, Salcia: Die Juden als Rasse. Olten: Walter-Verlag, 1967

Lehmann, Matthias: Sephardi Identities. Jewish Social Studies, New Series, Vol. 15, No. 1., Fall, 2008

Lerner, Michael, und West, Cornel: Jews & Blacks. New York: Plume Books, 1996

Lewis, Bernard: The Jews of Islam. Princeton: Princeton University Press, 1984

Lindemann, Thomas: Keine Angst, hier gibt's auch Deutsche!. Berlin: Berlin Verlag, 2016

Mayer, Sigmund: Der jüdische Kaufmann, 1891–1911. Lebenserinnerungen. Leipzig: Duncker und Humblot, 1911

Marsh, Clifton E.: The Lost-Found Nation of Islam in America. Lanham/Toronto/Plymouth: The Scarecrow Press, Inc., 2000

Marx, Karl: Zur Judenfrage. Berlin: Hofenberg, 2014

Mendieta, Eduardo, und Jonathan VanAntwerpen (Hg.): Religion und Öffentlichkeit. Berlin: Suhrkamp Verlag, 2012

Merkley, Paul: The politics of Christian Zionism, 1891–1948. New York: Routledge, 2006

Neher, André: Jüdische Identität – Einführung in den Judaismus. Hamburg: Europäische Verlagsanstalt, 1995

Nietzsche, Friedrich: Kritische Gesamtausgabe. Frühjahr 1888. Hrsg. von Giorgio Colli und Mazzino Montinari. Berlin: Walter de Gruyter, 1967

Nietzsche, Friedrich: Vom Nutzen und Nachteil der Historie. In: Unzeitgemäße Betrachtungen. Berlin: Holzinger, 2014

Perry, Bruce (Hg.): Malcolm X: The Last Speeches. New York: Pathfinder, 1989

Rabinovici, Doron, Speck, Ulrich, und Sznaider, Natan (Hg.): Neuer Antisemitismus? Eine globale Debatte. Frankfurt am Main: Suhrkamp, 2004

Read, Herbert: The Philosophy of Anarchism. London: Freedom Press, 1947

Richards, Arnold (Hg.): The Jewish World of Sigmund Freud – Essays on Cultural Roots and the Problem of Religious Identity. McFarland & Company Ltd., London 2010

Richers, Julia: Jüdisches Budapest. Kulturelle Topographien einer Stadtgemeinde im 19. Jahrhundert. Köln/Weimar/Wien: Böhlau Verlag, 2009

Rolef, Susan Hattis (Hg.): The Dilemma of Religion and Politics. Jerusalem: Moshe Sharett Institute, 1986

Rowe, David E., und Schulmann, Robert (Hg.): Einstein on Politics: His Private Thoughts and Public Stands on Nationalism, Zionism, War, Peace, and the Bomb. Princeton: Princeton University Press, 2007

Sacks, Jonathan: The Dignity of Difference: How to Avoid a Clash of Civilizations. London: Bloomsbury Academic, 2003

Sartre, Jean-Paul: Überlegungen zur Judenfrage. Hamburg: Rowohlt, 1994

Schulte, Christoph: Die jüdische Aufklärung: Philosophie, Religion, Geschichte. München: C. H. Beck, 2002

Schwartz, Richard H.: Judaism and Global Survival. New York: Lantern Books, 2002

Shooman, Yasmin: Islamophobie, antimuslimischer Rassismus oder Muslimfeindlichkeit? Heinrich-Böll-Stiftung, 2011

Smith, Elliot R., Mackie, Diane M.: Social Psychology. Abingdon: Taylor & Francis Ltd, 2007

Steiner, Barbara: Die Inszenierung des Jüdischen – Konversion von Deutschen zum Judentum nach 1945. Göttingen: Wallstein Verlag, 2015

Stratton, Jon: Coming Out Jewish. London/New York: Routledge, Chapman & Hall, 2000

Taylor, Charles: A Secular Age. Cambridge/London: Harvard University Press, 2007

Taylor, Charles: Multikulturalismus und die Politik der Anerkennung. Frankfurt am Main: S. Fischer Verlag, 1997

Todenhöfer, Jürgen: Feindbild Islam. München: C. Bertelsmann Verlag, 2011

Vassiliou-Enz, Konstantina; Ataman, Ferda; Lanzke, Alice; Kumai, Shion (Red.): Glossar der neuen deutschen Medienmacher, Stand 1. 12. 2015

Von Dohm, Christian Wilhelm: Ueber die bürgerliche Verbesserung der Juden. Zweyter Teil. Mit Königl. Preußischem Privilegio. Neu hrsg. vom Duisburger Institut für Sprach- und Sozialforschung und vom Salomon-Ludwig-Steinheim-Institut für deutsch-jüdische Geschichte. Netzpublikation nach der Ausg. Berlin und Stettin, 1783. Duisburg, 2010.

Wirth, Louis: The Ghetto. Chikago: University of Chicago Press, 1928.

Wyrwa, Ulrich (Hg.): Einspruch und Abwehr. Frankfurt/New York: Campus Verlag, 2010

Yerushalmi, Yosef Hayim: Zachor. Berlin: Wagenbach, 1982

Yuchtman-Yaar-Moshe: Ethnic Inequality in Israeli Schools and Sports: An Expectation-States Approach. American Journal of Sociology, Vol. 85, No. 3 (Nov. 1979)

Zimmermann, Moshe: Die Angst vor dem Frieden. Berlin: Aufbau Verlag, 2012

Glossar

Achi – (arab., hebr.) mein Bruder

Alija – (hebr.) wörtl. Aufstieg; Umzug ins gelobte Land

Balagan – (jid.) Chaos

Bar Mitzwa – (aram.) wörtl. Sohn des Gebotes; religiöse Mündigkeit

Chanukka – (hebr.) wörtl. Einweihung; Fest zum Gedenken an die Wiedereinweihung des Jerusalemer Tempels

Chassidismus – jüdische charismatische Bewegung

dafke – (jid.) trotz alledem

davenen – (jid.) beten

Eretz Jisrael – (hebr.) das Land Jisrael, das Gelobte Land

glatt koscher – (jid.) strikt koscher

Ger, *Pl.* Gerim – (hebr.) wörtl. Fremde; Nicht-Jude unter Juden bzw. Konvertit

Goj, *Pl.* Gojim – (hebr.) wörtl. Volk; Nicht-Jude

Hadith – (arab.) Überlieferung der Aussprüche und Handlungen des islamischen Propheten Mohammed

Halacha – (hebr.) wörtl. der zu gehende Weg; jüdisches Religionsgesetz

Hawdala – (hebr.) wörtl. Trennung; Zeremonie am Ende des Schabbat

Hidschab – (arab.) Kopftuch

Jahrzeit – (jid.) rituelles BegehenBegängnis des Todestages

Jeschiwa, Jeschiwot – (hebr.) Hochschule für Talmud

Jidd, *Pl.* Jidden – (jid.) Jude

Jiddischkeit – (jid.) Jüdisch-Sein

Jisrael – (hebr.) wörtl. der mit G'tt ringt; das jüdische Volk

Jom Kippur – (hebr.) Versöhnungstag

Kabbala – (hebr.) wörtl. Überlieferung; eine mystische Tradition im Judentum

Kaddisch – (aram.) wörtl. Heiligung; jüdisches Trauergebet

Kile – (jid.) Gemeinde

Kippa, *Pl.* Kippot – (hebr.) Kopfbedeckung

koscher – (hebr.) richtig

Matza, *Pl.* Matzot – (hebr.) ungesäuertes Brot

Meschugge – (hebr.) Narre

Mesusa, *Pl.* Mesusot – (hebr.) wörtl. Türpfosten; Schriftkapsel am Türpfosten mit Toratexten

Minjan, *Pl.* Minjanim – (hebr.) Quorum von zehn Juden, das nötig ist, um einen vollständigen Gottesdienst abhalten zu können

Mischna – (hebr.) wört. Wiederholung; die erste Niederschrift der mündlichen Lehre

Mitzwa, *Pl.* Mitzwot – (hebr.) religiöses Gebot

Mosche – (hebr.) Moses

Nakba – (arab.) wörtl. Katastrophe; die Vertreibung von Palästinensern aus Palästina

Pessach – (hebr.) wörtl. das Vorüberschreiten; Fest des Auszuges aus Ägypten

Rosch Haschana – (hebr.) wörtl. Haupt des Jahres; Neujahrstag

Schabbat, *Pl.* Schabbatot – (hebr.) Sabbat, von Freitagabend bis Samstagabend dauernder Ruhetag

Schabbes – (jid.) Schabbat

Schachris – (jid.) Morgengebet

Schoa – (hebr.) wörtl. Katastrophe; Massenvernichtung der Juden in Europa, Holocaust

Schul – (jid.) Synagoge

Tallit, *Pl.* Tallitot – (hebr.) Gebetsmantel

Talmud – (hebr.) wörtl. Belehrung; ein Schriftwerk, das u. a. aufzeichnet, wie die Regeln im Alltag von den Rabbinern ausgelegt wurden

Tanach – (hebr.) die hebräische Bibel, inklusive die Tora

Tora – (hebr.) wörtl. Weisung; die fünf Bücher Mose

Tefillin – (aram.) Gebetsriemen

Danksagung

Ich danke allen Menschen, die mit ihren Gedanken und Sichtweisen einen wichtigen Beitrag zur Entwicklung dieses Buches beigetragen haben.

Einen besonderen Dank an:
Mohamed Amjahid, Ozan Keskinkılıç, Hannah Tzuberi und an meinen Lektor Tom Müller

und vielen Dank an:
Iskandar Abdalla, Ahmad Awadalla, Yossi Burtal, Daniel Bax, Ender und Pinar Çetin, Rebecca De Vries, Büşra Delikaya, Sultan Doughan, Emine Erol, Sliman Halabi, Tal Hever-Chybowski, Hümeyra Imamoğlu, Thomas Lindemann, Adi Liraz, Alice Meroz, Daniel Mursa, Meytal Rosenthal, Dekel und Nina Peretz, Ruth Preser, Aarash D. Spanta, Shaked Spier, Armeghan Taheri, Amine Tligui, Betül Ulusoy, Uri Yacobi Keller und an meine Familie.